海南师范大学学术著作出版基金、教育学学科建设经费资助

# 高中阶段精英教育的代价分析

段会冬◎著

科学出版社

北 京

# 内 容 简 介

新中国成立之初，为确保高等教育生源质量，在资源有限的条件下，我国高中教育选择了精英教育作为主要的发展战略。尽管这一选择具有历史的特殊性，然而，这一战略所导致的代价逐渐成为制约我国高中教育发展的重要因素。本书基于代价论的分析框架，发现精英教育与高中发展阶段的错位不仅导致了高中校际的中心-边缘关系的建立，也导致了潜在的人力资源的浪费、精英教育的异化、失败的常识化等一系列问题。为寻求这一局面的改善，本书提出既要充分肯定在一些精英高中业已开展的改革的合理性，也要注重对边缘学校和学校中弱者的补偿性改革。

本书适合教育类相关专业的研究生及教育科学研究工作者使用，也可供从事高中教育的一线管理者和教师阅读。

**图书在版编目(CIP)数据**

高中阶段精英教育的代价分析/段会冬著. —北京：科学出版社，2017.6

ISBN 978-7-03-053334-0

I. ①高… II. ①段… III. ①高中－中学教育－教育研究－中国 IV. ①G63

中国版本图书馆 CIP 数据核字（2017）第 130593 号

责任编辑：郭勇斌 邓新平／责任校对：彭 涛
责任印制：张 伟／封面设计：蔡美宇

科 学 出 版 社 出版

北京东黄城根北街 16 号
邮政编码：100717
http://www.sciencep.com

北京中石油彩色印刷有限责任公司 印刷
科学出版社发行 各地新华书店经销

\*

2017 年 6 月第 一 版 开本：720×1000 1/16
2017 年 6 月第一次印刷 印张：13
字数：255 000

**定价：68.00 元**
（如有印装质量问题，我社负责调换）

# 序　言

得知段会冬博士将出版《高中阶段精英教育的代价分析》一书，很是为他高兴。同时，这也是我国学术界的一个好消息。

自从《国家中长期教育改革和发展规划纲要（2010—2020年）》提出促进普通高中多样化发展以来，高中教育逐渐成为教育学研究的热门领域。近年来，"普及化"逐渐成为高中教育发展的又一战略目标。众所周知，在多样化和普及化发展目标提出之前，以重点学校政策和示范性高中政策为代表的带有鲜明精英教育价值导向的教育政策一直是我国高中教育发展的主导性政策。面对校际差距过大、千校一面等问题，在走向普及化的过程中，我们究竟该如何认识精英教育导向的政策及其所造成的影响？我们应当坚决地废止精英教育转而推行面向大众的高中教育，还是应当肯定高中精英教育的合理性进而为高中精英教育的发展预留空间？

要回答这些事关高中教育发展战略方向的问题，既需要具有解释力的理论工具，也需要对高中教育的发展历史进行梳理与分析，还需要对国内外高中教育实践有着深入的了解。然而，同高等教育等领域相比，我国高中教育的理论探索总体上仍旧非常薄弱。尽管近年来围绕高中教育研究的理论文章和学术著作数量明显增多，但仍旧不能满足我国高中教育发展的现实需求。因此，加大高中教育的理论研究是必要且迫切的。

这本书稿是会冬在其博士论文的基础上修改而成，他在高中教育理论上的探索虽然极富挑战但也是颇有意义的。他希望构建一个教育代价分析的基本框架。这源自他试图对高中教育发展代价进行分析时，现有的理论工具并不能够充分令他感到满意。以往不少研究实际上已经触及了教育代价，但都未能正面提出一个较为完整的分析框架，这使得教育代价分析一直未能成为一种重要的理论工具。实际上，社会学等领域的代价分析早在20世纪80年代末90年代初便逐渐开始介入对于社会发展问题的分析。但是教育领域一直没有明确的代价分析的框架。尽管会冬对于教育代价分析的框架的论述仍旧有许多可以进一步拓展的地方，但是这种搭建理论框架的尝试是值得肯定的。

本书在高中教育理论上的贡献还体现在高中发展阶段论的整理与论述。20世纪70年代，美国著名高等教育学家马丁·特罗提出了高等教育发展阶段论，此后日本学者藤田英典将其应用到高中教育的研究中，提出了高中教育发展阶段论。

21 世纪初，我国一些学者将国外学者提出的高中教育发展阶段论引入到国内。会冬不仅对已有的高中教育发展阶段论思想进行了较为系统的整理和论述，还明确提出高中教育阶段的转换应当是高中教育形态的整体变革的观点。沿着这个思路来看待我国高中教育的发展，他认为我国高中教育并没有一个清晰的大众化阶段的观点，这是颇有新意的。更为重要的是，他并没有局限于马丁·特罗和藤田英典等国外学者的理论体系，大胆地将潘光旦先生提出的位育论纳入高中教育发展阶段论的分析框架之内，不仅使得高中教育发展阶段论带有了鲜明的本土化色彩，而且在分析高中教育发展中的诸多代价问题上具有了更强的解释力。

在北京师范大学攻读博士学位期间，会冬便关注高中教育的改革与发展。由于课题研究的便利，他先后赴北京、河北、黑龙江、山东、四川、广东、海南等地数十所高中调研，积累了大量一手资料。他还在北京的一所优质高中从事了为期一年的田野调查。这些经历都为他的高中教育研究提供了宝贵的一手资料。与此同时，他还对美国、英国、芬兰、新加坡等发达国家的高中教育进行了研究，这使得他在完成这本书稿的时候具有了难得的国际视野。

通过大量的调研和理论思考，会冬对我国高中教育的未来发展提出了自己的见解。面对高中精英教育的诸多质疑之声，他依然认为走向多样化和普及化的高中教育中应当为精英教育预留空间。精英教育发展过程中已然存在的许多代价自然应当得到合理的控制，但任何教育发展都不可能回避代价问题。因此，并不应当根据有无代价来评判精英教育的存废。国家对于拔尖人才的需求、人才发展的不同类型及差异性公平的价值追求都意味着高中精英教育有其合理性。当然，许多只是关注升学率的示范性高中尚未理解真正的精英教育。因此，为高中精英教育预留空间并不是认可现行的校际差距。高中教育的多样化与普及化既要控制精英教育已然产生的代价，对弱者进行补偿，又要引导已有的高中向真正的精英教育的方向迈进。

会冬对于高中教育发展方向的思考是系统且深入的。在高中教育走向普及化的今天，希望本书可以引发更多的学者关注高中教育的理论研究与实践探索。是为序。

袁桂林

北京师范大学教授　博士生导师

2017 年 5 月

# 目　录

# 绪　　论

## 一、走向普及化的高中教育还要保留精英教育吗

我国高中教育肇始于 20 世纪初，至今已经接近一个世纪。在经历了精英化发展阶段之后，《国家中长期教育改革和发展规划纲要（2010—2020 年）》（以下简称《规划纲要》）提出了普及高中阶段教育的发展目标，明确要求到 2020 年力争高中阶段教育毛入学率达到 90%。在一些人看来，截至《规划纲要》出台之前的 2009 年，我国高中教育在校生人数已经达到了 2400 多万①，较之 1949 年的 20 多万已经增长了约百倍，要实现毛入学率达到 90% 的战略目标可谓指日可待。然而，"量"的增长难掩由于片面追求升学率所导致的、日益严重的普通高中发展的"同质化"问题。长期以来，精英教育在普通高中被符号化为升学率尤其是进入"985""211"高校的学生比例。令人振奋的"量"的增长与令人忧虑的"同质化"问题并存，使得我们不得不思考：在高中教育走向普及化的当下，精英教育是否还应当继续存留呢？

对于精英教育存留的思考很难无视对重点学校政策的争论。新中国的重点学校政策和示范性高中政策是高中教育发展最具主导性的两个政策。这两个政策直接反映了国家对于拔尖人才的迫切需求。客观而言，无论是新中国成立之初百废待兴的局面，还是"文化大革命"结束之后国家动荡方平的局面，拔尖人才的培养都是急需的。采用重点学校政策并构筑重点学校的"小金字塔"结构，的确是受国情所限而采取的政策。然而，20 世纪 50 年代、80 年代两次关于重点学校的重大争论都表明一些有识之士很早就意识到采取重点学校政策所要付出的代价。虽然会产生重大的负面影响但仍坚持贯彻这一政策，一方面可以看作国家对拔尖人才的迫切需求，另一方面却也反映出对于代价问题缺乏必要的应对之策。

1994 年，《国务院关于〈中国教育改革和发展纲要〉的实施意见》中明确提出要在全国建设 1000 所示范性高中，自此高中阶段的重点学校政策被示范性高中政策所取代。然而，出台伊始这一政策就被认为是"换汤不换药"：既没有改变高中教育发展主导政策的价值取向，又没有有效地解决采取重点学校政策所付出的

---

① 新中国成立初期数据参见霍益萍. 从精英到大众——对中国高中教育历史性转折的思考[J]. 教育发展研究，2002，（9）：40；2009 年数据参见中华人民共和国教育部. 普通高中学生数[EB/OL]. http://www.moe.edu.cn/publicfiles/business/htmlfiles/moe/s4961/201012/113640.html[2011-09-02].

诸多代价问题。尽管这一政策随后淡出了国家层面的政策文本，但一些地方仍在推进地方层面的"示范性高中政策"。许多县级政府花大力气打造本县的教育品牌——县中，目的便是在确保当地的优质师资和生源不外流的前提下打造具有地区竞争力的地方性示范性高中。这种做法虽然招致了不少学者的反思与质疑，但国家有关部门对于地方政府之举却鲜有表态。国家层面的"默许"，使得代表着精英教育取向的示范性高中政策该何去何从，依旧是摆在众人面前的一道难题。

现实中不少学校的精英教育的实践存在的诸多问题也使得精英教育的存在似乎面临更大的挑战。许多心理学家研究发现，在高中阶段我国学生的创造力在大幅下降（林崇德，2009）。这意味着作为教育系统中承上启下重要环节的高中也对"钱学森之问"——"为什么新中国没有培养出世界级人才？"负有难以推卸的责任。一些知名高中充斥着的应试主义教育的氛围本就使得我们不得不对他们所倡导的"精英教育"心存疑虑，在一些优质高中的"淘汰"现象更是令人困惑。在 S 学校调研时，笔者发现学校的直升班是在初中段向全市招收的优秀学生，但这些优秀学生在初中 2 年级结束时都需要参加一个分流考试，通过者才能继续在直升班就读。换言之，分流考试要淘汰一部分学生。更令人忧虑的是，不少被淘汰的学生甚至连普通班的课程都跟不上。的确是因为这些优秀学生不够"优秀"才被淘汰吗？这些各个学校曾经的佼佼者难道不应当都被视为精英苗子来培养吗？不必穷尽现实中存在的所有问题，仅就上述几点便不难看出，现实中的精英教育问题重重，高中阶段精英教育的代价问题令人担忧。

围绕精英教育存废的不同声音意味着规模的增长并非是高中教育发展的唯一任务，《规划纲要》提出推进普通高中多样化发展正是明确了在规模之外高中发展仍有重要的任务与目标。普通高中多样化发展要求对普通高中教育发展取向进行重新审视：多样化究竟是在追求精英教育实现途径上的多样，还是突破精英教育"一统天下"，实现普通高中教育发展价值取向的多样？普通高中阶段的精英教育是应"价值重构"——重新阐释在多样化背景下精英教育发展的价值理念，还是应该"价值澄清"——在历史发展过程中对精英教育的种种误解加以澄清？倘若应当保留高中精英教育，我们该如何面对众所周知的校际差距和精英高中内部的诸多问题？倘若我们应该保留精英高中，那么精英高中又当如何发展？倘若应当废除精英高中，我们是否应当从根本上废除高中精英教育？这一连串的问题的核心便是高中精英教育存在的合理性及其代价控制。

## 二、相关研究成果综述

### （一）学者对"精英"的多重解读

精英是一个再熟悉不过却又难以表述清楚的概念，其内涵演变经历了从物到人、从政治领域扩展到其他领域的基本过程。

　　精英（elite）一词源自拉丁语中的"eligere"一词，最初是指仔细挑选的意思。英国学者巴特摩尔（T. Bottomore）梳理了历史上关于精英内涵的研究，认为精英一词最初是在 17 世纪被用来形容精美的商品，后来才指地位优越的社会集团，如精英部队和上层贵族（巴特摩尔，1998）。巴特摩尔认为，柏拉图的"哲人政治"思想及古印度的种姓制度实际都带有精英思想的味道。但无论是"哲人政治"还是种姓制度，都未明确提出精英的概念，也没有在世界范围内产生深远影响。对于精英概念影响的拓展，意大利学者帕累托（V. Pareto）等学者功绩颇大。正是他们对于精英理论的分析，使得精英这一概念同社会阶层尤其是统治阶层联系起来。

　　帕累托从两个层面界定了"精英"：首先，他认为精英在一定程度上表明了人的天赋差异。例如，他提出给水平最高的律师打 10 分，给收入丰厚、生活优裕的人打 6 分，给尚可维持生计的人打 1 分，而给十足的白痴打 0 分……帕累托认为可以将每个领域得分最高的那些人称为精英阶层。但帕累托并没有进一步分析这一层面的精英概念，而是将其作为第二层次的基础。帕累托的精英理论的核心在于"统治精英"（governing elite）。他将全体人分为两个层次：精英阶层和非精英阶层，前者又可分为统治精英和非统治精英（巴特摩尔，1998）。

　　意大利学者莫斯卡（G. Mosca）也分析了精英阶层内部的构成，提出了"亚精英"（sub-elite）的概念。莫斯卡认为尽管精英高高在上，但还不至于到脱离社会其他成员的地步。精英群体正是通过数量庞大的亚精英群体实现了他们对于社会的统治（巴特摩尔，1998）。概而言之，无论是帕累托还是莫斯卡，实际上都对政治精英的内部结构进行了有益的划分，使得后人对于精英的内涵有了更为深入的认识。

　　如果说莫斯卡和帕累托都是从阶级的角度划分精英与非精英，被誉为 17 世纪以来西班牙最重要的哲学家奥尔特加·加塞特（J. Ortega Y. Gasset）则认为精英与大众之间并不是阶级之间的划分，而是两类人的划分。加塞特认为可以把人分为两类：一种人对自己提出严格的要求，并赋予自己重大的责任和使命；另一种人则放任自流——尤其是对自己（奥尔特加·加塞特，2004）。对于后一种人来说，生活总是处在既定的状态之中，没有必要做出任何改善的努力……加塞特认为社会总是由这两部分人组成，前者是少数精英，后者则是大众。但上层阶级和下层阶级中都存在精英和大众，因此两者之间并不是阶级之间的关系。

　　前人的观点势必影响后人的研究。德国社会学家、政治学家罗伯特·米歇尔斯（Robert Michels）继承前人的观点，从组织的角度进一步研究政党中的精英现象。根据研究，罗伯特·米歇尔斯发现了为后人称道的"寡头统治铁律"。罗伯特·米歇尔斯（2003）认为，即便在一个民主社会中，大众直接民主也是难以实现的。无论是民主制本身还是任何政党的运作过程都不能缺失组织的作用，因此，出于斗争的需要，政党在同社会各方力量斗争的过程中势必形成领导阶层，从而使得一个声称民主的政党也划分出了精英与大众的区别。由于"政党被认为是一种实体、一架机器，它不必取得全体成员的一致认同……政党是为了特定的目的而建立起来的，它是一种达到特定目的的手段。然而，一旦政党本身变成了目的，有了自己的目标和利益，那么……它将脱离自己所代表的阶级。在政党组织中，作为组织基础的大众利益很少与已经被人格化了的官僚机构的利益相一致……"简言之，在政党的运作过程中，寡头制的出现造就了作为领袖的精英和逐渐远离组织核心的大众。

实际上，无论莫斯卡、罗伯特·米歇尔斯等的精英理论有何种差异，都无外乎一条隐含的线索，即论述统治精英（或政治精英）的合理性，进而对民主思想进行反思与批判。但实际上精英思想与民主社会未必冲突。在民主的社会中，精英——无论是经济、文化领域的，还是政治领域的——原则上将是"开放的"，实际上其后备力量也是根据各人的才能来自不同的社会阶层（巴特摩尔，1998）。这种精英流动的视角实际上调和了精英理论与民主社会之间看似存在的冲突。

政治学领域对于精英的研究势必对教育学领域产生影响，毕竟在精英的形成过程中教育的因素不容忽视，因此，许多教育领域的专家和学者纷纷对精英的内涵提出自己的认识。

日本精英教育研究领域的知名学者麻生诚堪称教育领域对精英和精英教育思考最为深入、系统的教育学家之一。麻生诚（1987）认为精英（或称英才）与天才、才能有所不同，与阶级也不相同，应当把精英放到集团社会学中加以研究。从这一认识出发，麻生诚提出"精英集团说"，这个集团具有 9 个基本特征：①半开放；②把若干社会机能综合在一起；③中等规模；④不同领域的精英会定期集合；⑤精英集团作用的发挥受到社会统治阶层统治方式的制约；⑥不仅政治精英，其他精英也会维护现存制度；⑦精英集团内部有着某种保持统一性的结构；⑧高度组织化；⑨与阶级不同。根据上述 9 个特征，麻生诚（1987）为精英给出了一个描述性定义："在一定的社会中有比普通人更优秀的内在属性或者有较好的外在属性；在一定的领域内和在一定的水平基础上，通过他们的领导职能可使全社会的各种价值得到增殖或得以保持下去；在决定全社会的结构方面，他们起主导的作用和骨干作用；他们蕴藏着一定的集团意识和特殊的文化财产，并具有高度组织化方向发展的倾向。"美国著名英才教育专家帕索（A. H. Passow）从能力的角度提出自己对英才的定义："英才就是在各种人类活动领域中具有高水平的潜能或成就的一批人。"（瞿葆奎，黄荣昌，1990）英国学者迈克尔·杨（Michael Young）的观点同帕索的"能力英才说"相近，他认为未来的精英的地位应当是由"智商和努力程度"决定的（丹尼尔·贝尔，2009）。但与帕索的"能力英才说"相比，迈克尔·杨还进一步论述了能力与地位的关系。美国学者丹尼尔·贝尔（2009）沿着迈克尔·杨的思路进一步思考，提出了"能力+地位英才说"。在丹尼尔·贝尔看来，后工业社会的精英应当是"靠才能赢得地位和合理权威的人"。

面对国外对于精英教育讨论的热潮，我国一些教育学者也对精英提出了自己的看法。王晓辉（2006）认为在18世纪初精英基本上限于贵族。精英的身份往往由其生活方式所决定。是否谙熟上流社会的礼仪规则，参加何种体育和娱乐活动，是否属于某个俱乐部，信仰何种宗教，甚至为子女起何种名字都体现着贵族或非贵族的生活方式。仅有财富并不足以成就精英。然而现实的中国所需要的不是英国式的贵族精英，也不只是政治精英，而是具有世界水平的各类精英。熊丙奇（2006）认为当今社会对于"精英"的内涵有严重的误读。精英未必是那些在政治、经济、文化领域有更多资源配置权的人，也未必是获得高薪、有较高经济地位和社会地位的人，更不是那些只关注自身生活享受、社会地位高的人，精英应当是指那些有远大社会理想、渴求在各自的领域为社会创造更多的物质财富和精神财富的人。因此，精英教育和贵族教育不可等同。贵族教育带有鲜明的世袭制色彩，这种教育始自家庭，从小就要教孩子学会贵族式的礼仪，而精英教育则与身份无关，关键在于培养学生的精神、品格和悲天悯人的情怀（孙冉，2006）。

此外，还有一些学者试图通过心理学等其他学科的研究进一步揭示精英的"与众不同"之处。例如，孙江丽等（2006）通过对以往文献的研究得出表征精英的能力指标，包括学习能力、表达能力、实践能力、创新能力等共14项能力，并指出高等教育的学校应当将教育资源在各能力指标方面合理配置，以促进各项能力的发展，真正实现精英教育的培养目标。

### （二）精英教育的相关研究

#### 1. 精英教育的概念

以往关于精英教育的研究首先涉及的是对精英教育的概念进行阐释，由于精英教育往往涉及几个相关但又有所不同的概念，所以，精英教育概念辨析是关于精英教育的基础性文献工作。

由于英才是指精英人才，所以英才与精英实为同义。只不过不同时代对英才或精英的认识不同而已。从这个意义上讲，英才教育与精英教育也是同义的（李建辉，2007b）。对于精英教育内涵的解读不外乎两大流派：一派认为精英教育是教育发展的一个重要阶段，在这一阶段中受教育人数占学龄人口的比重较低，是从数量的角度对精英教育进行界定，是为"阶段说"；另一派认为精英教育是教育发展的一个类型，在教育发展的不同阶段都会存在面向精英阶层、旨在培养精英的教育类型，是从质的差异的角度对精英教育进行界定，是为"类型说"。

（1）阶段说

关于精英教育的阶段说，许多学者认为首推美国高等教育学家马丁·特罗

（Martin Trow）。1973 年，马丁·特罗在参加会议时提交了一篇著名的文章《从精英高等教育向大众高等教育转化过程中的问题》（*Problems in the Transition from Elite to Mass Higher Education*）。在这篇文章中，马丁·特罗根据对美国、欧洲等一些国家和地区高等教育发展情况的深入研究后发现，各国的高等教育毛入学率（高等教育入学人数占适龄青年的比重）低于 15% 时，其高等教育发展处于精英高等教育阶段；毛入学率超过 15% 后，高等教育发展进入大众高等教育阶段；毛入学率超过 50%，高等教育发展进入普及化阶段。马丁·特罗的三阶段划分，被许多高等教育领域的研究者引用，并将其视为界定精英教育的重要视角。

一些学者认为马丁·特罗关于高等教育阶段划分的重要维度是高等教育量的增长，沿袭马丁·特罗的视角，许多学者进一步分析了精英教育的内涵。例如，我国学者郭石明等（2007）对美国、日本等高等教育发展的历史数据进行分析得出结论，认为高等教育的精英教育阶段的量的表达可以概括为适龄青年入学率在 15% 以下；学校规模一般为 2000～3000 人的"共同体"；本科生占学生总数的 80% 以上。

马丁·特罗的划分虽然基于对世界一些主要的发达国家的高等教育发展的实际资料的分析，但也带来了一些令人困惑的思考。例如，精英高等教育与大众高等教育的边界除了用毛入学率进行衡量外，是否还有其他划分的办法？精英高等教育与大众高等教育是否是不可并存的？精英、大众、普及三个阶段的划分是否可以应用到基础教育阶段？倘若可以应用，那么基础教育阶段三个阶段的划分是否也依据毛入学率 15%、50% 两个节点进行划分？诸如此类的问题并非马丁·特罗划分高等教育阶段所需回答的问题，但的确引发了人们对于精英教育内涵的重新思考。在反思"阶段说"的基础之上，许多学者逐渐意识到精英教育不仅是教育发展的一个阶段，更是教育发展的一个基本类型。由此，也引出了精英教育的"类型说"。

（2）类型说

类型说是指精英教育是同大众教育相区别的一个教育类型。由于这一类型的教育在教育对象的选择上和教育目标的设定上，同大众教育和普及教育有着明显的不同，因此，类型说又可以分为"对象说""目标说"两大子类。

A. 对象说

精英教育的对象说是从教育对象的角度对其进行界定，其核心思想认为精英教育的概念得以成立的前提是其在教育对象上的与众不同。从天生素质差异的角度考虑，有的学者认为精英教育实际是对天才或资优的学生进行的教育。这一派观点的基本逻辑如下：有一些孩子天生比其他孩子聪明，就像上天赐给人们的一样（英文称之为 gifted），这些孩子的智力水平和发展潜力都高于一般孩子，因此，需要对他们进行特殊的教育，而这往往又意味着他们需要占据社会更多的教育资源（杨广学，王宇琛，2009）。从这个意义上讲，精英教育同天才教育、资优教育、超常儿童教育等概念似乎可视为同义词。

从出身的角度考虑，以往的一些支持精英教育的人认为贵族的子弟应当接受与平民子弟不同的教育。从这个意义上讲，精英教育则与贵族教育相类似。中国古代为士族子弟受教育所开办的国子学、英国的公学都可视为贵族式精英教育的代表。例如，我国学者赵厚勰（2003）对"超常教育""英才教育""天才教育""资优教育"等概念的辨析，认为"超常教育"过于偏重智力而忽视其他方面的能力；"英才教育"是为"少数人集团"服务的教育，而他们中间不一定个个都是"英才"；"天才教育"过于强调先天遗传的因素；而"资优教育"则相对较为科学与合理。

B. 目标说

精英教育的目标说是从培养目标的角度对精英教育的内涵进行界定。其主要认识在于精英教育的与众不同之处是它明确规定了以社会精英为培养目标。有学者从目标说的角度出发，认为中国传统社会的官学体系以儒家思想为指导，是一种典型的精英教育。因为它所要培养的目标是社会的统治英才。尽管不同时期统治者对于英才的需求不同，但培养英才是核心目标（李建辉，2007b）。有学者认为精英高等教育的核心特点在于通过选拔培养优秀的学术人才。这样的高等教育可以形象地表述为用淘汰一万个技术应用人才的高竞争性选拔方式来培养一个爱因斯坦（刘志刚，2006）。

精英教育类型说的两大子类通常难以分离，因此，在通常情况下，精英教育不仅指生源的不同，也指培养对象的特殊。从这个意义上讲，精英教育同大众教育相比，不仅是量的差异，还有着质的区别。

当然，还有的学者从精英教育与大众教育相对的角度认为，要对精英教育进行清晰的界定是十分困难的，在教育实践中，评判精英教育的标准包括：国家教育投资的重心是在城市还是农村；国家教育发展、投资的重心是在基础教育还是高等教育；中小学是以合格的公民为目标还是以高难度的升学教育为导向；学校系统实行的是面向大多数学生的、比较平等的教育，还是实行两极分化，通过严格选拔和淘汰主要培养"尖子"的教育（杨东平，2005）。

**2. 精英教育的主要理论流派**

关于精英教育的理论，主要存在三大流派：一是天生论，这一派理论受天才论影响颇深，认为精英或英才是天生的；二是与天生论相对的培养论，这一派理论认为所谓精英或英才并非天生，而是后天培养的结果；三是结合前两派理论得出的中和论，这一派理论认为精英或英才既有天生因素的作用，又有后天培养的影响。

（1）天生论

其实天生论在我国并不陌生。我们日常的交谈中经常提到某某孩子不是读书的料，这实际是天生论最为日常的表述。理论层面的天生论受天才研究的影响很大，因此，天生论通常都与当时人们对于天才的研究相伴而生。一直主张"精英立国"的高尔顿（F. Galton）被认为是首位系统地对天才教育进行科学研究的学者（张琼，施建农，2005）。高尔顿在其著作《遗传的天才》（*Hereditary Genius: An Inquiry into its Laws and Consequences*）中明确提出了天才的天生说。高尔顿通过对英国上流社会家庭资料的谱系研究，认为在 100 万人中有 250 人是天才，而是否是天才要看他在人类能力分布曲线上的位置。倘若希望得到天才的后代，关键在于连续几代悉心选择配偶，就像人类育选良马一样（麻生诚，1987）。

尽管高尔顿的研究后来遭到了许多批判，但他的确是第一个试图剖析天才黑箱的人，其研究也启发了后来的许多研究者。高尔顿的能力分布曲线，并未清晰地指明能力的所指。法国学者比奈（Alfred Binet）和西蒙（Theodore Simon）沿着高尔顿的思路进一步将人的能力锁定在智商问题上，研究出著名的比奈-西蒙量表。美国学者刘易斯·特曼（Lewis Terman）经过长期的研究修订了比奈-西蒙量表，希望通过量表的修订为儿童学习情况的研究提供帮助（Terman，1916）。特曼认为之前美国在学业成就不佳的儿童身上花了大量的经费实际是不明智的，关键在于首先应当弄清楚学生学业成绩不佳究竟是因为天生的能力不足，还是后天的教育不良。基于这一认识，特曼尝试通过智力测验的方式对儿童的能力进行分类，并提出教育只是帮助那些智力水平不同的孩子找到适合自己的道路而已。换言之，在特曼看来，教育并不是培养英才，而是通过智力测验发现谁是英才，谁是弱智（薛涌，2010）。

持天生论观点的学者远非上述几人，还有许多学者也持类似的观点。例如，德国精神病学家、医学家恩斯特·克雷奇默（Ernst Kretschmer）认为与环境因素相比，遗传因素是决定性的因素，从而否定了天才形成中教育的作用（麻生诚，1987）。对于克雷奇默的观点 W. 兰格·艾希巴姆（W. Lange Eichbaum）虽不尽认同，但支持克雷奇默对于天才天生论的基本观点。他认为天分优秀的人比我们想象得要多，只是由于各种原因还没有被人们发现。要使这些人的天赋、才能发挥作用，不能指望后天的培养。因此，在艾希巴姆看来，凡是被当作天才加以培养的人、父母打算培育其成为天才的人或者自以为有天赋要立志成为天才的人，绝大多数都失败了（麻生诚，1987）。

并非只有早期天才研究的学者支持天生论，近百年来天生论拥有不少支持者。例如，1994 年美国社会学家查尔斯·穆雷（Charles Murray）和哈佛大学心理学家理查德·赫恩斯特恩（Richard Herrnstein）出版了关于天生论的著作《钟形曲线：美国生活中的智力与阶级结构》（*The Bell Curve: Intelligence and Class Structure in American Life*）。在这一著作中，赫恩斯特恩通过大量的数据发现，低智商者更容易陷入贫困、辍学、无人雇佣等窘境。基于丰富的数据和资料，赫恩斯特恩鲜明地提出近 30 年来，影响美国社会成层的最为重要的因素已经不是家庭经济和社会背景，而是智商（Heckman，1995）！

诚如《钟形曲线：美国生活中的智力与阶级结构》那本当代天生论的代表作的处境一样，天生论越发引起人们的怀疑与反思。对于天生论的争议主要源于两个方面。

第一，对种族主义倾向的怀疑。天生论的研究通常与天才研究相伴而生，而天才研究往往会比较不同族群的智力差异，因此，天生论也难免触及不同族群和阶层的天才比例问题。得出白种人或其他种族的人更容易成为精英，因为他们的先天素质或智商高于黑种人的结论（如高尔顿），很难避免种族主义的嫌疑。更何况，连智商测验本身都被认为难以兼顾不同族群的差异，得出的结论往往对于黑种人等族群的人是不公平的。所以当天生论同族群、阶层等问题联系起来时，天生论往往在政治上遭到人们的怀疑（薛涌，2010）。

第二，对遗传决定论的怀疑。天生论的核心主张实际是认为人能否成为精英或英才的关键在于智商，智商是由遗传因素决定的，因此，能否成为精英是由遗传因素决定的。然而，这不禁令人疑惑：难道能否成为精英真的是天生的吗？精英真的是"天"才吗？难道后天的努力和教育就没有作用？诸如此类的问题直接指向带有鲜明遗传决定论色彩的天生论，这也使得与天生论相对的培养论支持者不断对其表示质疑。

（2）培养论

精英教育的培养论不似天生论，其历史更为悠久。我国春秋战国时期确立的以"君子""大丈夫""鸿儒"为培养对象的儒家教育思想实际是典型的精英教育思想。孔子提出的"有教无类""启发诱导""因材施教"等教育原则无疑被视为精英教育思想体系化的重要表现。孟子的"得天下英才而教育之"也是我国历史上最早出现的"英才"一词，也可见继承孔子思想的孟子依然沿袭了精英教育的思路（李建辉，2007a）。不仅中国古代精英教育思想与实践源远流长，世界其他文明国家的精英教育思想与实践也有着悠久的历史。古埃及的宫廷学校、古印度的古儒学校、古巴比伦的泥板书舍、古希腊雅典和斯巴达城邦的教育实践、古罗马以培养演说家为目标的实践都是世界古代教育史上著名的精英教育实践。与此同时，柏拉图在《理想国》中探讨的关于"哲学王"的培养是古希腊宝贵的精英教育思想。无论东西方先哲如何论述和实践精英教育思想，其基本认识都是一致的：教育在精英的成长过程中至关重要。由此可知，精英教育培养论的萌芽古已有之。

对当前的精英教育理论影响颇大的培养论崛起于第二次世界大战后。许多学者都提出了教育对于精英成长的重要作用，其中美国教育家、教育心理学家本杰明·布鲁姆（Benjamin Bloom）的贡献不容抹杀（Bloom，1976）。布鲁姆为许多中国学者熟知的是其在学习目标分类领域的卓越工作，实际上，布鲁姆的思路一直围绕在学生学习的差异及其原因这个核心问题上。布鲁姆在其著作《人的特点与学校学习》(*Human Characteristics and School Learning*)中明确区分了智力和课程学习之间的差异。布鲁姆认为,传统的智力理论,不外乎通过智力测验将学生分为不同的等级,有的学得快,有的则学得慢。但这种智力的测试并不能测出学生学习能力(ability to learn)的差异。在课程的学习中,学生学习的好坏之分,实际是快慢之别。95%的学生都可以达到熟练掌握的水平,关键在于教学过程是否适合(appropriate)和系统(systematical),是否考虑了学生的心理和知识背景。布鲁姆的研究无疑向人们论证了智力测验在课程学习中的有限作用,突出了教学对于人的成长的巨大作用,进而为培养论的崛起奠定了坚实的基础。

人工智能领域的开拓者赫尔伯特·西蒙(Herbert Simon)和威廉·蔡斯(William Chase)通过对国际象棋大师成长经历的研究发现要成为国际大师平均需要 10 年左右的刻苦学习和训练(Simon,Chase,1973)。这可谓是对天生论提出了巨大挑战:连那些被视为棋界天才的人实际都是经过"十年寒窗"训练的结果,"天生论"自然难以立足。此后,许多研究者在其他领域的研究也证明了这一点。埃里克森(K. A. Ericsson)等对国际象棋、游泳、小提琴等领域的诸多成功人士进行系统研究后发现,即便是那些被认为是天才的人也都经历了至少 10 年有意的(deliberate)实践训练(Ericsson et al.,1993)。斯塔克斯(Starkes)等进一步发展了埃里克森等提出的故意训练(deliberate practice)理论,指出这种长期的、有意的训练并不意味着枯燥乏味,至少在运动中那些达到专家水平的运动员的故意训练是充满乐趣的(Starkes et al.,1996)。美国学者丹尼尔·科伊尔(Daniel Coyle)的著作《天才密码》(*The Talent Code*)开篇便提出伟大的人并不是天生的,而是逐渐成长起来的[①]。在这部著作之中,科伊尔指出天才密码的关键在于最近神经科学领域的革命性发现:髓磷脂(myelin)。髓磷脂是所有技能获得的关键,因为每个人都可以发展自己的髓磷脂,髓磷脂的发展能够促进各式各样的技能的发展。所以,在正确的训练上投入更多的时间和精力,你将会获得更多的髓磷脂,也就获得更多的技能(Coyle,2009)。概而言之,天才也是培养的结果!

在培养论的阵营之中,还存在一派"另类"的学者。批判教育学的许多学者也从阶层复制的角度分析精英成长的原因。法国学者布尔迪厄(P. Bourdieu)认为国家精英和学校的上流精英实际是一回事(布尔迪厄,2005)。国家通过文凭认证的手段,使得人们相信这种建立在统计学基础上的评价和选拔方式是客观公正的,但由于不同阶层家庭文化资本的差异,实际上学校教育扮演了社会再生产的作用。学校的这种再生产作用不仅隐蔽,而且赢得了胜利者和失败者共同的认可。因此,它是再生产策略和再生产工具的完美结合。在布尔迪厄看来,比起之前赤裸裸的血统或婚姻的再生产方式,通过学校系统实现社会阶层的再生产(抑

---

① 原文为 "Greatness isn't born. It's grown."

或是精英的社会再生产）显得更为高明。这不仅可以保证再生产的顺利实现，而且可以保证这一集团的"下一代"都是有能力担任国家各领域领导工作的人。所以，精英是培养出来的，只不过这种培养同其家庭的文化资本有着紧密的关联。英国学者巴兹尔·伯恩斯坦（Basil Bernstein）也提出了类似的观点（巴兹尔·伯恩斯坦，1989）。巴兹尔·伯恩斯坦先是区别了精致型语言编码和封闭型语言编码的不同，认为后者更依赖背景信息因此使用往往受限，而前者更具有普遍意义。由于中产阶级家庭习惯于使用精致型语言编码，工人阶级家庭更习惯于使用封闭型语言编码，而学校教育的语言编码选择更倾向于中产阶级的精致型语言编码，所以，工人阶级的孩子很难在学校教育中取胜。

　　无论是从正面肯定教育对于精英培养的积极意义，还是从负面批判教育作为精英再生产的"罪魁祸首"，培养论都围绕着教育对于精英成长的作用而展开，从而形成了与天生论相对的一大阵营。但诚如有的学者所言，为了突出教育在精英成长中的作用，有的人甚至过分突出教育而否定先天因素的作用，这也引起了许多学者的反思，从而产生了一种试图调和天生论和培养论的尝试，进而形成了中和论的流派。

　　（3）中和论

　　目前越来越多的学者开始认同中和论的观点。实际上，中和论的观点并非今人独有。孔子虽有"性相近，习相远"之说，但也有"上智下愚不移"之说，可见在孔子看来尽管教育作用巨大，但仍不能忽视先天因素的影响。此后受孔子思想启发所形成的"性三品说"大都继承了孔子遗传与教育并重的中和论传统。但当时思想家的中和论思想只是处于萌芽状态，并不可能结合心理学等学科的研究成果。

　　对当前影响很大的中和论源自对极端天生论和极端培养论的批判。当前的中和论的核心思想认为精英的成长不可能完全是教育的作用，正如斯滕伯格（R. J. Sternberg）所言，大多数物理学家无论多么努力也难以成为爱因斯坦，大多数音乐家无论多么努力也难以成为莫扎特（Sternberg，1996）。但中和论的支持者也并非过分肯定先天因素的作用。因此，美国学者斯坦诺维奇（K. E. Stanovich）才会指出极端的智商决定论和智商无用论都被一系列研究所否定（Stanovich，2009）。截至目前，越来越多的学者支持中和论的基本观点，尝试从两个维度相结合的角度理解精英的形成过程。尽管不同学者的观点略有出入，但总体思路十分接近。例如，华裔学者薛涌（2010）通过对其他学者的观点分析认为，精英的成长过程不能忽视遗传因素的作用，但也不可夸大遗传因素的作用。在精英的成长过程中，后天的教育和努力所占的比重大致为四分之三，先天因素只占四分之一。

**3. 精英教育的历史发展**

　　关于精英教育的历史发展，自当首推美国学者马丁·特罗的高等教育发展阶段论。前文已经对其进行概要性的介绍，在此不再赘言。许多学者借用了马丁·特罗关于高等教育发展阶段划分的方式，对高中阶段教育的发展进行了分析。潘懋元（2003）赞同马丁·特罗对于高等教育发展阶段的划分，但进一步指出大众化发展的任务不应由精英高等教育机构来完成。在大众化阶段，精英高等教育依然应该存在。在大众化阶段，高等教育机构应当分类发展，分别完成精英教育和大众化教育的不同使命。霍益萍（2002）认为，随着21世纪的到来，我国高中阶段教育已经走上了由精英化向大众化转化的发展之路。原先那种为了选拔少数人而淘汰多数人的理念首先应该接受挑战。高中阶段教育必须摆脱为高等学校升学预备校的轨道，走民主化发展之路。郑晓齐（2007）认为，我国高等教育发展目前的状况是精英教育不"精英"，大众教育不"甘心"，人们对于大众教育发展的心理准备不足，导致对于大众化教育发展更为不满。无论是精英教育还是大众教育并不是笼统地进行肯定或否定的问题，关键在于高等教育结构要适应社会发展的需求，高等学校也不能千人一面，都进行精英教育或大众教育，而应当分层次、分类型从事不同的教育，这实际是高等教育在当前历史阶段的社会分工问题。

除了借鉴马丁·特罗的阶段论分析高等教育发展外，许多学者开始研究和思考历史上的精英教育发展，特别是回顾我国古代精英教育发展的基本脉络，希望能为今天的精英教育提供必要的参考。在这一领域李建辉的研究颇为系统。首先，李建辉（2007a）认为，任何时代都需要英才，而我国古代的制度化的官学体系就是培养精英的主导体系，并进一步指出我国几千年的精英教育发展呈现教育目的注重政治功利价值、教育规模有限和质量一元、教育内容重德行轻能力、教育模式僵化和方法机械，以及具有"平民化"色彩和"公正性"倾向5个基本特点。其次，从我国教育历史发展的进程角度，李建辉指出我国真正意义上的精英教育始于春秋时期。由于官学衰落，私学兴盛，"选士""养士"之风大盛，在"有教无类"思想和"学在官府"制度的冲突中，精英教育带有平民化倾向。汉代以来精英教育逐步向以儒学为根基的统治官僚的培养转化。隋唐科举制度的建立，把精英教育与人才选拔有机地融为一体。明代由于推行"八股取士"，使当时的精英教育有名无实、逐渐没落（李建辉，2007b）。再次，李建辉（2010）还指出随着精英教育的发展，精英教育的内涵也在不断丰富和发展。在古代，精英教育往往同贵族阶层紧密联系，因此，当时的精英教育往往成为贵族的特权。近代以来，随着各国逐渐普及义务教育，推进教育平等，双轨制被打破，贵族化的精英教育发展受到挫折。而现代高等教育的发展，不同模式、不同组织形式的精英教育在各国开展，使得精英教育的内涵日趋多样。

以往对于精英教育发展历程的分析，主要突出了精英教育自身的演变及这一演变同社会发展之间的密切关联。这实际为当前如何认识精英教育的发展阶段与发展趋势，提供了深入且有价值的参考。

**4. 精英教育的模式**

以往研究对于精英教育的模式分析，并不是针对一堂课或一个学校的微观阐述，而是对一个国家精英教育整体模式的分析。美国学者拉尔夫·特纳（Ralph H. Turner）堪称这一领域的巨擘。

1960 年，特纳写了一篇至今仍为人称道的文章《赞助性流动、竞争性流动与学制》（*Sponsored and Contest Mobility and the School System*）。在这篇文章中，特纳区分了两种升迁性流动（upward mobility）的模式：赞助性流动（sponsored mobility）和竞争性流动（contest mobility）（Turner，1960）。在赞助性流动模式下，精英的产生在很早以前就已经开始。学生在很小的时候（甚至初中之前）便被划分成两个群体，一个群体是普通孩子，另一个群体则是精英的后备人选。前者接受的是带有职业性质的教育，后者接受的是带有鲜明上流社会色彩的教育。在竞争性流动模式中，学生不会被很早划分成为两层，而是要让"谁能胜出"的悬念保留到最后。在这种模式中，精英的地位并不是事先预定好的，而是更加突出在公平原则上的竞争。英国和美国分别是这两种精英教育模式的代表。在特纳看来，这两种模式同两国社会升迁性流动是同构的。英国社会保留了贵族阶层，为了维护贵族的统治，自然会形成由旧有精英认可新人的赞助性模式。在这种模式下，精英阶层可以通过控制纳新过程较好地保持自己的社会地位。而在美国因为没有类似英国的贵族阶层，所以民主和公平是社会流动的主要价值取向。这就要求在教育中也尽可能突出公平的竞争。

可以说特纳的研究和思考是具有开创性的。自特纳之后，许多学者都对不同国家的精英教育模式进行了研究。有的学者认为除英国、美国两种精英教育模式外，不同国家还有各自的精英教育模式。例如，我国学者王晓辉（2006）指出法国的精英教育特点体现在美国模式和英国模式之间，从幼儿教育至初中教育结束，不仅免费，亦无分流，充分体现了公共教育在机会上的平等与公正。但进入高中教育以后，便是突兀的分流：进入职业教育的学生与精英绝缘，技术高中的学生也将与精英擦肩而过，有幸就读于普通高中的学生，能否成为精英则在于其造化。只有那些高中毕业会考的佼佼者，经过大学预备班的洗礼后，才能走上大学这一通往精英的坦途。李晓明（2004）等学者在对新加坡的教育体系进行研究后，也提出了同英国、美国、法国三国不同的精英教育体系。概而言之，新加坡的精英教育是一种"举国体制"。由于新加坡自然资源缺乏，为了保证国家的发展有足够的竞争力，新加坡将人才视为国家发展的核心。因此，新加坡的学制从小学开始便通过层层分流将学生分成加强班和普通班，然后通过层层筛选直到高等教育阶段，最终将精英学生同普通学生分离开来，从而形成了国家发展坚实的精英人才后备力量。

### （三）高中阶段精英教育的争议与思考

虽然马丁·特罗对于精英教育与大众教育的划分限定在高等教育阶段，但并不意味着只有高等教育存在这两种教育形态。因此，许多学者试图将精英教育的问题引入基础教育阶段进行思考。由于高中阶段教育不在义务教育的范畴之内，是否应当以均衡发展作为核心理念存在争议，长期形成的精英教育取向与重点学校制度自然成为围绕高中阶段精英教育争论的焦点。以往关于高中阶段精英教育的思考主要围绕两个基本问题：一是高中阶段的重点学校政策问题，许多学者认为重点学校政策是我国精英教育取向的标志，重点学校政策的存废成为争论的焦点；二是在对重点学校政策存废争论的基础上，讨论高中教育的价值取向问题，精英取向与大众取向成为争论的焦点。

**1. 关于重点中学政策存废之争**

改革开放以来，关于重点中学政策存废之争共有两次大讨论，一次在 20 世纪 80 年代初期，另一次在 20 世纪 90 年代中期。

20 世纪 80 年代初期，经过三年时间的恢复，我国的教育事业已经逐渐摆脱了"文化大革命"时期的破乱之象。特别是恢复高考政策的出台，使得教育事业很快恢复常态。然而，由于"文化大革命" 10 年"积压"了太多学生，而一时间高校又不可能招收那么多学生，所以在 80 年代初期，高等学校的升学率很低[①]，这要求各个中学必须想尽一切办法提高升学率。当然，这也直接导致对于升学率的片面追求。面对愈演愈烈的升学率之争给学生带来的消极影响，围绕重点学校制度的大讨论逐渐展开（马国川，赵学勤，2007）。

1981 年《中国青年》发表了《羊肠小道上的竞争叫人透不过气来——来自中学生的呼声》一文，引发了围绕片面追求升学率的现象的全国性大讨论。著名作家叶圣陶对于这种现象也痛心疾呼："如果从小学起就一天到晚给学生灌输唯有考大学是一条出路，临到考大学的时候再给他们讲'一颗红心多种准备'，十寒一暴，能起什么作用呢？……中学生在高考的重压下已经喘不过气来了，解救他们已经是当前急不容缓的事，恳请大家切勿等闲视之。"（马国川，赵学勤，2007）

1981 年 11 月 17 日，《人民日报》发表评论员文章《不应当歧视非重点中学》。作者指出："片面追求大学升学率的一个严重后果是歧视非重点中学……为了恢复被林彪、'四人帮'严重摧残的教育事业，尽快培养人才，各地重视重点中学，是应当的……但是，重点学校毕竟是少数。绝大多数学生是在非重点学校学习的，绝大多数教职工是在非重点学校工作的……如果我们的注意力、工作侧重点只放在少数重点学校，而放松非重点中学的工作，就要脱离大多数教师和学生，脱离大多

---

① 根据《高考年轮》一书的统计，1977～1981 年高考录取率仅为 4.76%～6.58%。

数学生家长，党的教育方针就不可能得到全面的贯彻。"（袁振国，1999）

　　当时，诸如此类的反思性文章陆续刊出，尽管这些文章反映的问题也的确严重，但在当时它们并没有改变重点学校政策的推进。1983年教育部出台了《关于进一步提高普通中学教育质量的几点意见》（以下简称《意见》），在《意见》中明确提出"重点中学应逐步成为本地区中学开展教育、教学研究活动的中心"（袁振国，1999），这表明至少从国家政策的角度并未采纳当时质疑的声音。

　　1996年，在《教育参考》中发表了一系列关于重点中学政策的文章，支持派与反对派以此为平台围绕重点中学政策的存废又一次展开了激烈的争论。

　　上海市教育科学研究院傅禄建（1996）在《关于重点中学要不要办的论争》一文中，认为"重点中学理所当然是整个社会教育事业的有机组成部分……长期以来，国家之所以设立重点中学，目的之一在于让重点中学来推动一般中学的发展，希望它能'成为示范性、实验性的学校，成为本地区中学开展教育、教学研究活动的中心'……今天要淡化重点中学，淡化的只是人们对于重点中学不顾实际的盲目追求，而不是淡化重点中学的现有教育优势和它在教育质量整体提高中的作用……"时任浙江省某中学校长的方勋臣（1996）对此表示赞同，他认为片面追求升学率并不是重点学校的错，不能因为社会上对于片面追求升学率的现象存在争议就否定重点学校政策。"重点小学、重点中学与重点高校一样，不但要办，而且要加强、要办好……"原上海市教育委员会教学研究室主任王厥轩（1996）也赞同应该办重点学校，他认为当时出现的课业负担过重、教育不平等问题并非重点学校政策所致，因此不能否定重点学校政策。当然王厥轩也提出坚持重点中学政策并不意味着肯定当前所做的一切，至少不能过分看重高校入学率、重点大学入学率和竞赛得奖率。

　　面对支持派的观点，反对派也提出了自己的观点。例如，钟启泉（1996a，1996b，1996c）在《教育参考》上发表了三篇文章分析重点学校政策之谬。钟启泉首先剖析了三种似是而非的论点，指出无论是"带头羊作用"或"功不可没说"或"没有重点便没有政策"，这三种观点实际都存在巨大的问题：重点学校的经验未必可以推广到一般学校；现行的重点学校也未必可以将所有高智商的学生齐集一堂；真正应该成为重点的不能仅是几所学校而应是义务教育甚至整个基础教育……现有的这种加剧"学校落差"的政策并不明智。华东师范大学邓志伟（1996）也支持这种观点。他认为，重点学校政策既与素质教育的方向背道而驰，也违背《中华人民共和国教育法》的基本精神，还同全民教育方向相逆。因此，不应继续坚持重点学校政策。张华（1996）从特色学校的角度认为，重点学校逐渐演变为"特殊利益集团"，影响着我国教育改革的深入与教育公平、教育民主化进程的推进。应当由"特色学校"代替"重点学校"。不仅专家学者认为应当改变重点中学政策，一线的许多教育工作者也赞同这一观点。例如，江苏省吴县教育科学研究室张炳元（1996）

认为重点学校是计划经济条件下的产物,有悖于市场经济条件下公平竞争的基本原则。重点学校及其政策应当成为历史。

袁振国(1999)概括了当时在《教育参考》上展开的激烈争论,认为尽管当时的讨论涉及了一些基本问题,但并未抓住平等与效益这样一对基本矛盾来考虑重点中学问题。对重点中学政策的反思已经引起人们的普遍关注,大都认为重点学校政策不外是一种权宜之计。当然,在分析了原有的研究之后,袁振国认为从事实和价值两个维度,重点中学政策都受到了严峻的挑战。

首先,从事实层面而言,重点中学效益既不能排除优质生源本身的竞争力,又不能保证整个民族整体素质的提高,还未必能带动非重点中学的发展。

其次,从价值层面上讲,重点中学的发展以削减、剥夺非重点中学的资源为代价,这本身就令人生疑。更何况在现实条件下,人们难以保证只有才华出众的人进入重点中学,这也与社会主义的理想、与马克思主义的价值观并不相容(袁振国,1999)。

**2. 关于高中教育价值取向选择之争**

教育家吕型伟(1999)认为,在新中国成立 50 周年的时候便已经提出"钱学森之问"——"为什么新中国没有培养出世界级人才?"吕型伟认为,一方面由于我们误解了全面发展和个性发展的关系,另一方面由于过分强调教育平等而忽视了个体发展、学校发展之间的差异,进而决定取消重点学校、取消择校等都是世界级人才难以培养出来的重要原因。而现实的国家发展由于提出了对人才的迫切需求,应当重新整理过去重点学校的经验,发展英才教育。这一派观点可以概括为**"精英教育派"**。德国劳动心理学家胡特(Huth)堪称高中精英教育的坚定支持者。早在 1952 年,胡特就提出只有当人们按照劳动种类去认识经济结构时,才会理解学校的经济意义。因为像学校等级一样,存在着劳动种类的等级,这种等级是可以与不同学校类型联系起来的。基于这一认识,胡特提出占人口比例只有 3%~5%的领导者、经理、顾问等劳动种类的人(精英),应当由德国的完全中学(德国的精英高中)和高等学校培养。胡特的这一观点也为德国 20 世纪五六十年代高中教育的精英化取向提供了理论基础(李其龙,张德伟,2008)。持这一派观点的学者还有许多,特别是重点中学的校长对这一派观点非常认可。例如,北京师范大学附属中学(以下简称北师大附中)原校长刘沪(2008)认为中学阶段是培养杰出人才的关键环节。因此,在呼吁教育均衡发展的前提下,不能忽视精英教育的发展。

然而,面对吕型伟的观点,一些学者提出了不同的认识。王建华(2000)认为英才教育是一个难圆的梦,在中国推行英才教育并不符合中国的国情,要培养精英需要通过大众教育来实现。这一派观点可以概括为**"大众教育派"**。这一派观点的核心在于从公平和正义的角度对精英教育追求的问题进行反思。例如,金生鈜（2000）认为中国自古就有精英教育的导向，而"文化大革命"结束以来的重点学校政策无疑是这种导向的表现。经过多年重点学校政策的实践，中等教育发展两极化严重，薄弱学校大量存在，教育资源投入偏重于少数精英教育的学校，这有违公平、正义的基本理念。基础教育的核心不在于甄选，而在于促进学生整体个性的发展、公民素养的培育。因此，从正义的角度出发，应当马上对这种精英教育追求和重点学校制度进行改革。南京师范大学冯建军（2010）对此也持类似观点：随着我国高中教育的发展，高中教育资源配置的价值取向逐步从精英发展阶段的"效率优先"转向大众化和普及化阶段的"公平优先"。还有学者认为，我国目前的做法有悖教育公平的基本理念。各类重点学校从高中一直办到幼儿园，层层都有严密的考试把关，实施一层层的淘汰，将教育领域分割成一块块等级森严的不同区域。在同一个城市内，还存在不同层次的重点学校，这种梯田式的切割，导致同一教育层次上的青少年接受的是条件各不相同甚至差异极大的教育。这势必导致初始条件相差不大的孩子经过几年教育之后变得有天壤之别（孙力，1996）。

面对两派学者的争论，有学者提出第三种观点，即"精英大众并重派"。这一派观点的核心思想在于关注精英教育与大众教育的互补性，强调公平与效率取向在高中教育发展中的兼顾。例如，刘宝存（2001a）认为，大众教育和精英教育并重是世界各国教育发展的普遍趋势。对于我国而言，大众教育和精英教育在人才培养上二者相互补充，不可偏废。霍益萍（2002）认为高中"历史性转折"——从精英走向大众，从表面上看是对立的两极，是用一种教育模式取代另一种教育模式，实际上，其行动策略却恰恰是在对立的两极中寻找平衡和统一。

综上所述，以往关于精英教育的研究虽然取得了不小的成绩，但围绕精英高中代价的研究却略显单薄。概而言之，以往对于高中阶段精英教育的研究仍然存在诸多不足，其中有以下几个方面值得关注。

其一，对高中适切性的问题缺乏必要的思考和分析。众所周知，马丁·特罗对于精英教育与大众化教育的划分源于其对高等教育的研究，而高中阶段教育是否适用这一划分尚存争议。倘若依然可以沿用这一划分，那么高中阶段精英教育与大众教育的阶段划分是否也应沿用 15%的毛入学率为界？高中阶段的精英教育向大众教育甚至普及教育的转化究竟又意味着什么？诸如此类的问题涉及对于高中阶段精英教育内涵与发展的认识，然而以往的研究却缺乏对这一问题进行深入的思考，不禁令人遗憾。

其二，关于高中阶段精英教育的发展方向问题仍然存在争议。倘若高中阶段的精英教育指的是一种教育类型而非教育阶段，那么在高中教育普及化的背景下，高中阶段精英教育又应何去何从？现有的精英教育派、大众教育派和精英大众并重派三派观点究竟该如何认识实际尚未达成共识。然而，这一问题直接涉及一个国家高中教育的发展方向和相关政策，因此，对其进行进一步分析和研究是至关重要的。

其三，对高中阶段精英教育缺乏系统的代价分析，尤其缺乏从代价的视角对精英高中内部的诸问题进行深入剖析。对于精英高中的代价分析，实际是试图冷静地思考精英高中发展所带来的种种负面影响，并力求以此为基础进一步探寻低代价的发展之路。然而，在以往的研究中，对于精英教育的负面影响虽有讨论，但往往是分散的、零散的，缺乏对其进行系统的代价分析。高中教育是连接义务教育和高等教育的枢纽，在这一阶段发展精英教育更应当进行必要的代价分析，树立代价意识。因此，缺乏深入的代价分析，将使相关政策的制定与教育改革的推进缺乏足够冷静的反思。

总之，精英高中的发展存在很大的争议，从代价的角度对其进行分析，也具有很强的现实意义，是当前亟待研究的工作。

## 三、核心概念界定

### （一）精英

通过对精英一词的词源及相关文献的分析，笔者认为，以往学者对"精英"的界定主要涉及了 4 个基本方面。

（1）精英的特征，如具有较高的潜能或成就、具有贵族的身份地位等。

（2）精英的结构，如统治精英与非统治精英、精英与亚精英、上层精英与下层精英等。

（3）精英的功能，如创造社会的物质财富与精神财富、传承社会价值等。

（4）精英的形成，如"寡头统治铁律"导致精英产生的必然性、能力与地位的组合、智商与努力程度的叠加等。

上述 4 个维度的分析，基本涵盖了界定精英这个概念的基本维度。然而，当下界定精英，首先，必须明确精英同贵族之间的不同，毕竟将贵族视为精英的看法在民主化进程不断深入的今天显然是难以立足的。在现代社会，能力、潜质、成就等因素已经取代身份与血统成为精英的特征。

其次，精英与阶级、阶层之间的关系也应理清。精英并不等同于任何一个阶级，任何阶级都有自己的精英。中国革命成功的历史就有力地证明了即便是在旧社会身处底层的农民阶级和工人阶级也有着自己的精英阶层，并且这个身处底层的精英阶层所发挥的功能对于整个国家和民族的发展的影响是异常巨大的。对于阶级而言，精英可能以阶层的姿态出现，但这并不表明精英等同于阶层。精英可以以一个阶层的姿态登上历史舞台，也可以以个体的姿态存在于社会活动之中。因此，精英与阶级和阶层之间存在着紧密的关联，但又不可与二者等同。

最后，尽管之前的诸多学者的研究涉及精英的形成与产生，但教育对于精英的形成与发展的巨大作用是难以否认的。在现代社会中，无论哪个领域的精英人才，其成长的历程中教育大都发挥了不可替代的作用。只是家庭教育、社会教育及不同阶段的学校教育所发挥的作用因人而异，但国家所需的各种精英人才的成长都不能回避教育的作用。

综上所述，在本书中，精英是指在社会各个领域中，具有优于一般人能力或潜质的、具有强烈社会责任感的、通过教育等途径培养的、对于各个领域发展具有重要引导作用的个人、阶层或集团。

之所以选择精英一词，还需进行两点说明。尽管精英一度同贵族等概念有着紧密的关联，但即便在以工人阶级和农民阶级为统治阶级的社会主义国家中，精英的价值也是不容忽视的。社会主义国家也需要大批各个领域的精英来引导整个社会在社会主义的框架下，不断发展进步。因此，笔者坚决选择精英这一概念而未选"英才"或其他更带有中性色彩的概念，正是为了促使众人意识到我们以往对于精英过分的担忧是没有必要的。

当然，选择使用精英这一概念的另外一层考虑是使用精英的概念也就将本书的研究同国家的视角紧密联系在一起了。精英不是个体之间的简单比较，而是强调其在国家发展和社会建设中所起的引领作用和卓越价值。因此，选择精英，也就意味着选择了从国家的视角审视教育的发展，反思国家在高中教育发展上的政策、制度的构建同精英高中代价之间的深层联系，以便更深刻地认识问题背后的原因，更有针对性地寻求破解问题的方案。

### （二）精英教育

既然选择了精英的概念，与之相对应的教育也自然没有必要回避精英二字。在本书中，精英教育也是一个复杂概念。

首先，对精英教育的阐释不能脱离同资优教育、天才教育、超常教育等概念的辨析。"资优""天才"与"超常"三个概念都是从个体属性的角度提出的概念，指的是个体在智力或能力方面所具有的超出一般的表现。与之相对应的资优教育、天才教育、超常教育的概念也是指针对这类个体所进行的有针对性的教育。但精英教育与之有着很大的不同。这主要源自精英一词不仅指向个体间差异，更是强调这类个体或群体对于国家和社会发展的重要价值与功能。因此，所谓的精英教育尽管其招收的对象也可能具有个体属性上的超常或卓越，但其目的并不仅是为这些个体提供适合他们的教育，也是为国家培养各个领域的、具有社会责任感和使命感的引领者。因此，精英教育同其他三个概念相比具有视角上的巨大差异，而这种视角的差异也就决定了精英教育概念同其他三个概念之间的质的不同。

其次，精英教育存在现实与理想的两种样态。在现实中，许多大城市的名校无疑在进行着精英教育的各种尝试和探索,如北京市第四中学(以下简称北京四中)、中国人民大学附属中学(以下简称人大附中)、上海市上海中学、深圳中学等。与此同时,"县中"模式也是在现有考试制度下形成的有中国特色的县域精英教育的实践样态。围绕这一实践样态的争论也非常激烈。许多人从应试教育与素质教育的角度批判"县中"模式,也有人认为"县中"的存在有其合理性。无论争论双方谁对谁错,在现实中,我们的确存在着这样的精英教育实践。当然,即便这种高中的存在有其合理性,但并不意味着笔者认为现存的精英高中已然达到了理想样态。从精英的内涵出发,理想的精英教育绝不是简单的升学应试教育。升学率虽然可以在一定程度上表明学校在精英教育上所取得的成绩,但高升学率未必必然代表成就。精英教育的关键在于是否真正在培养学生具有精英的基本素养与品质,而不是应试的能力。因此,本书中笔者所指的精英教育具有现实指向与理想指向两种不同的指向,具体情况需根据上下文情况而定。

最后,精英教育的复杂性还体现在它集精英教育价值取向、精英教育政策和精英教育实践三重意义于一身。精英教育首先作为一种教育理念或教育发展的价值取向而存在。在古代,精英教育便已经作为一种重要的价值取向,许多教育家都以此作为自己教育实践的指导思想。当然,这并不意味着精英教育是唯一的一种得到众人认可的价值取向。即便是认同精英教育价值取向的人也各有观点,未必所虑皆同。当政策制定者认可了精英教育价值取向,便会适时出台保障精英教育发展的教育政策,精英教育就由理念和价值取向转变为对整个国家和地区具有行政指导作用的政策。如果说在古代社会信奉精英教育的孔子、柏拉图等教育家的教育实践只是个人层面的教育实践,并未以政策的姿态对整个国家的教育活动产生指导作用,那么,当精英教育作为一种教育政策存在后,小到一个地区,大到一个国家的教育实践活动都会受到政策的引导。甚至整个国家的教育体系都会因之而发生变化。后文讲述的我国在基础教育阶段的重点学校的"小金字塔"结构便是国家精英教育政策导向所产生的直接结果。

当然,必须说明的是,关于多重意义的精英教育的理解至少可以分为两种类型:一种是在精英教育作为国家政策出台前存在的"价值取向—教育实践"的二维结构;另一种是"价值取向—政策—实践"的三维结构。精英教育政策的出台是国家教育发展价值选择的标志,对一国的影响远比仅存在于个体思想之中的价值追求更大。因此,本书更偏重从三位一体的角度理解精英教育,尽可能地关注作为政策的精英教育对作为实践的精英教育所产生的复杂影响,以及今后国家教育政策的调整是否应当为精英教育留有一席之地。

此外,还必须说明的是,在本书中提及的高中阶段精英教育仅限于普通高中所涉及的基础教育领域,并不涉及职业教育领域业已提出的精英教育理念。

综上所述,精英教育是旨在培养国家所需精英人才的教育实践活动,而这种实践活动是国家从对于精英人才的迫切需求出发所制定的教育政策的直接产物。然而，现实中所进行的精英教育实践，因受到各种因素的影响而未必按照理想的样态发展，因此，精英教育又必然存在理想与现实两种状态。

## （三）精英高中

从字面意义上理解，精英高中就是指进行精英教育、为国家所需的精英人才的成长奠基的高中。要较为清楚地界定精英高中必须面对三个层面的质疑：一是将精英同高中联系起来，是否意味着高中阶段便能够培养出精英；二是精英高中同我国业已存在的示范性高中之间的差异何在；三是精英高中究竟是笔者理想中的高中样态，还是现实中存在的高中样态。

首先，将精英同高中相连，并不意味着高中便成为精英人才成长的终点。尽管高中教育对于精英人才成长的意义不容忽视，但高中阶段并不是精英人才培养的终点，只是为精英人才的成长奠定基础。这意味着精英高中并不是直接培养精英的高中，只是进行精英教育的高中。

其次，精英高中较之示范性高中，增加了审视高中的维度。示范性高中概念的关键在于"示范"二字。一方面，示范强调了这类高中在同其他高中的比较中，处于领先地位；另一方面，示范是为了让别的学校向它学习，以它为奋斗的目标。这是从比较的角度看待高中的水平差异。从这个意义上讲，示范性高中与非示范性高中之分是对高中进行分层的结果。不仅各地知名的高中大都可以纳入示范性高中，甚至一度成为教育领域讨论的热点话题的"县中"也可纳入示范性高中的行列。这实际上是督促学校在升学的同质化道路上前进，示范性高中只是从更高的层次上理解高中发展的水平差异。

而精英高中则不然。精英高中不仅指向质量的优劣，还指向类型的多寡。高中阶段的学校从其类型上划分可以分为升学预备型高中、综合高中、职业高中等多种类型。每一种类型的高中应当都存在着各自的精英高中，即发展最好、具有示范意义和引领价值的高中。从这个意义上讲，精英高中不仅指升学预备型高中里的顶尖学校，如北京四中、人大附中等当前我国各个地区的知名高中，也包括综合高中、职业高中等高中类型中的顶尖高中。于是，精英高中便在分层的视角上，增加了分类的维度。当然，说精英高中增加了分类的维度，并不意味着精英高中只是一种政府推动高中发展的学校类型，而是强调学校自主形成的发展选择。这种基于学校自身传统和特点的选择，建立在高中阶段学校存在多种类型的认识基础之上。

仍需说明的是倘若对所有类型的学校中的精英高中都进行研究和分析，寥寥数字显然难以把握。因此，在本书中，精英高中主要指在升学预备学校中的那些顶尖学校。

最后，精英高中存在现实与理想两个层面。只有比较意义上的精英高中概念，很容易使人们对于精英高中的理解仅停留在现实层面。换言之，如果比别的高中更好就是精英高中，那么我们很难清楚地把握这些高中存在的诸多代价问题，毕竟始终还有比这些高中更差的高中亟待发展。因此，必须从理想的层面认识现实中存在不完美的精英高中，将促进精英高中的发展作为研究的旨归。当然，理想的精英高中也并不是只能存在于幻想之中，通过对国内外著名高中的分析，我们可以找寻到许多理想的精英高中所应具备的元素。这使得逾越理想精英高中同现实精英高中之间的鸿沟成为可能。

我国现实中的精英高中在生源质量、师资素质、教育质量、社会声望等方面都占有显著的优势。在这些学校中，往往非常看重升学率，尤其是知名高校的升学率，教育过程非常强调较高的学术标准与较快的教学进度。不少学校中还有相当比例的学生超出了国家课程的水平，他们积极参加学科竞赛等更具挑战性的活动。在这类学校中，从入学的筛选开始，学生便在较为激烈的竞争环境中学习。这些学校大都是当地的名校，它们当中有不少名校已经明确提出要为国家所需的精英成长奠基。因此，它们可以算是在现实层面存在的并不完美的精英高中。而理想层面的精英高中，除了具有较高的学术标准外，学校的课程与教学更加开放，更加能够迎合不同个性和潜质的学生的学习需求。除了看重升学率等衡量学校的可供量化的指标外，学校还非常重视对于学生社会责任感、使命感的培养，使学生能够树立正确的人生观与价值观，整个学校的教学能够突破功利主义的限制，在更高的层次上，看待高中学生的成长，真正为精英的成长奠基。

概言之，在本书中，精英高中是指实行精英教育的高中。这类高中大致可以划分为两种层次：一种层次是现实中普遍存在的以升学预备教育为主要任务并且在同地区的同类学校中处于领先地位的学校；另一种层次是从理想的角度希望现有的精英高中真正为培养国家所需的精英奠基，为了每一个学生兴趣的延续和潜质的发展助力，而不仅是充斥着为了高考的升学率功利的、不顾学生兴趣与潜质的、一味应试的学校。

## （四）代价

"代价"是生活中人们经常使用的概念。但代价的内涵颇为复杂。有学者曾经对我国一些学者对于代价内涵的认识进行总结：有的学者认为代价是泛指事物的产生和发展过程中所消耗的、对象化的、补偿的既有事物和条件（人力、物力、精力）；有的学者认为代价是人们在改造自然与社会活动中为满足一定物质或精神的需要而做出的努力或牺牲；有的学者认为代价是一个价值问题，是一种被否定和牺牲的替代性价值，表现为一定的目的对一定的手段的牺牲（但同时又是对另一目的另一手段的肯定）（孔圣根，1995）……由于不同学者的知识背景不同、理论立场不同，对代价内涵的解读也自然会有差异。

尽管代价内涵复杂，但代价同人的目的有紧密关联已然成为不同学者的共识。人的任何实践活动都有一定的目的指向性，指向性要求人面对纷繁复杂的世界必须做出选择，而决定人们如何选择的一个最基本的因素就是对行为的目的、可能结果与行为的代价之间关系的预测和推断（李钢，1999）。换言之，代价是对目的与结果之间关系的判断。目的涉及实践者的价值取向，是实践者在众多可选的价值取向中根据需求和条件做出的选择。离开目的或价值目标，代价问题就无从谈起。抽象地分析代价问题是无意义的，中介和手段的存在只能以目的的存在为前提和基础。由于代价的这种中介性，在社会发展的过程中，人们才会在面临客观矛盾时，为实现优先需要的价值、利益，主动、自觉地舍弃一些价值（李钢，1999）。

然而，关联目的与结果的概念并非只有"代价"一词，与之密切相关的"成本"也是关联目的与结果的重要概念。在经济领域，"代价"通常与"成本"紧密相连。亚当·斯密认为："人总是希望以最小的代价换取最大的利益。"这使得代价自然而然地成为经济领域的核心概念。任何利益的获得都必须投入必要的成本，从这个意义上讲，代价与成本是相关的。但代价与成本毕竟存在诸多不同。根据社会交换论的观点可知，人与人之间的社会交换过程要么得到自己想要的东西，要么得到自己不想要的东西或者失去自己想要的东西。前者为回报，后者则为代价。因此，在社会交换中，代价的内涵不仅是为获得经济利益而必须付出的成本，也是为获得某种回报而受到的惩罚或放弃掉的另一收益（迈克尔·E. 罗洛夫，1991）。而且，在通常意义上，我们不将具有中性意义的成本同具有负面意义的代价混同使用。代价虽与成本相关，却异于成本。

此外，代价必然与一种估算相关联，因而是理性的尺度（郑也夫，1995）。在追求目标的过程中，人们总是要去估量这种付出会不会得不偿失。而且在这一过程中，副作用的产生总是难以避免的，而这种副作用通常以负面影响的姿态呈现。因此，人又要对这种副作用的消极影响进行估量。与此同时，面对自己期望达到的结果，人定然还会分析达到目的的手段，以及过程中由于人的失误所付出的代价。无论是对必然代价的分析，还是偶然的代价分析，这一过程势必需要理性的参与。因此，代价也是一个理性概念。

综上所述，代价是人们为了追求某种价值取向而放弃的其他价值（选择代价）、这一过程中所必然产生的副作用引发的消极影响，以及由于人们失误所导致的后果（后果代价）的总和。代价是目的与结果之间的中介概念，对代价的预测与分析是理性精神的体现。当然，在现实中，代价并不会严格按照遵循选择代价、副作用与后果代价的三分法而存在。这种划分只不过是为了界说代价而人为进行的划分。在真实的教育情境中，选择代价、副作用与后果代价也往往相互混杂。对于代价的分析，需要现实中的具体情况有针对性地进行分析。

## 四、高中精英教育代价分析的基本逻辑

要回应高中精英教育的存废之争，必须明确在追求高中阶段精英教育取向的过程中，我们究竟付出了怎样的代价？倘若这种代价的付出是必需的，或者说是前进中必然的付出，那么我们就需要继续坚持精英教育的价值取向。反之，倘若这种代价已经使得高中教育乃至整个教育系统的发展得不偿失，那么无疑我们要考虑选择新的价值取向和战略战术体系。然而，在对以往的精英教育相关研究的分析过程中，我们并未找到匹配的代价分析框架。这迫使笔者必须首先就如何认识、分析教育中的代价问题进行论述，从而形成一个分析教育代价问题的基本框架。

尽管搭建起来的教育代价分析框架尚不成熟，但这的确为分析高中精英教育导致的代价提供了思路。在以往的高中精英教育相关研究的分析过程中，校与校之间的差距占据了讨论的焦点。一般高中往往成为高考"落水者"聚集的学校，而与之形成鲜明对照的是精英高中成为成功者的摇篮。这实际上引发了校际、校内两个方向对于代价的思考。高中学校之间的代价充分表现为在中心-边缘学校关系基础上存在的教育掠夺与依附的关系。笔者对 S 学校等学校的深入调研也发现了精英高中内部潜藏的诸多问题实际上是校际逻辑向校内的延伸。综合校内外的现有问题，精英教育被异化的问题成为高中精英教育代价分析无法回避的关键性问题。

代价的澄清只是明确了问题所在，并未完成代价控制的所有前期工作。在论及如何改革以控制、消解代价之前，还必须明确我们如何看待代价及是否要否定精英教育存在的合理性。无论是对理论质疑的消解，抑或是对现实需求的阐述，还是对发展阶段的分析，最终的落脚点都在于明确我们要在保留精英高中的路上继续前行。

明确了精英教育存在的合理性，为了更好地实现代价控制，深入分析导致代价的诸多原因便成为当务之急。在对高中教育的历史进行梳理的过程中，"位"与"育"的视角逐渐凸显出来。"淘金式"的培养模式将成绩抑或是升学率作为核心追求，一切都围绕这项工作展开。在追求标准答案的过程中，在经验丰富的教师的精心安排之下，学生被按照统一的、标准化的要求打磨成型。这种培养模式正是在"独轨位次"体系下普通高中所形成的生存之道。

合理性分析为高中精英教育的存留提供了理论与现实的依据，位育视角下的归因分析为代价控制指明了改革的切入点。代价控制的核心包括实现创价以弥补代价和对弱者进行补偿两个方面。创价不仅要为优质高中的精英教育追求正名，而且要在"人人皆可成才"的理念指导下构筑精英高中的理想之育。从课程、教学、班级组织形式等培养模式的核心要素的变革入手，将一个系统展开的精英高中培

养模式改革的基本样貌勾画出来。与此同时，还必须明确对弱者进行补偿的基本思路，使得处在边缘地位的高中和学生也能得到相应的发展空间和机会，从而使代价降到最低。

　　当然，教育代价研究是一个庞杂的领域，其中涉及众多难解的理论与现实问题。本书只是从一个侧面对这一问题进行初步的尝试。更为重要的是改革仍在继续，旧的问题同新的情况相互交织，因此，研究只能排杂理陈，将其中的众多问题用上述的线索串联，力求能更为清晰地揭示现象背后的深层问题。

# 第一章　教育代价分析的基本逻辑

## 第一节　代价的思想源流

代价思想由来已久。历史上许多学者虽然未明确提出代价的理论命题，但是却蕴含了丰富的代价意识与代价思想。纵观世界各国对于代价问题的思考，大致可以将代价思想的发展脉络分为三大阶段：在古代社会中，代价命题尚未独立出现，只是在众多的哲学、历史典籍中"朦胧"存在；自近代以来，代价思想伴随着社会转型登上了历史舞台；0 世纪社会转型、经济发展等一系列问题的频发促使代价问题的探讨向更为深入的层面推进。

### 一、近代之前："朦胧"的代价意识

对于人类社会而言，代价意识并非新鲜事物。在漫长的古代历史中，不乏满怀代价意识的智者与哲人。他们从所处的时代及自己的学术观点出发，表达了自己的代价意识。

道家思想创始人老子是在古代社会中代价意识最为深刻的思想家之一。老子冷静且犀利地指出当人们走向文明的同时也付出了巨大的代价。老子曾说："天下多忌讳，而民弥贫；人多利器，国家滋昏；人多伎巧，奇物滋起；法令滋彰，盗贼多有。"（王弼，1998）老子还说道："五色令人目盲；五音令人耳聋；五味令人口爽；驰骋畋猎，令人心发狂；难得之货，令人行妨。"（王弼，1998）老子在春秋时期便已经清晰地告诫世人追求文明之路是充满代价的，代价与文明相伴而生。这不能不令人钦佩老子见识之深刻。然而，老子显然并没有停留在对于人类社会的反思的水平上。他从道的高度重申了代价问题，即"祸兮福之所倚，福兮祸之所伏"（王弼，1998）。老子苦口婆心地告诫人们世间万物实际都拥有正反两方面，无论人是否愿意面对，代价都是客观存在的。在老子看来，依照天道而行，还时常会产生代价问题，倘若违背天道而行，代价问题则更加难以遏制了。

如果说老子的代价思想带有明显的出世的色彩，孔子的思想则更加带有入世的味道。作为儒家思想的创始人，身处乱世的孔子的代价意识是十分强烈的。孔子

在《论语·卫灵公》中说道："人无远虑，必有近忧。"（黄怀信等，2008）这句名言堪称代价意识的经典之言，为后世敲响了警钟。在孔子的哲学思想体系中，"仁"是核心，中庸是达到"仁"的境界的关键。国家之事不循中庸之道会付出巨大的代价，即便日常生活之中，不循中庸之道也会产生代价问题。例如，子贡曾问孔子交友之道，孔子便言道："忠告而善道之，不可则止，无自辱焉。"（黄怀信等，2008）南怀瑾（2002）认为，表面看起来孔子教弟子的交友之道很滑头，但实际是遵循了中庸之道的典范。

与孔子处于同一时代的西方先哲也从自己所处的时代出发分析了社会发展的代价问题。古希腊的雅典城邦向来以民主制度为核心政治制度，但民主制度本身并非完美无缺，推行极端的民主更会付出惨痛的代价。苏格拉底认为当时在古希腊采取的抽签决定国家官员的极端民主是相当不负责任的。他提出应当由具有广博知识且具有高尚品德的人担任国家的领导者，这是为了限制极端民主可能付出的代价所采取的应对之策。柏拉图继承了苏格拉底对于社会的许多认识。面对雅典由盛而衰的现实，柏拉图一心希望寻找一种能够使社会稳定发展的秩序。而现实的各种政体都存在弊端，庸庸碌碌之辈左右城邦发展又使社会付出了巨大的代价，因此，柏拉图认为理想的政体只有在理想国家之中才能存在，而理想的国家必须靠"哲学王"才能统治。奥古斯丁作为基督教哲学的集大成者，认为由于人类的祖先亚当和夏娃偷吃禁果犯了罪，作为他们的后代也都生而有罪，即原罪。人只有皈依上帝才能得救，否则就会付出代价。

除了古代历史上的哲人们的代价意识可圈可点外，许多出色的统治者的代价意识也颇为令人称道。例如，大唐盛世的开拓者与奠基人唐太宗曾经有一句至理名言："水可载舟，亦可覆舟。"这一名言不仅是唐太宗一生治国的基本理念，更表明作为一个庞大帝国的最高统治者深深的代价意识：普天之下的百姓虽然都已经收归王化，但就像滔滔江水一样，也有可能使庞大的舟船倾覆。

在古代，无论是哲人还是政治家，他们的代价意识都是紧密围绕自己所处的时代、自己所处的文化背景展开的。之所以说他们的代价意识是朦胧的，原因在于他们的代价思想只是渗透在其哲学思想或统治理念中，尚未明确提出代价分析的基本框架，也未明确提出代价这一社会发展、转型必然产生的核心问题。

## 二、近代："代价命题"独立登上历史舞台

近代以来，随着文艺复兴和启蒙运动的兴起，人的价值被重新认识。资本主义的发展使得人们对于社会的发展和人的能力都充满了乐观情绪。人们将科学知识和技术广泛应用于社会的各个领域，所取得的成就自然也远远超出之前几千年的成就。早在1686年一份交给路易十四的报告中，便可以看到当时的科学管理办法

的应用所带来的难以遏制的愉悦：

> 国王在每年一个固定的时刻能够知道全部臣民的数量，以及各地的资源、富裕和贫困状况；不同区域的各类贵族和牧师、律师、天主教和其他宗教信徒的数量，以及他们在不同地区的分布，这不是一种很大的满足吗？……对于国王来说，坐在自己的办公室里用**很短时间**了解他所管理的这个王国的过去和现在的情况，很确定地了解是什么构成了他的权威、财富和力量，这不是一件有意义，并且愉快的事情吗？（詹姆斯·C. 斯科特，2011）

不仅如此，科学林业的发明、航海事业的发展等都推动社会大幅度前进。一时间人们将社会的发展与社会的进步完全等同起来，对于潜在的威胁与代价毫不觉察。在这种情况下，卢梭（Jean-Jacques Rousseau）、康德（Immanuel Kant）、马克思等经过深入的分析和研究，终于明确提出了社会发展的代价问题，使得代价问题独立登上历史舞台。

## （一）卢梭的代价思想

卢梭作为法国著名思想家，一方面目睹了科技发展给人类社会带来的种种变化，另一方面却对发展科学和艺术所付出的代价产生了深深的忧虑。首先，卢梭认为科学和艺术的来源同道德相悖，因而，追求这二者也必然付出道德迷失的代价。卢梭曾说："科学和艺术都是从我们的罪恶诞生的。"（李瑜青，1997）"我们的灵魂正是随着我们的科学和我们的艺术之臻于完美而越发腐败的……随着科学与艺术的光芒在我们的地平线上升起，德行也就消失了；并且这一现象是在各个时代和各个地方都可以观察到的。"（李瑜青，1997）正因为如此，"科学和艺术的进步并没有给我们真正的福祉增加任何东西"，反而"败坏了我们的风尚"（李瑜青，1997）。

卢梭对于发展科学和艺术所付出的代价的思考的确令人深思，但这并非卢梭思考的核心问题。在其代价思想中，推进社会发展所付出的代价才是核心问题。卢梭从自然主义出发，认为自然状态下的人是自由的，但进入文明社会之后，人便不仅满足于必不可少的需要，而是开始"追求更多的东西，继之而来的就是追求逸乐、无边的财富、臣民和奴隶，为了这一切，社会的人片刻也不肯松懈。更奇怪的是，越是不自然的、迫切的需要，欲望反而越强烈。而且更坏的是满足这些欲望和那种权欲……"（卢梭，2001）随着文明社会的演进，人的异化问题也变得日趋严重，卢梭对于人的这种破坏自然主义的做法深感不安，因此，在其传世的教育名著《爱弥儿》的开篇便写道："出自造物主之手的东西，都是好的，而一到了人的手里，就全变坏了。"（卢梭，1962）卢梭的异化思想对黑格尔、马克思等思想家都有很深的影响。

　　在论述了文明发展过程中人的代价之后，卢梭还进一步分析了社会发展与代价的二律背反关系。卢梭一方面指出私有财产的产生是"文明社会的真正奠基者"，但另一方面又指出它也是人类不平等产生的根源。由此产生的不平等主要集中在经济领域，但为了保护自己的财产，特别是富人的财产，暴力掠夺与保护便成为采纳的必然手段。正如卢梭所言："认识了统治的快乐，便立即鄙弃一切其他的快乐……他们好像饿狼一样，尝过一次人肉后，便厌弃一切别的食物，而只想吃人了。"随着不平等从经济领域扩展到政治领域，人类不平等的问题更加突出，除君主外再无平等、自由之人。

　　简言之，卢梭的代价思想是十分深刻的，揭开了进入资本主义社会以来人们对于社会发展代价深刻反思的序幕。尽管在一些人看来，带有浓厚自然主义倾向的卢梭的代价思想有着强烈的悲观色彩，但不容否认的是卢梭的代价思想对其后代价理论的发展具有奠基性的价值。

### （二）康德-黑格尔的代价思想

　　德国著名哲学家康德在代价思想发展上的贡献也功不可没。虽然康德的代价思想深受卢梭的影响，但康德的代价思想少了许多卢梭式的悲观，代之以康德式的思辨与乐观（袁吉富，2004）。

　　作为一个充满批判意识的哲学家，康德（1990）一生都在试图解释历史的合目的性与合规律性的统一。他曾说："一个被创造物的全部自然禀赋都注定了终究要充分地并且合目的地发展出来的。"康德的代价思想正是在这一思想基础上提出的。康德认为代价是历史发展实现合目的性与合规律性统一的关键因素。他认为任何人都有反社会的、任意而为的一面，也有积极的、理性的一面。人总是要将自己恶的一面释放出来，因此，人与人之间的争斗在所难免。而争斗就必然导致代价的付出。但康德并未因此而感到悲观。反之，康德认为在一个社会之中，任何人都无法任意而为。人只有不断寻求对"任意"的克制才能实现共处。人对自己恶的一面的克制，不仅促进了人本身的发展，也促进了社会的发展。因此，康德（1990）充满乐观情绪地说道："让我们感谢大自然之有这种不合群性，有这种竞相猜忌的虚荣心，有这种贪得无厌的占有欲和统治欲吧！没有这些东西，人道之中的全部优越的自然禀赋就会永远沉睡而得不到发展。"

　　概言之，康德从自身的哲学体系出发，提出了代价存在的合理性问题。在他看来，"恶是历史发展的直接动力，是善借以实现的工具。但历史的最终目的是善，发展道路是通过恶而达到善"（赵家祥等，2003）。因此，不要对于代价过分悲观，应当清醒地认清代价在人类社会发展中的积极意义。

　　黑格尔（Georg Wilhelm Friedrich Hegel）作为康德之后德国著名的哲学家，一方面继承了康德的代价思想，另一方面又使得代价思想的发展深深地烙上了辩证法的烙印。在黑格尔的思想体系中，精神或理性是至关重要的概念。黑格尔认为，历史的本质是精神或理性，并不能将历史本身同人的活动的总和等同起来，但二者又存在着紧密的关联。黑格尔（1963）认为历史（精神或理性）的发展是一个"严重的、非己所愿的、反对自己的过程"。黑格尔（1963）以不死鸟作比方，说道："这不死之鸟终古地为它自己预备下了火葬的柴堆，而在柴堆上焚死它自己；但是从那劫灰余烬当中，又有新鲜活泼的新生命产生出来。"历史的这一种否定自我的发展历程是指向"尽善尽美"的"善"的，但这种否定的过程却是通过"恶"来实现的。

黑格尔（1963）认为"恶"源自普通人的"热情"。"热情"实际是指"从私人利益、特殊的目的，或者简直可以说是利己的企图而产生的人类活动"。由于人们之间的逐利行为所产生的斗争势必造成双方的损失，因此，"恶"在历史发展进程中是必然存在的。但从辩证的视角看，"恶"还有另一重作用。正是由于"恶"的存在，人们才会不断否定原先认为合理的东西，进而促进社会的不断变革与进步。由此，从事物的矛盾运动出发，黑格尔深刻地指出合理与不合理之间的转化过程，更深入分析了这一过程中"恶"所发挥的重要作用。在合理与不合理的矛盾运动过程中，历史发展不断向善的方向迈进，而"恶"及因其所付出的代价恰恰是历史发展的动力。由此，黑格尔也完成了对康德代价思想的辩证法阐释。

## （三）马克思和恩格斯代价思想

马克思和恩格斯堪称近代以来代价思想的集大成者。他们既批判地继承了前人的代价思想，又提出了自己对于代价问题的深入思考，使得对代价问题的思考更加全面和深刻。

马克思和恩格斯系统地分析了以往关于代价思想的主要认识，分析了代价问题的几个基本命题，从而建立了较为系统的代价思想体系，下文对此作简单介绍。

命题一　代价具有普遍性与客观性。

马克思和恩格斯都清醒地意识到代价问题是普遍存在的，而且这种"普遍存在"是不以人的意志为转移的。马克思曾说："在我们这个时代，每一种事物好像都包含有自己的反面……技术的胜利，似乎是以道德败坏为代价换来的。随着人类愈益控制自然，个人却似乎愈益成为别人的奴隶或自身的卑劣行为的奴隶。甚至科学的纯洁光辉仿佛也只能在愚昧和无知的黑暗背景上闪耀。"（马克思，恩格斯，1962）不仅道德代价成为社会发展普遍付出的代价之一，就连自发形成的社会分工也必然带来其负面效应。尽管马克思承认社会分工对于生产率的提升、社会必要劳动时间的缩短都具有重要意义，但它也的确使人陷入片面发展的窘境，"不仅是工人，而且直接或间接剥削工人的阶级，也都因分工而被自己用来从事活动的工具所奴役；精神空虚的资产者为他自己的资本和利润所奴役；律师为他的僵化的法律观念所奴役……一切'有教养的等级'都为各式各样的地方局限性和片面性所奴役，为他们自己的肉体上和精神上的短视所奴役，为他们的由于接受专门教育和终生从事一个专业而造成的畸形发展所奴役"（马克思，恩格斯，1995b）。

恩格斯在马克思思想的基础上进一步指出整个人类社会发展代价的普遍性与客观性问题。恩格斯非常赞同卢梭关于人类不平等起源与发展的论述，认为"人类是从野兽开始的，因此，为了摆脱野蛮状态，他们必须使用野蛮的、几乎是野兽般的手段，这毕竟是事实"（马克思，恩格斯，1995b）。与此同时，"由于文明时代的基础是一个阶级对另一个阶级的剥削，所以它的全部发展都是在经常的矛盾中进行的。生产的每一进步，同时也就是被压迫阶级即大多数人的生活状况的一个退步。对一些人是好事，对另一些必然是坏事，一个阶级的任何新的解放，必然是对另一个阶级的新的压迫"（马克思，恩格斯，1995b）。概而言之，恩格斯非常深刻地指出："文明每前进一步，不平等也同时前进一步。"（马克思，恩格斯，1995b）

命题二　代价的产生具有必然性。

马克思和恩格斯不仅认为代价问题是普遍存在的，还进一步分析了代价产生的必然性原因。

其一，社会分工具有双重作用。如前所述，卢梭已经对社会分工产生的双重影响进行了深入分析，马克思和恩格斯也非常赞同卢梭的认识。社会分工促进了社会发展自不必说，马克思又进一步分析了分工所必然导致的代价。例如，马克思曾说："分工和私有制是两个同义语，讲的是同一件事情，一个是就活动而言，另一个是就活动的产品而言。"（马克思，恩格斯，1962）而由于私有制的产生带来了剥削与被剥削关系，所以剥削和不平等也就自然成为分工所导致的代价。更为重要的是，社会分工还导致了人的畸形化和片面化发展。马克思（2004）曾说："某些智力上和身体上的畸形化，甚至同整个社会的分工也是分不开的。"

其二，人的实践活动具有历史局限性。马克思和恩格斯虽然非常重视人的主观能动性，但他们也非常清醒地意识到不能盲目夸大人的力量。"人是什么样的，是与他们生产什么和怎样生产是一致的，因而，个人是什么样的，这取决于他们进行生产的物质条件。"（马克思，恩格斯，1995a）既然每个人都难逃其所处的社会阶段，而人类社会的历史由远未到达终点，因此，处在现实历史阶段中的人必定是具有历史局限性的人；他所进行的社会实践活动也必然是具有局限性的活动。当然，具有历史局限性的活动必然导致相应的代价。

其三，副作用是难以避免的。由于人的活动受多个因素的制约，行动的过程又时常带有不可控因素，因此，行动的目的往往不能充分实现，而会出现其他预料之外的结果。这种结果往往不是人所希望的，通常会对人造成不良的影响，是行动过程难以避免的副作用。例如，恩格斯曾经指出："行动的目的是预期的，但是行动实际产生的结果并不是预期的，或者这种结果起初似乎还和预期的目的相符合，而到了最后却完全不是预期的结果。"（马克思，恩格斯，1995c）

**命题三　代价也是历史发展的动力。**

分析了代价的普遍性与必然性原因，马克思和恩格斯也必然要对代价进行评价。在马克思和恩格斯之前的许多思想者要么悲观于人类发展所付出的巨大代价，要么乐观地认为代价付出之必要。面对这种盲目乐观与悲观的代价评价的态度，马克思和恩格斯认为应当客观且理性地对代价问题进行评价，既肯定代价在历史发展进程中的必然性与积极作用，也要清醒地认识代价对人产生的消极影响。

如前文所述，马克思和恩格斯都认为"恶"及其代价对于人类社会的发展有其积极意义，不可一味批判。例如，恩格斯曾说："在黑格尔那里，恶是历史发展的动力的表现形式。这里有双重意思，一方面，每一种新的进步都必然表现为对某一神圣事物的亵渎，表现为对陈旧的、日渐衰亡的、但为习惯所崇奉的秩序的叛逆，另一方面，自从阶级对立产生以来，正是人的恶劣的情欲——贪欲和权势欲成了历史发展的杠杆，关于这方面，例如封建制度的和资产阶级的历史就是一个独一无二的持续不断的证明。"（马克思，恩格斯，1995c）

另外，马克思、恩格斯又不断提醒世人要清醒地看到代价问题的消极影响。例如，恩格斯就曾不断告诫世人："我们不要过分陶醉于我们人类对自然界的胜利。对于每一次这样的胜利，自然界都对我们进行报复。每一次胜利，起初确实取得了我们预期的结果，但是往后和再往后却发生完全不同的、出乎预料的影响，常常把最初的结果又消除了。"（马克思，恩格斯，1995c）

**命题四　社会群体或劳动人民成为代价的主要受众。**

马克思和恩格斯在论述代价问题时，还触及代价的受众问题。换言之，究竟谁在承受社会发展所付出的代价。在马克思和恩格斯（1962）的思想体系中，实际经常论述的代价受众有两个：一是作为整体的人类社会或民族，二是作为一个阶级的劳动人民。

从整体的角度看，马克思和恩格斯论述了资本主义发展对人的损害：资本主义生产"是最节省物化劳动……但同时……比其他任何一种生产方式都更加浪费人的劳动和活劳动，它不仅浪费人的血和肉，而且浪费人的智慧和神经……"

从劳动人民阶级的角度看，马克思和恩格斯（1962）清楚地意识到"一切先前的所有制形式都使人类较大部分——奴隶——注定成为纯粹的劳动工具"。即便历史发展进入了资本主义社会，资产阶级"既不会使人民群众得到解放，也不会改善他们的社会状况……"（马克思，恩格斯，1995a）"他的呆板的、单调的生活自然损害了他的进取精神……它甚至破坏了他的身体的活力，使他除了从事他所会的那种局部工作以外，不能精力充沛地持久地使用自己的力量。因此，他在自己的专门职业中的技能是靠牺牲他的智力的、社会的和军事的德性而取得的。但是，在每一个工业的文明的社会中，这是劳动贫民即广大人民群众必然陷入的境地。"（马克思，2004）

马克思和恩格斯对于代价受众的分析虽然仍有许多值得深思之处，但毕竟他们较为明确地提出了代价受众这一代价论的重要命题，为后人分析代价问题提供了必要的参考。

命题五　代价的控制以进步为补偿，以消灭私有制为根本。

虽然，马克思和恩格斯都承认代价的存在有其合理性，但并不意味着可以对代价问题听之任之，任由其对人造成伤害。因此，在马克思和恩格斯的思想体系中，还涉及了代价控制的重要观点。这些观点同上述 4 个命题直接相关，甚至可以看作对上述 4 个命题的进一步阐述，也是对代价问题将何去何从的正面回答。

首先，以进步为补偿。马克思和恩格斯（1962）认为代价问题与进步紧密相连，代价必须以进步为补偿。"没有哪一次巨大的历史灾难不是以历史进步为补偿的。"这同今人认为的"代价必须以创价为补偿"的认识已经非常接近。

其次，消灭私有制。在马克思和恩格斯看来，劳动人民始终处于被压迫和剥削的状态，是因为私有制的存在。只有消灭私有制，使"生产力归人民所有"，才有可能从根本上改变劳动人民承受代价的局面。

## 三、20世纪以来：代价研究的具体深入

20 世纪，人类历史经历了两次世界大战、人口的膨胀、科技的飞速进步、物质财富的极大丰富，整个社会的发展似乎变得前程似锦。然而，现实并未如此。一方面，许多学者开始对社会的繁荣发展进行冷静的思考与反思，提出了"风险社会""繁荣的代价"等很有解释力的概念与命题；另一方面，一些学者将代价意识深入到各个领域，分析某个具体领域发展中的代价问题。

### （一）对社会发展、转型的代价反思

对于世界历史而言，进入 20 世纪以后的社会转型和发展无不围绕现代化这一核心问题展开。现代化一方面的确给人类社会带来了翻天覆地的变化，但也带来了颇多问题。在追求现代化的进程中，人们已经或正在不断付出巨大的代价。著名学者韦政通认为："现代化是人类以混乱及痛苦为代价来换取新机会及新希望的过程，此过程同时具有创造性和毁灭性。"（姚蜀平，1988）因此，许多学者都围绕现代化的代价问题展开了反思。

英国学者安东尼·吉登斯（Anthony Giddens）当属对现代化进程中的代价问题思考较为深入的学者之一（安东尼·吉登斯，2000）。安东尼·吉登斯在提出他著名的"第三条道路"理论之前，首先分析了现代社会发展至今所付出的诸种代价，以此作为提出自己理论主张的基本前提。安东尼·吉登斯认为，现代性的社会制度导致了 4 个方面的代价：一是生态的威胁；二是经济领域的两极分化；三是大

规模战争的威胁；四是对民主权利的大规模压制。此外，作为风险社会理论创始人之一的安东尼·吉登斯（2001）认为，尽管许多人认为世界会朝着更加稳定、有序的方向发展，但现有的世界"看起来或者感觉起来并不像他们预测的那样。它们没有越来越受到我们的控制，而似乎是不受我们的控制，成了一个失控的世界"。

以色列著名社会学家艾森斯塔德（S.N. Eisenstadt）对现代化的代价问题也进行了较为深入的分析（艾森斯塔德，1998）。在其代表作《现代化：抗拒与变迁》中，艾森斯塔德列举了推行现代化所要付出的诸种代价：传统农业和手工业职业传统安全感的下降、失业或低度就业的数量远远超过了传统城市中的无业游民、传统家庭模式遭到破坏进而造成代际的紧张、旧精英与民主化后新掌权者之间的冲突、传统价值体系的瓦解、阶层间的冲突与个人的异化等。

塞缪尔·P. 亨廷顿（Samuel P. Huntington）认为腐败是推行现代化必然会产生的代价问题（塞缪尔·P. 亨廷顿，1989）。之所以推行现代化会滋生腐败，亨廷顿认为主要有三个原因：一是新旧价值观之间的冲突导致按照新的价值观背离了原有的"公认的行为方式"；二是新崛起的集团为了保护自己的既得利益只好采取权钱交易等"非正常渠道"；三是政府权威的增大及受制于政府的活动的增加可能导致腐败面扩大。尽管亨廷顿认为现代化发展过程中腐败难以避免，但并不表示亨廷顿是腐败倡导者。腐败是现代化的代价，腐败过于严重也有可能导致暴力革命从而使社会付出更大的代价。因此，亨廷顿认为作为现代化代价的腐败虽不能在短期内消除，但也应当受到控制。

对社会发展代价的分析还不得不提到罗马俱乐部的研究。罗马俱乐部是20世纪60年代成立于罗马的一个非正式国际组织。这个组织一直以研究人类社会发展的未来为己任，多年来出版了多个关于人类社会发展代价的报告。1972年出版的《增长的极限》便是其中的代表作之一。在这一报告中，研究者将人口、工业发展、污染、粮食生产和资源耗费作为影响人类社会发展的5个关键因素，认为"如果世界人口、工业化、污染、粮食生产以及资源消耗按现有的增长趋势不变，这个星球上的经济增长就会在今后一百年内的某一时候达到极限。最可能的结果是人口和工业生产能力这两方面发生颇为突然的、无法控制的全面的衰退或下降。"（梅多斯等，1984）一些学者认为《增长的极限》是对工业生产方式发展界限与价值的思考，这实际上深化了人们对于工业生产方式代价问题的理解（袁吉富，2004）。显而易见的是《增长的极限》中充斥着悲观主义的论调，20世纪80年代出版的《世界的未来》则对这种悲观主义论调进行了必要的调整，但也明确了人类面临的六大问题：人口问题、环境问题、安全感缺失、科学的异化、经济发展过度增长与两极分化并存、世界政治秩序不合理。面对社会发展中人们付出的种种代价，《未来的世界》的作者意大利学者奥尔利欧·佩奇（1985）就满怀忧虑地提醒世人："现代人类掉进了自己不断取得的更加光辉灿烂的成就所设下的陷阱。这些成就掩盖着流沙，人越是向前迈进，就陷得越深！"

英国学者伊恩·迈尔斯是又一位对现代化发展对人类社会造成巨大代价进行反思的学者。伊恩·迈尔斯敏锐地指出 20 世纪 60 年代以来，社会发展的巨大负面影响已然显露出来，这当中既包括发达国家自身的问题，也包括世界范围内的问题。就发达国家内部而言，伊恩·迈尔斯（1992）认为尽管发达国家向其他国家展示了自己物质丰富的美景，但这难以掩盖这种物质繁荣背后的诸多问题；就世界范围而言，一方面发展中国家并没有"继承"发达国家的富有，却"继承"了不少发达国家的问题；另一方面包括繁荣与贫困在内的不公平问题充斥在国与国之间，也充斥在国家内部。总之，"恶性发展是当今世界以及大多数国家和民族的现状特征"。在恶性发展状态下，"GDP 增长不一定有益于第三世界国家的平民百姓……'脱贫'增长使得绝对贫困正在日益增加……"伊恩·迈尔斯冷静地指出，出现上述代价显然说明"把经济增长，特别是工业化看作是国家发展中心问题"的现代化理论已经破产，只有将旨在"促进个人、社会和自然和谐发展"的人的发展理念作为核心，转变社会发展理念，才能控制恶性发展所造成的诸多代价。

## （二）对经济发展代价的反思

亲自见证了 1929 年经济大萧条和 2008 年全球金融危机的已故美国经济学家彼得·伯恩斯坦（Peter Bernstein）可谓 20 世纪经济学领域代价思想颇为深邃的思想家。在他的成名作《繁荣的代价》（*The Price of Prosperity*）中，洋溢着代价的思想。20 世纪 50 年代，美国经济发展迅速。在那样一个乐观主义的时代，彼得·伯恩斯坦（2009）并没有被喜人的数字冲昏头脑。他说："描绘天堂远比指明通往天堂的路容易得多，只描绘了天堂而没考虑指明道路的人其实没有做出任何有益的事情。"在彼得·伯恩斯坦看来，尽管当时美国经济发展看似前景灿烂，但核心在于需求。倘若需求问题不能解决，美国经济的灿烂只能是空中楼阁。然而，要实现美国经济的辉煌，需要"众多美国家庭表现出了贪婪的欲望"。在现实情况不可能实现需求"贪婪"增长的情况下，只有"增加政府投入"，而这则要求民众必须付出增加税收的代价。不仅如此，彼得·伯恩斯坦（2009）论述了倘若民众都不愿为公共事业纳税，那将面临社会瘫痪的代价……除此之外，作为经济学家的彼得·伯恩斯坦在分析代价问题时，并没有令读者陷入纷繁复杂的数字迷阵之中，而是"让我们忘掉了无意义的数据堆积，也省去了针对主义的表面争论，帮助我们抓住了问题的本质"。经济算术不是经济分析，彼得·伯恩斯坦为代价分析提供了一种直入本质的分析思路。

美国著名经济学家海曼·明斯基（Hyman Minsky）是经济领域又一位代价意识浓厚的思想家。他继承了他的老师熊彼特（J. A. Schumpeter）对于自由市场周期衰退的观点，提出了金融不稳定假说。在明斯基看来，经济长时间的稳定，必然导致公众越来越倾向冒险。一旦大量的人开始冒险，金融体系则会变得脆弱甚至不堪一击，从而陷入周期的衰退中。市场是分配资源的最佳手段，但代价是必须陷入"创造性毁灭"之境，必须借助政府的干预才能逐渐摆脱困境，重新恢复市场的作用。概言之，"金融危机是为维护资本主义所必须付出的代价"（罗伯特·巴伯拉，2010）。这一充满睿智的代价思想，并未引起乐观主义者的重视。许多沉浸于美国大好经济形势的投资者还是采取冒险的策略，但 2008 年美国的次贷危机所引发的全球金融危机证明了明斯基代价意识的深邃。诚如美国著名天文学家卡尔·萨根（Carl Sagan）所言，虽然"遇事总是过分乐观的人要比预言灾难者幸福得多……但预见灾祸的好处就在于能采取措施去防范它牺牲眼前短暂利益换得未来长远好处是这种预见的结果"（卡尔·萨根，1982）。尽管明斯基等学者对经济繁荣的代价分析并不令人欢喜，但是的确发人深省，也是人类发展必不可少的。

### （三）对国家战略的代价反思

如果说彼得·伯恩斯坦是对美国经济发展的代价进行深入分析，同处一个时代的美国政治家威廉·富布莱特（William Fulbright）则对美国和苏联整体的国家战略的影响进行了代价反思（威廉·富布莱特，1991）。面对第二次世界大战结束之后美苏两个超级大国之间时断时续的军备竞赛，富布莱特敏锐地指出了这种战略的代价："很明显，如果长期在国内的教育、卫生、环境和生产投资等基础设施上压缩资金，最终将不可避免地影响到国家安全、外交活动能力以及人民的福利。尽管美苏情况有别，但两国情况惊人地相似。军费开支消耗了两国的人力、财力资源。苏联经济停滞，生产率不高，而我们的经济看上去倒是非常繁荣，但这种繁荣是建立在财政赤字和外债基础上的。我们今天的好日子是以抵押后代的前途为代价的。"

对国家战略的反思还不得不提到至今仍对世界学术界产生重大影响的美国政治学、人类学教授詹姆斯·C. 斯科特（James C. Scott）。在其世界闻名的大部头著作《国家的视角：那些试图改善人类状况的项目是如何失败的》中，斯科特列举了诸多历史上著名的改革和设计实验：从建筑设计人员根据勒库布西耶原则设计的巴西利亚，到俄罗斯的集体化农业，再到坦桑尼亚的强制村庄化……这些试图改善人类状况的改革与实验无一例外地都走上了失败之路，付出了惨痛的代价（詹姆斯·C. 斯科特，2011）。究其原因，斯科特认为是 4 个因素的致命结合：一是对自然和社会的管理制度——重塑社会的国家简单化；二是极端现代化意识形态，表现为对科学和技术的进步、生产能力的扩大、人们需求的不断得到满足，以及对自然的掌握有很强烈的信心；三是国家独裁，使得它有愿望也有能力使用它所有的强制权力来使那些极端现代主义的设计成为现实；四是软弱的公民社会，从而使社会缺少了至关重要的抵制上述计划的能力。斯科特的分析深刻地揭示了国家在代价形成过程中所扮演的至关重要的角色，使得现代性的意识形态对社会的消极影响暴露无遗。

## （四）对后发国家代价问题的反思

许多学者满怀对弱者的关怀，分析处于后发状态的国家发展中的诸多代价问题。当然，探讨后发国家的发展代价问题不得不首先提及"依附理论"和"世界体系论"。

依附理论由拉美学者于 20 世纪 60 年代提出。尽管依附理论是一个相对庞杂的理论流派，不同学者的观点也不尽相同，但其内核思想仍具一致性。依附理论认为国家之间的"依附关系"是指"两个或更多国家的经济之间以及这些国家的经济与世界贸易之间存在着互相依赖的关系，但是结果某些国家（统治国）能够扩展和加强自己，而另外一些国家（依附国）的扩展和自身的加强则仅是前者扩展——对后者的近期发展可以产生积极的或消极的影响——的反映"（特奥托尼奥·多斯桑托斯，1999）。在依附论者看来，后发国家的不发达状态并不是他们成为依附地位的原因，而是结果。"一部分国家的发展是以牺牲另一些国家的发展为代价的。"（特奥托尼奥·多斯桑托斯，1999）

由美国学者伊曼纽尔·者沃勒斯坦（Immanuel Wallerstein）提出的世界体系论堪称又一派解释后发国家发展代价的理论体系（伊曼纽尔·者沃勒斯坦，1998）。沃勒斯坦勾勒了中心区-半边缘区-边缘区的社会体系。在这一体系中，处于不同区的国家互相依存。中心区的国家不仅"掠夺"了半边缘区和边缘区的廉价劳动力和原材料，还以剪刀差的方式从这些后发国家赚取了大量财富。资本主义体系并不像许多人想象的那样充满和谐共处的空气，实质上是一种不平等的剥削关系，这种"不平等的体系"便是人类发展所付出的最大代价。

还有学者认为应当从文明间冲突的角度理解后发国家付出的代价。例如，埃及学者盖拉尔·A. 阿明（1993）认为，后发国家的社会转型未必是发展，也未必是现代化，只是"文明与文明之间的一种戏剧性的撞击，而在这种撞击中，处于弱势的文明历史都是付出了十分沉重的代价"。

面对不同发展模式都会带来相应的代价问题，究竟该如何选择，对此一些人开始迷茫。美国学者威尔伯（1984）睿智地指出："无论是资本主义式的发展还是共产主义式的发展，所付出的人的代价都比继续保持不发达状态的代价要小。要发展经济，就得付出某些社会代价，看来这是不可避免的。"

讨论后发国家的代价问题，还不得不涉及我国学者在 20 世纪 80 年代开始对我国改革开放所带来的代价问题展开的争论。当时的争论围绕的核心问题是"道德代价论"是否成立。改革开放的确为我国的经济发展注入了新的活力，但市场理念的介入也导致社会道德的滑坡。一时间围绕拜金主义、利己主义等道德问题展开了深入的讨论。有人认为经济发展的同时道德滑坡是难以避免的，是我们为了促进经济发展必须付出的代价。这种二律背反现象已经不止一次在人类社会中出现，20世纪80年代的中国也难逃此命运。但更多的学者并不同意这样的观点。例如，有学者认为无论是马克思、恩格斯的代价思想，还是亨廷顿的二律背反说都是建立在私有制基础上，这与我国的情况不符，因此"道德代价论"缺乏自身的立论依据（钟念军，钟祥彪，1994）。还有学者认为"道德代价论"实际是以实用主义偷换了马克思主义，是对国际经验的片面理解……（武文军，1997）

### （五）对文化发展代价的反思

在人类学领域，许多学者也开始反思个性、多样性等文化研究的核心概念同代价之间的关系。例如，玛格丽特·米德（1988）在对原始部落的文化进行深入剖析时，触及了社会、个性、代价之间的关系。在米德看来，如果一个社会坚持不同年龄群体、阶级、性别群体应该拥有不同的人格标准以便它们在社会系统中各司其职，那么，……社会就会按个体特定阶级、性别、肤色甚至出生日期专断地给其规定穿戴什么样的服饰、尊奉什么样的行为规范、采取什么样的反应定式。尽管这样会妨碍个体天赋才能的充分发挥，却使一个丰富多彩的文化的形成成为可能。……而消除男女性别人格间的差异，也许意味着文化复杂性的随即丧失。……这本身就需要文明为之付出高昂的代价。米德的这番言论，实则是分析了文化类型与社会变迁可能伴随的代价。没有个性的社会要付出惨痛的代价，有个性的社会也可能因为个性的过分张扬而失去向心力，从而付出更大的代价。

文化人类学巨擘吉尔兹可谓文化研究领域又一代价意识颇为浓厚的学者。吉尔兹深切感受到全球化对文化多样性和本土性的"侵蚀"，认为地方性或本体性的弱化是全球化发展的巨大代价。人类学的研究者应当从本族人的视角，运用深描的方式，对地方性知识进行深度阐释（吉尔兹，2004）。

### （六）对教育领域代价的反思

社会各个领域的代价思想的发展势必影响教育领域的学者，许多学者也开始思考教育领域的代价问题。例如，20世纪50年代，苏联卫星上天引发了美国举国的震动。美国著名教育家科南特受命研究美国的中等教育改革。在其著名的《科南特报告》中，科南特分析了美国中等教育改革的路线选择与欧洲模式的问题。在科南特看来，欧洲一些国家在儿童10岁或11岁时就进行选择性考试进而使至多20%的孩子有机会进入升学预备学校的做法是对人才的浪费，这只是欧洲等级制度在教育领域的再现，那些被淘汰的孩子显然不应承受这样的结果，他们被淘汰的现实也成了那些国家付出的惨痛代价。一直崇尚民主和平等的美国显然也不适宜采用欧洲的这种教育模式。尽管科南特也认为面对苏联的挑战，美国的中等教育乃至整个教育系统应当为美苏争霸服务，因此，也需要推进天才教育，但科南特同时也认为违背美国的平等传统而削弱综合高中在美国的主体地位所要付出的代价更大。

未来学著名学者弗朗索瓦·佩鲁（1987）认为，在处于落后境地的国家中，人力资源浪费，贫困的诸多生理效应最终将使死亡率大大上升，以致很大一部分新生儿在成为有思想、有生产能力的男人和女人之前就夭折了。人口中很大一部分甚至大多数人都是生理的和精神的低能者。多方面的人力资源没有机会得到充分利用，也始终没有得到充分的开发。西奥多·赛泽曾指出："许多学校仍然存在浪费时间和宝贵资源的现象，而此现象与当今中学生的母亲们当年高中毕业时中学的情况相比，并没有什么改变。"（约翰·I. 古德莱德，2006）经过几十年的发展，社会却仍在承受着教育发展滞后的代价……

简短的篇幅自然难以穷尽 20 世纪以来代价思想演进中所有学者的观点与思想，但透过上述列举不难看出，进入 20 世纪以来的代价思想同具体的学科视角、时代背景、问题意识紧密结合。尽管不同学者的侧重点与视角存在很大分歧，但付出了何种代价、代价产生的原因、如何控制代价等代价论的基本问题仍然贯穿在不同思想体系之中。可以说，20 世纪人类社会经历的诸多重大历史事件背后都蕴含着代价论所要关注的基本命题，而以往学者的研究与思考恰恰给今天对于教育领域中代价问题的分析提供了有益的参考。至少我们可以从纷繁复杂的代价思想源流中理出代价论或代价分析的基本思路与框架，从而使代价分析不仅作为一个附带在其他思想体系中的注脚，更成为思想体系的主体。社会发展与转型在不断推进，在这一过程中，包括教育在内的各项实践活动也会面临着不断的选择与调整，代价分析恰恰是做出选择与调整前必须进行的一项核心工作。仍需套用孔子的名言："人无远虑，必有近忧"，所虑者恰恰就是代价分析所要回答的基本问题。个人不虑难以生存，国家不虑难以在激烈的国际竞争中站稳脚跟。因此，明确代价分析的基本框架不仅是学术工作的任务，更是国家发展与个人选择都要关注的紧要问题。

# 第二节 教育代价分析的基本框架

## 一、代价澄清：教育产生了什么代价

### （一）视角的选择

#### 1. 教育代价主体的复杂性

在教育代价问题上，存在不同类别、不同层次的主体。从类别上看，教育代价的主体可以分为造成教育代价的主体、承受教育代价的主体与控制教育代价的主体；从层次上看，教育代价的主体可以分为国家、人群、学校、家庭、个体等多个层次。综合而言，教育代价主体的复杂性表现为三个层面。

首先，多类型的主体之间未必重合。造成教育代价的主体，未必承受这些代价。在历史上贵族所确立的贵族教育体制实际以牺牲广大劳动人们受教育的机会为代价，但贵族本身并不承担这一代价。当然造成教育代价的主体也未必主动控制教育代价，承受教育代价的主体往往更加无力控制教育代价。

其次，多层次主体影响范围各不相同。个体的教育选择与实践往往只能在小范围内产生教育代价，而一届政府的决策失误所付出的教育代价则会影响整个国家的进步。同样，个体所承受的代价往往仅限于对个体发展的限制，而群体甚至整个阶级、阶层所承受的教育代价则会限制成千上万的人的发展。

最后，多层次的教育代价主体往往又同多类型教育代价主体相互交叉。这种交叉既包括同一层次的主体担任不同类型的主体，也包括同一类型的主体贯穿所有层次。例如，国家既可能是教育代价的制造者，也可能是教育代价的承受者，还可能是教育代价的控制者。其他各类各层主体也时常互相交叉。

**2. 确定视角之必要**

正是由于教育代价主体的上述三个层面的复杂性，作为教育代价的研究者倘若不确定研究者所选择的视角，则很难摆脱纷繁复杂的困境。毕竟一个研究要将所有类型、所有层次的主体在教育代价中的作用和受到的影响一一说明并非易事，况且教育代价研究并不只是为了描述各个主体在其中的角色。要通过系统的分析，最终实现对代价的控制，进而实现教育的低代价发展，首先便需明确研究者从谁的视角看待教育代价问题。

无论是从层次上还是从类型上，国家视角都应当是教育代价研究的重要视角。之所以强调国家视角，原因有三：一者，国家可造成多种类型的教育代价；二者，国家所造成的教育代价影响最大，其影响可以包括所有学校、家庭、学生个体在内的所有相关者；三者，其他主体所造成的教育代价最终都可投射到国家发展之中。一个国家所有人民的受教育问题，不仅是单个学校、单个学生的个体问题，而且是事关整个国家人力资源建设的大事。当然，并非只有国家视角值得研究，从人本主义的视角、底层的视角研究教育代价对每个个体产生的深远影响也同样值得研究。但国家视角的重要性仍毋庸置疑。

确定主体视角不仅可以摆脱纷繁复杂的窘境，还可以明确进一步研究的思路。不同主体价值追求不同，所采取的手段不同，承受的代价不同，研究的思路与关注的问题自然不同。研究国家教育政策对公平的损害，不能只关注个体的感受，而应将重心放在不同阶层与不同群体之间；要研究家庭的教育选择所付出的代价，则要更为细致地关注个体的感受与认识。

**（二）明确手段**

教育代价并非凭空而来，有目的无行动并不会直接导致代价。代价的产生一定同主体所采取的各种手段或路径有着密切关联。当然，这里所指的手段，并不限于具体的手段。路线的选择、战略的设定、制度的建设等都可成为为达到某种教育目的而采取的"手段"。作为中介的手段，在教育代价的生成过程中作用十分巨大，而且任何主体都一定会选择相应的手段来实践自己的教育理想与价值取向。手段是连接目的和结果的中介和环节，手段往往与教育代价主体密切相关，主体的目的通过手段作用于教育过程，并在多种因素的共同作用下产生结果，于是手段也是产生教育代价问题的重要原因之一。手段的合理性成为教育代价分析的重要问题。

**1. 手段合理性的伦理基础**

手段的选择以目的为导向，手段的选择必须以道德为底线。为了追求某种道德的目的，采用了不道德的手段，即便达到了目的也不为所取。教育活动更是如此。丧失了道德的手段不仅不能令人信服，更会使人不以之为不道德，进而带来更大的代价问题。所以，手段分析的首要原则便是不能放弃道德维度的底线。手段公平是过程公平的重要内容，是达到结果公平、减少教育代价的重要基础。它主要包含两个方面：一是指手段的选择要以绝大多数人的利益为出发点；二是指手段的选择要充分考虑弱势群体的需要，有利于改善弱势群体的不利处境。

**2. 手段与目的的适切性**

既然手段的选择源自对目的的追求，那手段与目的之间的适切性便显得格外重要。当然，目的合理性应当成为手段合理性的前提条件。若目的本身的合理性受到质疑，则手段与目的的"适切"只能使教育代价更为惨痛。如果目的本身具有合理性，则手段与目的的适切性就成为影响教育代价的重要因素。为了实现由人力资源大国向人力资源强国转变，仅仅关注几所重点学校、几个重点学科的建设和发展，显然不能达到期望的结果。只有给每一个人的学习提供适合的机会，真正建立终身学习的体系，人力资源强国的理想才不致落空。另外，需要强调的是，手段与目的的适切性还需要与主体联系起来，目的的制定者和手段的实施者往往并不一定是同一主体。而手段实施者对目的的认同和理解也会影响手段与目的的适切性。从某种程度上来说，后者成为在教育过程中手段与目的的适切性的认识论基础。

**3. 手段合理性的效率原则**

并非只有一种手段可以达成目的，这就要求认真考量不同手段的效率高低。一种"合理"的手段，不仅是公平的，与目的是适切的，而且也是最为"经济"的。手段合理性的效率原则意味着某一手段的选择能够以最小的成本获得效果的最大化。厉以宁（1998）认为效率的真正源泉在于人的积极性和创造性的充分发挥，因此，手段合理性的效率原则要求在教育过程中，能够激发不同主体的积极性和创造性。一方面，不同主体能够对手段产生认同，认可选择这样的手段能够有效地帮助目的的实现；另一方面，不同主体能够对手段实施的结果有成功预期，在这样的教育过程中使得不同主体获得成就感，从而激发他们参与教育实践的热情。因此，研究教育代价问题者，不能仅就教育谈教育，应当跳出教育之外，从整个社会的角度通盘考虑。特别是对于手段进行效率分析时，尚需结合国家的经济条件、社会的稳定等一系列问题。只有通盘考虑，才能筛选出切实可行的手段。

### （三）三种代价

教育代价以结果的形式存在，从教育活动的整个过程来看，教育代价既包括放弃的取向所导致的代价，也包括难以避免的副作用，还包括人的失误或错误导致的消极结果。

**1. 放弃的取向——选择代价**

放弃的取向是指主体根据需求和条件选择某种价值取向而放弃其他价值取向所造成的代价。对价值取向的分析只能为代价付出提供合理的前提，却难以论述所放弃的价值追求的不合理性。由于放弃一些价值追求也就意味着放弃了追求那些价值所可能得到的利益，这一过程也就难免伴随着代价的付出。以往的价值分析往往更多地关注能够得到什么价值，而对放弃价值关注不够。

对放弃的取向的分析主要涉及两个基本问题：一是在实践过程中人们放弃了什么；二是为什么要放弃这些价值。例如，为了提高有效教育资源的使用效率，我国一度采取了优先发展义务教育和高等教育的战略选择，这种主导价值实际是牺牲了高中阶段教育的优先发展权。面对这种"重视两端"的发展战略，我们不仅要提出一些正面论证其合理性的理由。例如，教育经费有限的情况下，义务教育事关国民的整体素质，自然应该首先发展；高等教育事关创新人才的培养自然也应当重点发展；等等。但同时也应清醒地认识到对于高中阶段教育的"忽视"可能产生的高中学校发展困难、高校生源质量下滑、学生发展受限等多种代价问题。

**2. 副作用**

副作用是日常生活中一个常用概念。《辞海》中列举了副作用的三种含义：泛指在主要作用之外的作用，多指不良反应；指药物在防治某些疾病时发生的不需要的药理作用，有时也泛指任何类型的药物不良反应；化学反应中有时会出现两种或以上不同的反应，对于不希望起的反应称为副作用或副反应（辞海编辑委员会，1980）。副作用在教育活动中也十分普遍，对副作用进行代价分析，应当首先明确其所得收益为何。既然是"副"作用，那必然有"主要的"收益。以此为基础，才能进一步分析这种主要的收益所带有的消极影响是什么，并比较消极影响与收益之间的关系。当然，判断的标准仍然以道德维度为底线。

例如，在基础教育阶段，由于学生安全意识和安全防患能力的不足，安全问题一直是学校办学的重中之重。过分看重安全问题当然会在很大程度上遏制不安全事件的发生，这的确是看重安全问题的"主要的"收益。但这也会产生很大的副作用代价问题。许多学校规定学生不得从事某些体育项目，诸如此类的做法虽能遏制安全隐患，但可能带来的副作用也代价巨大：首先，儿童缺乏必要的身体锻炼导致肥胖。在 2007 年召开的世界肥胖大会上，有医学专家认为将来可能会有数百万计的儿童因为肥胖而比他们的父母先去世（王晓晨，2007）。其次，男孩女性化倾向突出。有学者曾指出："现行的教育模式限制了男孩成长……当一个男孩体内的每一根神经都催促他去跑去跳时，他却必须坐得端端正正，把手背在后面，听上 8 小时的课。这种端坐听讲的模式对男孩女孩来说都不是适合的，但女孩的优势在于，她们往往比男孩更能忍受。"（孙云晓等，2010）面对这种"不动"的教育，好动的男孩只能向女孩学习。

目睹学生的健康状况下降、性别特征弱化而不加阻止，反而打着保障安全的旗号大行其事，这不禁令人怀疑此种教育是否符合最基本的道德准则如果由此得来的安全建立在牺牲学生发展的基础上，那么所谓的"主要的"收益就显得微不足道了。副作用代价分析的价值由此可略见一斑。

**3. 消极结果**

消极结果是由人们故意或无意的失误或错误所引发的消极影响。消极结果分析包括事实分析与归因分析两个部分。其中，事实分析既涉及日常教育中由失误或能力不足所造成的种种消极影响，也包括对理想结果是否实现的判定。如果将前者看作"失误"，那么后者则是"失败"。失误往往影响的范围较小，而失败则往往是对整体教育实践的彻底否定。即便在教育过程中存在些许值得肯定的亮点，但由于理想的目标没有达成，那些亮点也难以让人觉得值得失败。而归因分析则强调导致消极结果的原因即可能是偶然的、可控的，也可能是必然的、不可控的。归因分析应尽可能深入地剖析导致消极结果的可控原因，以清楚地说明后果何以会出现，并为代价控制提供前提。

笔者曾在一所优质高中调研，该学校年级主任对教师聘任手握大权。失去教学岗职位的教师要么转为行政岗，接受减少收入的现实或等待重新聘任教学岗的机会，要么选择离开。但与此同时，课程改革所要求的教材编写工作任务量大，仅靠教学任务繁重的教学岗的教师难以完成。因此，落聘的教师往往需要担负教材开发等更多的文案工作。巨大的心理落差使得他们大都不愿过多投入。所以，尽管学校在课程开发和教材编写问题上存在着迫切的需求，但现实的制度安排直接导致这一工作难以顺利开展。一个学校部分教师的"有意为之"所带来的后果代价问题尚且如此之大，倘若一个国家的教育决策出现了失误或"有意为之"的错误，那后果更是不堪设想。无论是教师的"有意为之"，还是决策者的"有意为之"，无疑都违背了道德维度的基本要求，使得教育活动或教育政策缺乏坚实的道德基础，进而酿成惨痛的后果。由此可知，道德维度也是分析消极结果的底线。

当然在现实之中，三种不同的代价往往相互交织，很难分清彼此的界限。实施一项教育决策不仅会付出选择代价，在教育过程中也会存在副作用与消极的后果代价。因此，将代价分为三类只是为了将代价的原因和结果建立起对应性关系。换言之，现实中不同的原因导致了不同的代价，而制度性的原因容易导致更大的代价。正是由于现实中不同原因的相互交织，不同代价的边界才难以厘清。因此，在代价主体分析的过程中，已然暗含了对原因的认识和分析。

## 二、合理性分析：教育代价分析的前提

既然代价与价值的关系，是人在历史进程中对一种价值取向的肯定，以及对其他价值取向的否定、放弃、忽视，那么进行代价分析就不能不首先分析其所追求的价值取向是否合理。"人们付出或承担一定代价的目的在于追求一定的价值，因而，价值目标本身正当、合理与否就成了界定代价合理性的前提。"（张明仓，1997b）倘若价值追求本身就违背社会发展的总体方向，违背人的发展的基本规律，那么即便寻求的道路可以在最大程度上缩减代价，其所取之路也并不合理。

然而，判断价值取向是否合理并非易事。价值取向的合理性分析，时常需要面对复杂的局面。不同人出于不同的角度和立场，往往提出不同的价值取向，这些价值取向之间又经常互相冲突，使得决策者往往很难作出判断。因此，分析关键就在于如何统一不同的价值判断，这首先触及的便是评价的基本维度或标准。

### （一）合理性分析的缘起：价值取向多种维度的冲突

教育领域价值取向的冲突源自人们对不同价值的选择，许多学者都涉及这一领域的研究。例如，斯宾塞认为人生短暂是衡量价值选择的核心维度，美国学者谢弗（J. Shaver）则从道德/非道德、内在/外在两个维度划分价值判断……而在库姆斯看来，现实生活中对于同一问题的价值判断的冲突正源于对同一事物的不同维度的认识。因此，库姆斯提出了两个问题：一是人们判断价值的维度有哪些；二是在判断出现冲突时该如何取舍（袁桂林，1991）。

库姆斯认为日常生活中人们的价值判断最为常见的维度包括道德维度、美学维度、健康和安全维度、经济维度、宗教维度等几种维度，每种维度都有相应的判断术语（表1-1）（袁桂林，1991）。

**表1-1　库姆斯价值判断维度表**

| 价值判断维度 | 判断术语 |
| --- | --- |
| 道德维度 | 公正、公平、符合伦理、讲道德、正确…… |

续表

| 价值判断维度 | 判断术语 |
| --- | --- |
| 美学维度 | 美丽、完满、优雅、精湛…… |
| 健康和安全维度 | 安然无恙、健壮…… |
| 经济维度 | 便宜、实用、有效、管用、实惠…… |
| 慎重维度 | 明智、机灵、聪慧、深谋远虑、沉着…… |
| 智慧维度 | 科学、理智、真实、正当、可信赖、合逻辑…… |
| 环境维度 | 清洁、无污染、干净…… |
| 宗教维度 | 敬神的、虔诚的、信仰上帝、无罪孽的…… |

当然，人们在现实的价值判断中并不一定只从一个维度作出判断。在许多时候，人们会综合不同的维度对同一事物进行判断。库姆斯的研究无疑给价值选择研究提供了一个基本思路：先确定价值判断和选择的维度，进而分析如何整合这些维度间的差异。

教育代价价值取向分析围绕的核心是"教育的价值判断"，通过对于日常教育价值判断的分析不难发现，判断教育政策或教育实践活动的价值选择通常围绕当下需求与长远利益、公平与效率、工具价值与本体价值、群体利益与个体利益等基本矛盾展开，概而言之，教育代价价值取向分析主要涉及的维度见表 1-2。

表 1-2　价值判断维度与判读术语列表

| 价值判断维度 | 判断术语 |
| --- | --- |
| 时间维度 | 长远利益、当下需求…… |
| 道德维度 | 公平、公正、平等…… |
| 经济维度 | 效率…… |
| 人际维度 | 个体利益、群体利益、弱势群体…… |
| 理性维度 | 工具价值、本体价值…… |

需要注意的是，由于在不同价值维度之间存在着可能的冲突，当人们所选择的维度不同时，所看到的教育代价不同，对同一教育代价的认识也会不同，使其成为教育代价问题产生观念冲突的根源。

## （二）合理性判断的基本视角

### 1. 道德的底线

正如库姆斯所言，仅仅罗列出教育代价价值取向的基本维度依然难以解决现实中价值选择的冲突问题。因此，教育代价价值取向分析还必须回答当价值选择出现冲突时该如何取舍。基于此，库姆斯提出价值判断应优先从道德维度考虑问题（袁桂林，1991）。以道德作为判断教育问题中价值取向的底线，至少可以列出以下两个理由。

　　第一，道德的教育（并非道德教育）是人们始终追求的目标。长期以来，无论是对古代社会愚民教育的批判，还是对近代以来将人工具化、对象化的教育活动的反思，实际都是对"不道德的"教育的质疑。教育作为传承人类文化的基本形式，倘若丧失了道德的底线，将成为一股动摇人类社会根基的破坏力量。

　　第二，道德维度的判断是其他维度判断的基础。当从经济角度看重教育的效率之时，我们不得不思考以牺牲大多数人为代价的精英教育是否真的具有高效率。当从国家需求的角度思考教育的工具价值之时，我们不得不思考我们的教育究竟是否给予社会底层人民以公平公正的机会使其能够通过自身的努力而实现向上流动。当分析长远利益与当下需求时，我们不得不思考不公正的教育决策所丧失的不仅是一代人的教育，而是整个社会稳定的基础……因此，无论从其他任何一个角度进行选择，都难以回避道德维度的判断。

　　仅以道德标准作为底线，在实践中我们很难分析许多教育的价值选择是否合理，毕竟道德的底线太过原则性，也太过理想化。因此，有必要进一步思考判断教育问题价值取向合理性应从哪些视角展开论述。

**2. 合理性分析的三个视角**

（1）理论层面争议的消解

　　现实中许多关于教育实践和改革的争论并不是因为所持不同意见的各方没有各自的证据，而是对许多理论的问题缺乏清楚的分析和认识。因此，透过众多表面现象，探究背后的理论性问题是分析教育实践与改革取向是否合理的重点也是难点所在。

　　例如，尽管国家之间的竞争越来越看重人才的竞争，每个国家也都希望"快出人才，出好人才"，但"快出人才"与"出好人才"之间是什么关系？如何衡量"快"与"好"？诸如此类的问题都在考量教育政策制定者与教育改革推进者能否遵循教育规律办事。新中国成立之初直至"文化大革命"时期，由于我们过分强调教育对政治的作用，而忽视教育自身规律，使得我国的教育事业在新中国成立之初的30年时间时常受政治运动的影响。在"文化大革命"时期甚至还出现了"停课闹革命"的场景，极大地破坏了新中国教育的发展。由于这种"政治挂帅"的教育价值取向没有真正从理论上厘清政治与教育之间的关系，过分夸大了政治对教育的领导作用，从而使得新中国的教育事业濒临崩溃。因此，困扰现实教育发展的许多难题，并不只是资源不足或经费有限等物质层面的问题，理论层面的模糊或者错误，很有可能使整个国家教育的发展付出巨大的代价。因此，从理论层面澄清取向的合理性是任何教育发展和改革都必须首先解决的问题。

（2）现实发展需求的满足

　　对教育价值取向的分析不能仅停留在理论的高空之中，还应关注眼前的需求和阶段问题。"仰望星空"必须同"脚踏实地"结合起来。教育事业的发展不可能一帆风顺，不同时期教育事业有其不同的发展重点，也面临着不同的发展问题。例如，公平与效率之争，一直是关于教育发展的价值取向分析最难以辨明的问题。实际上，从长远来看，我们很难判定二者孰轻孰重。但在具体的时空背景下，二者往往会有所侧重。

　　20世纪50年代，结束第二次世界大战的美国正处于经济、社会大发展时期。大工业生产的发展对管理者和技术工人的要求越来越高。但苏联卫星先于美国上天使得美国国内一片哗然。一时间危机感充斥了整个国家。社会各界都在不断反思美国教育究竟问题何在。与此同时，知识的发展又促使学校课程发生变化。面对国际和国内的现实情况，科南特（1988）系统地对美国的中等教育进行了考察，并以此为基础写成了著名的《科南特报告》。《科南特报告》的发布可以看作当时美国为解决教育质量不高的现实问题所提出的促进美国教育改革的纲领性文件。在这一报告中，科南特吸收了要素主义教育家对实用主义教育思想的批判，认为对外教育要为美国同苏联的争霸服务，对内教育则要促进经济和科技发展。一方面从公平的维度出发，科南特认为旨在维护民主精神的综合高中是适合美国国情的；另一方面，从效率维度出发，科南特又指出天才教育及控制潜在人才的浪费对于国家的重要性。这实际是对以公平和民主为主导价值的中等教育价值追求的突破，使国人清醒地认识到效率的追求不仅是每个成员能否接受良好教育的问题，更是应对当下局势的关键。简言之，当时美国中等教育的价值追求便是在不违背总体追求的基础上，面对现实的局面而进行的必要调整。

　　当下的现实中，围绕同一个教育问题往往存在着各种不同的观点。公平与效率之争自然是其中重要的话题。这些迥异的观点虽然各有其论据，但无论理论层面的阐释还是依据现实情况的分析，最终总要寻求一个平衡。更何况，许多观点的冲突并不是由于理由不当，而是因为道理没有说清。所以当下的追求体现了理论与现实的统一，自然也就成为教育价值取向合理与否的重要标尺。

　　（3）他山之石：别国经验的借鉴

　　《诗经·小雅·鹤鸣》中有句名言："他山之石，可以攻玉。"可见自己的问题有时可以通过借鉴别人的经验而得到解决。在现代社会中，任何国家的教育发展都不可能完全脱离其他国家的影响。尤其是对后发国家而言，向发达国家借鉴教育发展的经验是促进本国教育发展、尽量避免多走弯路的重要手段。在经济领域许多发达国家走了先污染后治理的发展道路，这是发达国家用惨痛的代价才探寻出的宝贵经验。后发国家自然不必重蹈覆辙，可以直接走上绿色、环保的发展之路。教育发展也是如此。现代教育制度首先在发达国家建立，许多具有探索性的教育实践和改革也首先在发达国家展开，它们在摸索的过程中不免要走许多弯路。而这些失败的教训与付出的代价恰恰成为世界其他国家的教育发展的宝贵财富。

分析"他山之石"的经验，既包括其他国家或地区在现实改革中所面临的困境及破解的办法，也包括这些国家或地区在历史进程中的经验和教训。从历史与现实的角度，可以很好地总结出在教育发展中存在的共性问题。尽管"他山之石"的具体做法虽然并不一定都适合另一个国家的国情，但在这当中所有具有共性的、方向性的选择应当成为分析教育发展方向与教育改革措施的取向是否具有合理性的重要依据。

## 三、教育代价的归因分析：合理建构之前提

澄清了在教育发展和改革的过程中所付出的代价，并不是代价分析的终点，找到原因进而控制代价的付出才是代价分析的归宿。要较为清晰地找到代价控制的思路和方案，必须首先明确导致代价的诸多原因。因此，教育代价的归因分析，是教育代价分析的重要组成部分。然而，由于现实中教育代价问题相互交织，影响因素又错综复杂，教育代价的归因分析通常都需要结合具体的情况。

### （一）微观层面的原因

任何个人都不可能保证不犯错误，由错误所导致的代价是很难避免的。在日常实践中，我们时常能够听到这样的话："上面设想得挺好的，可一到下面就走样了。"这种"走样"现象恰恰反映了微观层面的各种行为同代价之间的直接联系。

当然，由于不同个体的认识能力不同，利益诉求也不相同，所以认识微观层面的原因往往容易陷入纷繁复杂的现象之中而难以抽离其外。因此，对微观层面原因的分析，也需要找寻众多个体性差异背后所具有的共性因素。这就要求研究者能够从众多一手材料中概括出互不相干的个体所言所行中的共性因素。否则，微观层面的原因数之不尽，代价控制也就失之过繁从而难以对症下药。

### （二）宏观层面的原因

同个人微观层面的原因所导致的代价相比，宏观层面的原因所导致的代价的影响范围和深刻程度都有过之而无不及。因此，分析宏观层面的原因，是代价控制能够直指问题根源的关键所在。许多教育发展中的代价问题，并不是由于个体的失误，而是政策或改革方向的失误所造成的。红军长征初期，由于诸多错误决策，数以万计的红军指战员付出了生命的代价，可见决策的失误所导致的代价之大甚至超乎想象。

在教育发展之中，如果宏观层面的决策、制度设计、改革方案设定等方面出现失误或错漏，其代价有时是难以挽回的。最为典型的例子便是"文化大革命"时期，我国教育事业发展所受到的冲击之大、影响之深是难以估量的。它不仅造成了当时

的混乱，更导致整个国家人才的断层。因此，宏观层面的归因分析，是尽可能避免更大代价的一项关键工作。

当然，微观与宏观层面的原因往往存在着千丝万缕的联系。某一种宏观政策或制度的选择，可能促使一线的工作者只能在制度或政策的框架下行动，从而最终导致代价的产生。而这种看似个体行为所导致的代价背后却隐含着宏观层面的制度性因素。因此，微观与宏观层面的归因分析，往往又相互关联，互相印证。

## 四、教育代价的控制："疏浚之策"的建构

教育代价分析，不仅是要明晰造成了何种代价，其归宿应当是对不合理的代价进行控制，因此教育代价控制是教育代价研究的关键环节。"控制"即掌握住对象不使其任意活动或超出范围；或使对象按控制者的意愿活动（李钢，1999）。代价控制实际是运用各种手段或方式，对实践过程及其结果进行调节、引导和管理，从而实现代价合理化（张明仓，1997a）。代价控制主要包括三个部分：控制主体、控制对象和控制过程。其中，主体问题前文已述，不再赘述。而控制过程是对控制思路和控制方法的集合，方法千差万别，但控制思路可能大同小异，因此，对控制过程的分析核心在于对控制思路的阐述。

### （一）教育代价控制的对象

教育代价控制的对象主要有二：一是代价产生的原因，二是消极的影响。导致代价产生的原因有很多，但不外乎主观原因与客观原因两个方面。其中主观原因主要涉及教育实践者个体或群体的能力、意愿等对教育代价的影响，客观原因主要考察制度、舆论、社会需求等对教育代价的影响。由于主客观原因通常综合作用，对代价产生原因的控制通常也需将二者结合起来思考。例如，对于高中教育发展滞后这一代价的控制，既要考虑教师工作能力的不足、工作积极性不高等主观原因，也要考虑国家政策支持力度、教育经费保障机制等客观的制度化因素，同时还应进一步深入分析主客因素之间的互动关系。

教育代价控制还需对消极的影响进行控制。例如，以拔尖创新人才为培养目标的教育很难回避选拔的作用。然而，选拔通常与"失败"相连，失败又易导致心理波动、自信心受挫等一系列消极影响。尽管追求拔尖创新人才培养无可厚非，但以副作用姿态出现的消极影响也是教育代价控制的重要组成部分。对其控制不当，也会产生难以估量的损失。

### （二）教育代价控制的思路

控制教育代价一方面需要力求避免可能导致消极影响的因素，另一方面要尽

量对代价作出补偿，尽可能减少代价所产生的消极影响。前者是对原因的规避，后者是为消极影响的补偿。

**1. 教育代价的规避**

规避教育代价，关键在于预测教育代价及付出代价可能带来的消极影响。预测教育代价须明晰影响代价的各个相关因素，并详细分析在各个因素作用下，某项教育政策或教育实践活动可能产生的各种教育代价问题。由于各个因素之间存在着千丝万缕的联系，能够将各个因素之间的关系在一个体系中呈现出来便成为教育代价预测和规避的关键。

有学者在对高等教育收费政策的代价问题进行分析时，将影响高等教育收费政策的相关因素分为两级，其中一级因素包括物价水平、招生人数、生均培养成本、财政拨款额度和家庭年均收入 5 项；二级因素包括国民生产总值、教育投入预算、预期收益率、基础设施投入等。在此基础上，该学者从高等教育收费政策下推到一级因素，再下推到二级因素，再逐级上推返回高等教育收费政策。从而使高等教育收费政策的各影响因素之间的关联在一个封闭的系统模型中呈现出来，进而分析出政策制定潜在的决策风险（李承先，2009）。

**2. 教育代价的补偿**

教育代价的补偿，是指在教育代价的付出过程中，对于某一些造成价值损失或牺牲的主体应给予的补偿，力求使消极影响的危害达到最小。代价的补偿包含两层含义：一是代价应有创价作为补偿，二是对代价承担的主要主体进行补偿（李承先，2009）。

其一，代价是在人们创造价值的过程中相伴而生的，因此，对代价最好的补偿应当是实现人们所追求的价值理想。教育代价的补偿亦是如此。教育价值追求过程中势必以牺牲其他价值取向为代价，而倘若主导价值追求未能实现，那所有的付出都将变得毫无意义。因此，以精英教育为基本价值追求的教育体系，倘若最终未能培养出精英，不仅浪费了教育资源，更为严重的为了追求精英教育而损伤的教育公平问题，也会在社会中引起诸多不稳定的因素，进而导致社会代价的付出。

其二，即便最终追求的价值取向顺利实现，有关部门也应当对代价承担者给予补偿。有学者在谈论社会代价的承担者时曾指出，"社会代价绝大部分是由社会弱势群体来支付的……"（郑航生，2007）教育代价亦是如此。在我们长期追求精英教育的价值取向的过程中，为了保住各地优质学校的发展，农村教育往往成为了牺牲品。因此，当反思过去对于农村教育的"亏欠"之时，应当积极地给予农村学生、农村教师和农村学校以补偿。不仅在资源初次配置上尽可能地关照农村，在资源流动过程中尽可能偏向农村，而且在招生、录取环节也应当给农村学生，以及在培训和进修环节给农村教师更多的补偿。

# 第二章　我国高中精英教育的代价澄清

无论高中精英教育取得了何种成就，其带来的代价问题都是不容忽视的。将高中分为不同的层次发展，造成了高中学校间的中心-边缘体系，从而促使校际差距问题成为舆论关注的焦点。与此同时，作为学校分层逻辑的"受益者"——精英高中，却在其内部也沿用了校际分层的逻辑，造成了精英高中学生间的不同等第。处于学校关注中心的学生并没有真正按照精英成长的逻辑发展，同时也使得另一部分处于"边缘"地位的学生的失败被常识化。高中精英教育的代价必须引起我们足够的关注。

## 第一节　校际分层逻辑造就学校间中心-边缘体系

### 一、学校间中心-边缘关系的建立

#### （一）普通高中、市场与"学校声望"

尽管许多学者不愿意将学校同工厂等同起来，但还是无法否认学生作为学校的最为重要的"产品"而成为人们评价学校好坏的依据。对于我国普通高中发展而言，虽然林砺儒早在 20 世纪初便提出了中等教育不应当是一种准备教育的观点[①]，但直到今日普通高中也不可能在无视市场需求的前提下办教育。普通高中所面临的"市场"主要是劳动力市场与高校。虽然 20 世纪 90 年代高校扩招之前，仅有少数学生能够顺利通过高考进入高校，但同了解高校相比，普通高中更难了解劳动力市场究竟对它有什么要求。劳动力市场中的职业纷繁复杂，普通高中很难有针对性地培养适合某一职业的劳动力。反倒是高考作为能否进入高校的核心选拔机制，更容易让学校采取有针对性的措施。在这种情况下，普通高中更易于将少数人的去向作为工作的核心。

事实上，当精英教育成为普通高中的主导价值追求时，学校面临的要求就变得

---

① 林砺儒在《我的中学教育见解》一文中提出："中等教育其自身就是目的，绝非为将来某种专门之准备。"参见：梅汝莉. 林砺儒中等教育目的论的启示[J]. 中小学管理，2011，（4）：32。

日益清晰且严苛。截至目前，我们仍然缺乏足够具有说服力的关于教育质量优劣的评价体系与指标，对于各个普通高中教育质量的评价还是更多依赖以升学率（尤其是一类本科院校升学率）为核心的评价体系。这种精英教育的价值取向和相应的评价体系意味着：一方面，劳动力市场的需求显然难以进入普通高中的视野；另一方面，教育质量评价中的那些不易说清但未必不重要的因素被边缘化了。于是，几乎所有的普通高中都在面向高校市场推销自己的产品。普通高中与市场之间的一实一虚的关系确立起来，见图 2-1。

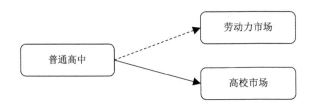

图 2-1　高中与市场关系示意图

　　确立了普通高中与市场的关系主要落脚在高校市场的选拔，抑或更为直接地说是高考的选拔上，意味着所有的学校都必须在这场激烈的竞争中拼死搏杀。胜出者自然更加容易赢得社会的认可，从而提升其"学校声望"。"学校声望"是美国教育家柯林斯（R. Collins）在论述文凭社会（credential society）时的一个重要概念。柯林斯观念中的学校声望实际包含了两层意思。

　　首先，作为利益集团斗争手段的学校声望。在柯林斯（1998）看来，社会生活充斥着不同利益集团之间的斗争，而教育实际上是各个利益集团达到目的的手段之一。不同的群体因其文化资源不同而可能结成不同的团体[马克斯·韦伯称其为地位群体（status groups）]，不同的团体都希望在文化市场中占有一席之地从而确保本团体存在与发展的合理性与生存空间。"如果本土产生的文化支撑着地方交易市场，那么正式产生的文化则更像货币通货（monetary currency）的运行。它是更可协商的（即它是一种交换的媒介）和可以在更广的基础上来评价声望（即它被当作价值来使用）。"反之，倘若由非本土文化支撑地方的交易市场，则其也具有更高的声望。可以说，"文化市场是争夺物质生产控制权的阶级斗争的关键"（柯林斯，1998）。而学校则恰恰是更好地确保不同文化地位的有力工具。不同的利益团体通过提升代表自己文化的学校及其声望以提升自己所处文化的地位，从而赢得文化市场中的主动地位。此时，学校声望便成为一种团体间斗争的工具，同"教什么"相比，"教得如何"便显得不那么重要了。

　　其次，作为构筑社会地位序列的学校声望。由于各个利益集团的不断努力，不同文化都或多或少地获得了文化市场中的地位。"各式各样的教育变得越来越普遍，从而使职业领域对求职者文凭要求也越来越高。"（刘精明，2005）面对这种情况，为了赢得社会对于学校的认可，学校自然也会彼此借鉴，互相学习。学生通过学校颁发的文凭获得了社会的不同地位，从而也使得学校声望具有了阶层化社会的特点。

如果说，作为工具的学校声望是在美国联邦制状况下不同利益集团相互斗争的结果，那么这种学校声望在中国的高中内部似乎表现得并不十分明显。在中国更为明显的是科层化特点鲜明的学校声望。重点学校政策直接在不同层级的重点学校之间、重点学校与非重点学校之间构筑了一个较为清晰的科层化体系。不同层级学校的学校声望存在着巨大的差距，这种巨大的差距同学生的去向有着很大的关系。家长送子女进入普通高中，显然是希望他们能够获得更好的发展，而不仅是走上劳动力市场成为一名普通工人。这时，"产品去向"便成为影响学校声望的核心因素。

很显然，学校声望对于学校而言极具诱惑力。具有较高的学校声望意味着学校获得了更高的社会认可度。家长认可自然愿意让自己的孩子报考这所学校，当地教育主管部门也愿意扶持这所学校以提升自己的业绩。因此，随之而来的生源、经费、师资、政策等一系列对于学校发展而言的利好因素都会明显多于声望较低的学校。即便是巨大的社会赞助金额也往往更容易投向声望更高的学校。于是生源等条件性因素、升学率和学校声望之间建立起了一种循环式关联（图2-2）。这种循环既可能是良性的也可能是恶性的。

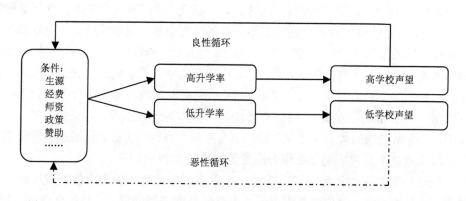

图 2-2 条件性因素、升学率与学校声望的循环式关联

## （二）精英教育政策促成中心-边缘学校体系

国家间中心-边缘关系的提出，要得益于美国著名学者沃勒斯坦的研究。沃勒斯坦认为，人类历史虽然包含着不同的民族、种族、国家，但世界历史并不是孤立发展的，总是能够形成一定的"世界性体系"。16世纪起，随着资本主义的发展欧洲逐渐形成了以西北欧为中心的"资本主义世界经济体"。这一体系由中心区、

半边缘区和边缘区三部分构成。尽管这一体系缺乏统一的政治中心，但却具有一个自成体系的有机经济网络。在这一网络中，中心区利用边缘区提供的原材料和廉价劳动力，生产加工制品向边缘区销售牟利，并控制世界体系中的金融和贸易市场的运转。边缘区除了向中心区提供原材料、初级产品和廉价劳动力，还提供销售市场。而半边缘区一方面充当中心区的边缘区，另一方面又扮演边缘区的中心区的角色（伊曼纽尔·沃勒斯坦，1998）。

尽管沃勒斯坦承认这个体系并不是一成不变的，三个部分之间可能会出现相互转化，但毋庸置疑，占据中心区的国家往往具有更高的生产效率，因而在国际市场的激烈竞争中占据优势地位，进而带来其在世界金融市场的优势地位。当然，在沃勒斯坦看来，处于称霸地位的国家往往很难长期占据称霸地位，他以16世纪的荷兰、17~18世纪的英国、19~20世纪的美国为例说明了霸权的短暂性。

如果说国家间的中心与边缘地位是资本主义经济发展的结果，那么我国高中学校间的中心-边缘关系则是政策推进的产物。从20世纪50年代毛泽东提出"要办重点中学"以来，普通高中的发展长期受到精英教育政策的影响。1953年教育部出台的《关于有重点地办好一些中学与师范的意见》确定了在全国范围内建设重点中学194所，占全国中学总数的4.4%（中国教育年鉴编辑部，1984）。1962年教育部颁布的《关于有重点地办好一批全日制中小学的通知》不仅要求各地积极办好重点高中，而且还在编制上给予了优惠：重点高中每班教职工为4人，而一般高中每班3.6人；重点高中教师每班为3人，一般高中为2.6人（中国教育年鉴编辑部，1984）。这使得重点高中逐渐获得了更多的资金和人员的支持，从而逐渐促使重点高中的发展明显优于一般高中。"文化大革命"结束以后，为了"早出人才，快出人才，出好人才"，要办重点小学、中学和大学，国家确立了普及与提高"两条腿走路"的发展方针。在这一方针指导下，1978年教育部便出台了《关于办好一批重点中小学试行方案》，将重点学校的发展作为一项重要工作来抓。在这一方案中，还提出全国的重点中小学形成"小金字塔"结构，确立了从国家到县级重点的四级重点格局，并明确了在资源配置上对重点学校的倾斜。

经过长期以来政策和资源上的倾斜，重点高中无疑处于高中教育发展的中心地位。这些处于中心地位的高中无论从办学条件到师资配置，还是教育质量、考试成绩都处于优势地位。袁振国（2000）曾经对重点中学与非重点中学的差距进行了系统的比较，根据他的研究可知，到20世纪90年代，在经费方面，重点中学的生均经费普遍比非重点中学高15%~30%；重点中学的教师工资占拨款经费比重约为60%，而非重点中学则达到80%；在师资方面，无论是学历构成、生师比、晋升职称的比例，还是获得进修的机会、取得高级职称和特级教师的荣誉等方面，重点中学都明显优于非重点中学。

随着《国务院关于〈中国教育改革和发展纲要〉的实施意见》的出台，高中的重点学校政策被示范性高中政策所取代，但由于重点高中借助过去的政策和资源的支持已经获得了长足的发展，学校间的巨大的差距并未消减。从各地评选出的示范性高中名单可以看出，原来的重点高中大都跻身示范性高中行列。而且在示范性高中政策的推进过程中，高中间的强弱差距不但并未缩小，反而有日益拉大的趋势。仅以 S 学校的一些细节便可以看出优质精英学校同普通学校之间在整体上的差距。

### 每日茶歇

为了给教师提供最为舒适的工作环境，学校在高中楼的三楼预留了一个能够容纳几十人的会议室。会议室除摆放了会议所需的桌椅之外，还放置了电冰箱、电热水器和微波炉以便教师茶歇之用。所提供的食品和饮料包括面包、水果、奶茶、咖啡、果汁、酸奶等。所有这些食品和饮料都是免费为教师提供，学校的教师可以随意到会议室休息。而且每天都会有专人负责补充新的食品。这些费用显然并不出自教师腰包。良好的工作环境，自然对教师的工作积极性大有裨益。

### 技术设备的现代化

在体育场看台的下方，有上百平米的宽阔场地。这个场地是为技术类课程单独预备的场地。场地中摆放的设备包括机械制造、汽车模型、电子技术等多个模块。根据学校老师的介绍，这个场地是某市领导出面为学校联系当地的企业赞助的，仅设备费用便高达几百万元。其中机械制造的设备既包括日常使用的各种工具，也包括自动化的演示模型，还包括在企业一线使用的数控机床。汽车模型部分的设备包括宝马、奔驰等多款车型的发动机、线路板等多个零部件的实物展示。学生在操作过程中自然便可以掌握这些车型的基本原理与彼此性能上的差异。即便是同专门从事职业教育的职业中学相比，这些设备也毫不落后。

当然，笔者并不是要质疑这种日常的服务，更不会质疑学校的优质办学条件。然而，距离 S 学校不远的一所普通中学，虽然也是区一级的重点学校，但显然难以实现这样舒适的工作环境。区级重点尚且难以实现，普通学校则更加望尘莫及了。在重点学校政策和示范性高中政策的持续影响下，普通高中逐渐形成了以优质高中为中心、一般高中为边缘的中心-边缘格局。如果我们将升学率作为衡量学校效率的重要指标来看（尽管这样会引起许多的争议），处于中心地位的重点学校的确具有更高的效率，从而可以更为有效地将自己的产品——学生推销到高校市场之中。在这样体系之下，重点学校在"生产"与"销售"环节上明显的优势地位自然转化成其学校声望，从而使得他们牢牢占据了学校体系的中心地位。与之相对，那些普通学校则长期处于边缘地位。因此，由重点学校政策扶持的重点学校同普通学校之间中心-边缘关系逐渐清晰。

　　然而，我国学校间关系本身并不仅仅受到重点学校政策的影响。当学校间的中心-边缘关系与地缘关系发生关联后，学校间的中心-边缘关系便会更加复杂。由于在我国北京、上海、广州等大城市具有更强的资源吸纳能力，处于这些大城市的重点学校则更是中心区的中心。于是，在普通高中学校体系中便建立起了大城市重点学校（中心）——一般城市重点学校（半边缘）——普通学校（边缘）的类似沃勒斯坦所言的世界体系的基本格局。

## 二、中心-边缘体系下普通高中间的生源大战

　　在中心-边缘体系内，谁占据了学校声望的顶点，谁就更容易进入良性循环的轨道。获得优质生源正是一件事半功倍的举措。然而，长期实行的以重点学校政策为手段的精英教育战略，却确立了力保重点学校生源质量的"割韭菜"式的招生制度。这使得处于边缘地位的学校根本难以觅得优质生源，从而很难摆脱边缘的境地。

### （一）"割韭菜"式的招生制度

　　韭菜是老百姓生活中最为常见的蔬菜之一，属多年生草本植物。由于其鳞茎可以不断长出新叶，可以割去一茬又长一茬，但还是头茬（也称为头刀）韭菜最为好吃。在高中教育阶段的招生制度也像"割韭菜"一样，将学校分为不同批次，学生则根据分数被分为不同"茬"。最好的"一茬"被重点学校割走，然后随着学校批次不同而录取不同层次的生源。这种招生制度显然是为了保证处于"头茬"的重点学校能够招收最好的生源，以确保其教育质量。

　　如果说重点学校政策是我国高中阶段精英教育的手段，那么"割韭菜"式的招生制度则是落实重点学校政策的手段。然而，这种伴随着重点学校政策孕育而生的招生制度，却令重点学校与非重点学校都不满意。

　　首先，它极不利于批次靠后的学校的发展。笔者在黑龙江省某县调研时，该县的一所普通高中的校长无奈地说道："我们学校的招生不知道算是第五茬还是第六茬韭菜，根本没有好的生源。许多学生进入学校既没有好的学习习惯，也没有学习兴趣，不念书也知道不行，可念又真的念不下去！"这位校长的描述并非个例，而是许多县级中学的现实情况。割不到"头茬"却还在家长和社会的压力面前不得不按照"头茬"学生的思路办学，其窘境可想而知。山东省某市 E 学校，是市里公认的最好的高中。为了确保 E 学校的生源质量，市教育局决定允许 E 学校在中考时以"零批次录取"。零批次录取就是 E 学校优先于所有其他的学校录取学生，学生报考 E 学校没有考上者不影响报考其他学校。然而，这一政策招致了第二集团学校的集体反对。因此，在几年之后，迫于大多数学校的压力，市教育局不得不

终止了这一政策。

其次，"割韭菜"式的招生制度虽然力保重点学校的生源，但由于较为明确的属地限制，实际这一政策也不令重点学校满意。同一个省不同地方的重点学校在招生时是分地区招，但在最后的高考竞争时却是在同一个平台上竞争。这意味着仅盯住本地区的优质生源已然不足以使自己傲视群雄。更何况，即便是本地的生源也未必都能被自己所招揽，因此，这种"割韭菜"式的招生制度也未能赢得重点学校的掌声。无论重点学校还是非重点学校都对"割韭菜"式的政策不满，为了能够获得足够数量和质量的生源，众多学校间展开了五花八门的生源大战。

## （二）花样百出的生源大战

为了赢得生源大战，各个学校可谓是绞尽脑汁、煞费苦心。边缘高中有招，中心高中有法。简要列举一些生源大战的应对之法，生源大战之惨烈就可以略见一斑。

招数一　公办变民办，跨区招生

公立高中的招生有着明确的生源所在地户籍的限制，这意味着学校通常不能跨地区招生。然而，为了抢夺生源，一些地方的公立学校竞相办起民办高中以吸引周边地区的生源。例如，河北省邢台市某中学便是市里一所著名高中所办的分校。其目的便是尽可能吸引更多优质生源来学校。其实，邢台市本身在河北省是生源大战的"灾区"。由于石家庄、衡水等地的高中更具吸引力，所以邢台市的高中都面临着优质生源流失的现状。为了改变这一现状，"公办变民办"，以招收更多周边的学生便成为应对外来生源大战的对策（樊江涛，2010）。

招数二　舍得"票子"，套住"学子"

为了吸引生源，一些地方的高中不惜血本，既免收学生的学费，还给予高额的奖学金，舍不得"票子"，套不住"学子"。例如，2006年，江苏省扬州市的一些民办高中规定中考成绩达到扬州中学城区录取线的扬州市区的学生，除减收4.5万元学费外，还将酌情给予3000～6000元的奖学金，个别学校愿意提供高达10000元的奖学金。加上之前免收的学费，招收一名优质生源学校已经付出了5.5万元的成本（李源，2006）。这不能不说为了赢得生源大战学校的投入可谓巨大。

招数三　同天面试以防"三心二意"

许多中心高中在招生时安排了各种面试，以确保招收到的学生真的具有较高的素质。但为了遏制学生在报考时的"三心二意"，一些高中干脆将面试时间安排在同一天，以此迫使学生只能选择其中一所学校而无暇他顾。例如，上海市2011年的生源争夺战在"五一"后便全面打响。50余所高中为了能够最大限度限制学生的多种选择，将面试的时间安排在相近或相同的时间（邹娟，2011）。这使得学生面试只得专一而难以赶场了。

招数四　花样百出的"占坑班"

上述招数还是常规招数，许多地方的生源争夺战打得更为隐蔽，而且向小学延伸。北京等地屡禁不止的"占坑班"便是其中最有代表性的招数。在 S 学校调研时，一位教师向笔者描述了她所了解的"占坑班"：

> 现在"占坑班"学校都不出面，你也不知道哪一个培训学校的考试就是那个学校的录取考试。你比方说，原来我认识的一个孩子，在 R 学校（北京某名校）西山办的一个初中，后来有一天突然接到另外一个学校的电话，说要有一个考试，家长很奇怪，但后来还是去了。最后才知道出题、阅卷、录取啥的都是 R 学校弄的，整个考试过程 R 学校都没出面，就是委托一个培训学校在弄。虽然全市没有统一的小升初考试，但各个学校都在暗箱操作，私下都在考试。直升班的学生也是这样选出来了。不知道哪一个考试就是个选拔考试，然后学校确定几个孩子，就给家长打电话，和家长谈，问家长愿不愿意送孩子来，来的话就签一个协议。协议也不一样，有的是保证可以进高中的，有的签的时候就是不保障的，就是说可能会在初二结束的时候分流。原来好像是说后 1/6 分流吧。学生自己不清楚怎么被录取的，但学校很清楚。现在为了抢生源都有点……

招数五　"劝说+株连"

运用亲情、友情等人际关系劝说学生报考学校本是一种常规的生源争夺之法，但现在许多学校的行径远不满足劝说的不确定性。一些地方竟然还将劝说同"株连"相联系。例如，河北省衡水市某高中在读学生小雪（化名）曾向自己就读的高中推荐自己正在读初中的妹妹小雨（化名）。该高中考察后觉得小雨的确是初中的优秀生源，便督促小雪劝说妹妹尽快来校报名。然而，小雨最终选择了另一所当地的老牌名校，未到姐姐所在的高中报名。学校竟然因小雪劝说不利而对小雪下了"逐客令"（李海菊，2011）。因为劝说不利而被"株连"的闹剧，竟然真实地发生在我们周围，学校在生源争夺战中的心态可想而知。

招数六　暗语沟通

许多学校在争夺生源的同时又担心政府的阻止，因此，一批暗语应运而生。这些暗语有的表示学校的名称，有的表示招生过程中的不同环节。例如，"斑点狗""101 空降师""龙军""龙门客栈""白大夫"等称呼都指代北京的一些名校；而前文提及的"占坑班"是指提前参加名校组织或委托别的机构组织的培训班，接到学校电话告知录取意向则称为"密电"，"过江"和"收院治疗"则分别指已经被点招和被录取（水君易，2012）。

曾几何时，我们还在戏言现代京剧《智取威虎山》中座山雕与杨子荣之间精彩的黑话对白，又有谁料想到时至今日这些名校的生源争夺战却催生了教育领域的"黑话"？暗语的大量存在表明这当中有许多东西不能放在人前供大家评判。当教育中充斥着不敢见光的东西，我们所追求的教育又是怎样的教育呢？

### （三）培养沦为筛选的附庸

列举生源大战的种种招数，并不是本书的最终目的。寥寥数字也不可能穷尽生源大战五花八门的做法。当我们静心思考生源大战给高中教育造成的影响时，不禁要问追求生源的过程中我们又究竟失去了什么？

如前所述，在高中与市场关系之中，由于衡量成败的指标体系尚不健全（也许很难健全），学校声望主要依靠具有筛选性的高考升学率来评判。生源的优劣的确会对升学率的数字产生很大的影响。但优质生源的筛选本身就是一个非常含糊的问题。在各种名目之下，尽管面试等招生方式屡见不鲜，但成绩还是最为重要的评价指标。对学生综合素质的评价被窄化为成绩的考量，人格的发展、品质的历练等方面都难以进入评价的内容之中。这直接导致家长和一些初中教师教育方式的转变。既然决定能否进重点学校的关键因素在于成绩，那就想尽一切办法帮助学生提高成绩即可。取消了小升初的考试，却难以改变应试的教育思路。评价窄化教育的恶果显而易见。

然而，笔者不得不说，对于义务教育的影响还未穷尽高中生源大战之弊病。生源大战背后的基本逻辑是：生源是决定质量的要素，有一流的学生，哪怕是二流、三流的教师也可以有一流的成绩。这不仅是对评价的窄化，而且是对整个高中教育的窄化。在这个思路下，整个高中教育最为核心的工作便是在招生时筛选学生，入学后的教育成为筛选工作的延续，而并不是将筛选工作作为教育的起点。培养让位于筛选，所关注的唯有对"好学生"的明争暗斗。这种教育已经背离教育的初衷，至少已经演化为一种纯粹功利主义的教育。也许在确立重点学校政策之时，我们并未想到这种政策所引发的生源大战会愈演愈烈，也许更难想到这种生源的争夺失去的不仅是"末荏"的学生，更是整个高中教育对教育本质的背离。我们试图通过重点学校政策构建精英的培养通道，然而"培养"却沦为"筛选"的附庸。1998年诺贝尔经济学奖获得者阿玛蒂亚·森（Amartya Sen）曾说："做好事的权力几乎永远与做相反的事的可能性相伴随。"（阿玛蒂亚·森，2002）我们不得不说，随着中心-边缘体系的建立校与校之间围绕生源而展开的争夺是好心办了一件坏事！

## 三、教育掠夺与教育依附

掠夺与依附关系也蕴含在沃勒斯坦提出的国家间关系体系中。中心国家凭借剪刀差大肆剥削边缘国家的事实已被沃勒斯坦等学者所揭示。中心国家在从边缘低价掠夺原材料和劳动力的同时，凭借更为先进的技术，高效地生产出更具市场竞争力的商品，最终将这些商品出售到边缘国家。中心国家通过整个由生产到销售的链条获得了更为丰厚的资金，而这些资金又可以成为他们进一步扩大生产、购买原材料和劳动力的本钱。但边缘国家则处于被掠夺的境地。

尽管中心国家对边缘国家的掠夺真实地反映了二者之间的冲突，但在资本主义世界经济体系中，边缘国家还不得不依附于中心国家。依附的重要原因在于技术的落后。任何处于边缘的国家试图摆脱边缘境地，技术都是决定因素。由于边缘向中心靠拢的过程，首先便是生产效率不断提升的过程。一个国家的生产效率超过了其他国家，那意味着它已经掌握了生产领域至关重要的技术。但对于边缘国家而言，后发状态使得他们往往无力自主探索技术的革新。因此，为了摆脱边缘状态，后发国家仍需依附于中心区的先发国家，通过对这些国家的技术的引进与研究，不断提升自己的生产效率，从而使自己在激烈的市场竞争中占据有利地位，从而不断向中心区靠拢。

国家与国家之间的掠夺与依附关系存在于国家间中心-边缘体系之中。随着我国普通高中中心-边缘体系的建立，校与校间的教育掠夺与依附也在所难免。教育掠夺与依附关系的长期存在，使得精英高中乃至高中精英教育政策走上了众人争议的风口浪尖。

## （一）校与校间的教育掠夺与教育依附

### 1. 教育掠夺

教育掠夺是指在学校间争夺教育资源的过程中，中心区的学校凭借其高学校声望吸纳更多优质教育资源，从而使得教育资源在中心与边缘学校中呈现不均衡分布，进而使得边缘学校发展受限。

中心学校从边缘学校掠夺的并不是廉价的劳动力和原材料，而是优质的教育资源，尤其是优质的师资。也许在一些人看来，优秀教师的流动具有很强的个人因素色彩，应当看作个体的选择，而不应当认为是中心学校对边缘学校的教育掠夺。然而，事实上，当众多优秀教师的个人选择带有明显的共性特点时，这种选择便成为一种涂尔干意义上的社会事实（social fact）。

剥开个人选择的外衣，我们不难看出正是重点学校政策所造就的重点学校与非重点学校间的巨大的学校声望差异，使得优质师资不断向重点学校流动。无论这种流动是政策性的还是个体性的，其背后都反映了政策造就学校声望的事实。毕竟在单位空间（如市或县）内，优质教育资源可能的去向是确定的。因此，优质教育资源向中心区集中就意味着本可能进入边缘区的优质资源流失了。更何况，中心学校对边缘学校的掠夺并不仅仅发生在资源分配之初。在不断的教育实践过程中，一些本处于边缘学校的教师形成了自己的理念与教学方式，也赢得了家长的认可。取得成绩的同时也意味着这些教师很快就会面临中心学校的"挖墙脚"。面对中心学校所具有的更为优良的工作环境和更为广阔的工作空间，鲜有教师会对这种"挖墙脚"行为无动于衷。S 学校每年都会从全国（不只是北京地区）著名学校引进优秀教师。从某种意义上讲，边缘学校在体系中成为了中心学校优质师资的"练兵场"。边缘学校不断造就着未来的教师之星，自己却始终难有令人信服的成绩同中心学校抗衡。而中心学校的"挖墙脚"行为正是披着尊重个人选择的外衣，"名正言顺"地实现了教育掠夺的目的。

与此同时，边缘学校还不得不成为中心高中"淘汰"师资的收容所。在同 S 学校的老师座谈时，曾多次听她提起一些老师不适应 S 学校的工作节奏和学生的要求，无奈之下只能转投周围的一般学校。当笔者问到周围的高中是否担心这些被淘汰的老师工作能力的时候，一位老师说道："其实从 S 学校出去的老师还是比较受欢迎。对于周围的这些学校来说，他们很难直接聘到非常优秀的教师。能招来一个 S 学校的老师就很不错了。"这句随口而出的话，既表现了 S 学校教师的优越感，也反映了边缘学校的无奈。如果一所高中只能退而求其次地收容中心学校"淘汰"的师资，学校的发展也就难成大器了。

**2. 教育依附**

同国家间关系类似，中心学校同边缘学校之间不仅存在着掠夺所带来的冲突，也存在着明显的依附关系，而且这种依附关系往往是围绕"技术"展开。教育中的技术并不等同于生产领域的技术。教育中的技术更为复杂，不仅涉及教育理念、教育模式等教育活动自身的内容，还涉及教育改革与发展中的权力关系。

首先，倘若我们将教师按照教育理念的先进程度和教育方法使用的适切程度等事关教育质量与效率的指标将教师划分为不同层次，那么毋庸置疑的是大部分处于高层次的教师显然都被中心高中所网罗。在这种情况下，许多边缘学校的教师需要向中心学校的教师学习教育理念与方法、借鉴成功的教育经验。在山东省某县调研时，县一中的各种教学改革都会引起其他学校的学习和模仿，这时边缘学校与中心学校之间的依附关系便成立了。

其次，由于在教育发展与改革的过程中，中心学校的校长、教师经常扮演着专家的角色，他们在教育改革的权力框架中往往居于高位。从课程的设置、教材的编写到考试的命题权大都为中心学校的教师所掌控。对于边缘学校的教师而言，要在考试中取得好成绩从而避免恶性循环的窘境，只有依附于中心学校，从而获得中心学校在课程、教材、教辅、考试等方面的第一手信息。在许多地方高考前喜欢进京搜罗各种模拟题，其背后的逻辑便是这些由中心学校教师所命的题目恰恰反映了他们在平时教学中关注的重点，从而使得边缘学校学生的复习更具针对性。

无论是主动地寻求自我的发展，还是在考试压力面前被迫依附于权力的掌控者，处于边缘区的高中为了生存不得不依附于中心学校。"老大吃肉小弟喝汤"的逻辑竟公然成为高中间的生存法则。尽管深知中心学校对自己的掠夺迫使自己只能处于边缘的境地，却又不得不为了能够"喝到汤"（如上文提到的获得被"淘汰"的教师或命题的内部消息等）而接受依附关系。这种围绕着教育领域的技术问题的依附关系，恰恰反映了重点学校政策所构筑的中心-边缘体系自身也有其自足性。只不过这种自足性往往以众多边缘学校的"不发达发展"[①]为代价。

## （二）掠夺与依附关系的顽固性

布莱克（1988）在《现代化的动力》中曾经指出："率先开展现代化建设的社会，在许多领域都是航道通畅的，因为他们可以在相当长的时间里咀嚼新知识新技术，并循序渐进地吸收其影响。"对于未能赶上第一批现代化的后发国家而言，其"社会转型是一种被动的、追赶型的变革，这决定了他们不能像'先发'国家那样花费二三百年的时间去一步步缓慢地完成这一过程，而必须在较短的时间内实现社会的转变"（李钢，1999）。实际上，就目前的国际关系来看，后发国家想在短时间内超过先发国家本身就是一个幻想。

在高中的发展过程中，也呈现了先发与后发两种状况。处于中心的高中作为重点学校政策的得益者，自然处于先发状态；反之，处于边缘状态的学校自然处于后发状态。二者之间虽然不是完全不可能转化，但这种中心与边缘的境地具有更强的顽固性。原因主要在于教育主管部门往往将确保中心学校的发展作为高中教育发展政策调整的基调。

从时间的维度，我们不能不对示范性高中政策的出台背后的逻辑产生联想。在20世纪80年代末，中央便开始反思义务教育阶段重点学校政策对义务教育发展的消极影响，逐渐确立了以公平为基本价值取向的发展道路。1990年起原国家教委便开始酝酿重点大学的建设问题。至1993年，国家教委发布《关于重点建设一批高等学校和重点学科点的若干意见》，"211工程"自此正式确立，高等教育阶段的精英教育追求也日趋明确。换言之，至1993年，义务教育和高等教育阶段的追求日益明确，高中教育则缺乏足够明确的表述。而恰恰在1994年，《国务院关于〈中国教育改革和发展纲要〉的实施意见》中明确提出要在全国建设1000所示范性高中，高中教育发展方向颇适时机地出台了。这个出台时机表明高中教育发展的方向并没有沿袭义务教育的公平取向，而是向高等教育的精英取向靠拢。只不过迫

---

①　"不发达发展"原为欧美一些研究世界国家间经济发展的学者提出的旨在描述后发国家经济发展状态的概念。在这些学者看来，一个发展中国家即使"国民生产总值"有所提高，但只要这一国家占60%~80%的贫民的生活水平不但没有提高反而还要下降，这种经济发展的样态就被称之为"不发达发展"。笔者借用这个经济学领域的概念，是因为处于中心地位的高中与边缘地位的高中的处境同世界上的发达国家与发展中国家非常类似。边缘高中虽然也有少数学生能够通过高考，考上大学，但往往以占多数比重的学生陪榜为代价。虽然升学人数有所增加，但大多数学生的处境可能更加糟糕。参见：威尔伯. 发达与不发达问题的政治经济学[M]. 高铦等译. 北京：中国社会科学出版社，1984：Ⅱ.

于义务教育阶段声讨重点学校的压力，而不得不改换名称以示范性高中的姿态出现。因此，也有人将示范性高中政策戏称为高中阶段的"211"（21 世纪的 1000 所示范性高中）。示范性高中政策的出台表明了中央政府的意向，"在中国政府组织制度中，贯彻执行上级政府的各项政策指令是基层政府的一个重要工作内容"（周雪光，2009）。因此，各地基层政府便开始将示范性高中政策作为地方高中教育发展的主导政策。

　　地方政府的积极响应，除了行政管理体制的原因外，地方政府自己的利益需求也成为重要原因。因为示范性高中的建设显然比薄弱学校的建设更容易收到成效，也更容易引起社会的关注和家长的认可，所以，许多地方政府对于示范性高中建设是不遗余力的。即便是在中央教育主管部门不再提及示范性高中的大背景下，地方政府仍然不肯放弃示范性高中的建设。尽管许多地方政府也已经开始关注高中阶段的校际差距问题，但仍然没有放弃对先发学校的扶持。对于地方政府而言，几所学校发展不尽如人意还可以有缓冲的余地，顶尖学校升学率的下降则是毫无退路。正是由于教育主管部门也作为一个博弈者参与到高中学校间中心-边缘关系的发展，才使得高中间的这种掠夺与依附关系更加顽固。

### （三）校际差距成为高中精英教育争议的焦点

　　在各级地方政府对重点学校政策、示范性高中政策的大力推动下，伴随着精英高中的发展，围绕高中精英教育所造成的校际差距也不绝于耳。面对扶持少部分高中发展的政策，人们将争论的目光聚焦在普通高中的中心-边缘关系。

　　早在重点学校政策出台不久的 1955 年，重点学校政策便遭到质疑。1955 年 4 月《人民教育》发表了《在改进领导工作中，对"重点"应该正确认识》一文，文中作者指出一些地方政府和学校孤立地搞重点，有的地方甚至把其他学校中一些能力较强的领导、师资都集中到重点学校，以致影响了其他学校的教学工作。有些地方政府对重点学校的物质要求有求必应，而对一般学校的物质困难则很少关心。有的领导则集中力量搞重点学校、重点班，而对非重点的学校、班级的情况则不闻不问。

　　1962 年教育部《关于有重点地办好一批全日制中小学的通知》出台不久，毛泽东就在对北京一名校长的来信中指出："现在的学校课程太多，对学生压力太大，讲授又不甚得法。考试方法以学生为敌人，举行突然袭击。这三项都是不利于培养青年们在德智体诸方面生动活泼地主动地得到发展。"（魏莲一，1994）毛泽东的这一批示，表明当时的中央政府对于重点学校政策推行后出现的问题颇为担忧，这也直接导致了重点学校政策的又一次式微。

　　1980 年，教育部颁发了《关于分期分批办好重点中学的决定》。1981 年和1982 年的两篇文章，引发了关于重点学校的大讨论。1981 年《中国青年报》发表了《让所有中小学校来个大竞赛》（1981年11月21日）一文，文中作者明确提出了中小学不宜办重点学校的理由（袁振国，1999）。

（1）挫伤绝大多数教师、学生的教学积极性，不利于提高教学质量……从数量来看，重点中小学是极少数，一般中小学是绝大多数。请问绝大多数师生的积极性受到挫伤，教育质量又怎么能提高呢？

（2）助长片面追求升学率，不利于为国家培养德、智、体全面发展的人才。

（3）造成财力物力的浪费，不利于教育事业的发展。……据了解，有的重点中小学由于得到的经费多，不该拆的房屋拆了新建，有的学校的电影放映机、电视机、录音机很少用到教学上；有的幻灯机太多，理化仪器太多，没有发挥多大作用。相反，一般中小学所得经费甚微，该修建的房屋无法修建。

1982年《中国青年报》又发一文，题为"办重点校过程中的弊病"。在这一文中，作者提到（袁振国，1999）：

每年一进5月份，一些家长就为子女进重点学校，拉关系，走门子，有的请客，"以物易人"，败坏了社会风气，也打乱了招生计划……划分重点学校后，片面追求升学率的矛盾突出了，同级同学互挖"墙脚"……非重点中学唯恐自己辛辛苦苦培养的初中毕业"尖子"被重点中学拔走，采取许多限制外考的措施……有的对"尖子"生采取粗暴的威胁、恐吓，甚至逼出人命。

可以说，重点学校政策的推进同质疑之声相伴而行。而争论的焦点无疑在于精英教育政策所导致的中心-边缘关系。毫无疑问，以往对于这一问题的质疑既是客观存在的，也是深刻的。中心高中的确获得了大量的资源，也赢得了边缘学校颇为羡慕的政策支持。在普通高中阵营中，占据了政策、资源等优势的中心高中自然也赢得了令边缘学校难以企及的发展。在政府总体投入不足的情况下，精英高中不仅能够获得更多的经费，而且还可以吸纳更多的社会资源的支持，用最通俗的话讲，中心高中的日子总体上要比边缘学校好过得多。总之，相对充足的经费、优质的师资、业已形成的学校文化传统、慕名而来的优质生源……诸多因素的综合使我们不得不相信精英高中理应成就卓然。当然辉煌的同时，精英高中也必须时时背负着不公平政策受益者的"恶名"。然而，面对声势浩大的对于校际差距的声讨，我们不禁要反思：在精英教育政策的推动下，精英高中除了作为政策的受益者之外，自身难道并无问题？如果说选择成就这些学校极高的学校声望是以牺牲边缘高中的发展为代价的，那么倘若这些声望极高的高中内部存在着众多的问题，我们所付出的代价岂不是更加得不偿失？盛名之下其实难副的状况在精英高中是否存在？轰轰烈烈地对中心-边缘关系的声讨，不应只停留在校际差距层面，毕竟国家出台政策成就这些精英高中的目的是为国家所需的精英人才的成长奠基。因此，我们必须进入精英高中内部，仔细分析其中存在的诸多隐忧！

## 第二节　校际分层逻辑向精英高中内部延伸

高中阶段精英的价值追求，最为核心的问题自然是为精英的成长奠定坚实的基础。倘若这个任务完成得令人满意，那即便在这个过程中付出一些代价也是可以接受的。然而，诸多精英高中在办学过程中，沿用了校际分层的逻辑，将已经通过中考筛选的学生再次分成三六九等对待，在光环笼罩的精英高中内部，不仅未能很好地完成为精英奠基的重任，而且也造就了一批潜在的"牺牲品"。这表明精英高中不仅没有培养出多少真正令人信服的精英苗子，反而还在"毁人不倦"，造成了国家潜在人力资源的巨大浪费！揭露精英高中内部隐藏的诸多问题，是破解这一难题的当务之急。

### 一、对精英高中"成功者"的反思

精英高中最为人称道的成就莫过于在高考中极高的升学率，尤其是造就了人数众多的高考状元。这些成功升入名校的"佼佼者"，堪称高中精英教育所培养出的"成功者"。然而，这些在众人眼中光环笼罩的成功者，却存在巨大的问题。《高考状元调查报告》指出了这些成功者的巨大隐患，深入 S 学校的调查也得出了与之相近的结论。

#### （一）《高考状元调查报告》对状元的质疑

仅计算恢复高考以来的情况，高中阶段精英教育的最为引人关注的"成果"便是培养了上千名高考状元。一个学校能够出一个状元，便足以令学校领导在社会舆论面前底气十足地表示自己的学校有着令人信服的教育质量。其实，谁都知道状元总是少数，大多数学校都很难获得"状元学校"的名头。因此，为了赢得社会的赞誉，许多学校都挖空心思地为自己学校赋予状元的荣誉。这也促成了各级状元（省状元、市状元、县状元等）和各类状元（各单科状元）的不断涌现。这同科举时代的状元情结如出一辙。培养出了状元，无论对家庭还是学校都是光耀门楣的大喜事。

然而，事过 30 余年，回头梳理状元们的发展，则恐怕令众多期待者失望了。

由中国校友会网大学评价课题组组织实施的"高考状元调查"所得出的结论令人担忧。这些高中阶段最令人羡慕的佼佼者竟然难以成为人们期待的职场成功者。在高考状元调查中，有两方面的研究非常耐人寻味。

首先，就读专业"扎堆"，从一个侧面表明状元们的从众心理。根据高考状元调查结果显示，1977～2015 年的 30 余年间，经济学专业最受高考状元青睐。有超过20%的高考状元选择了经济学。工商管理类专业紧随其后，有19.27%的状元选择了这类专业。仅这两个专业就吸纳了接近四成的高考状元。而排名前十的自动化专业和中国语言文学专业一共才吸纳了不到6%的高考状元（表 2-1）。

表 2-1　1977～2015 年高考状元青睐专业排名表

| 名次 | 专业名称 | 学科门类 | 状元人数 | 所占比例/% |
|---|---|---|---|---|
| 1 | 经济学 | 经济学 | 343 | 20.40 |
| 2 | 工商管理 | 管理学 | 324 | 19.27 |
| 3 | 电子信息工程 | 工学 | 113 | 6.72 |
| 4 | 法律 | 法学 | 102 | 6.07 |
| 5 | 北大元培班 | 基础实验班 | 89 | 5.29 |
| 5 | 生命科学 | 理学 | 89 | 5.29 |
| 7 | 计算机科学与技术 | 工学 | 88 | 5.23 |
| 8 | 建筑学 | 工学 | 66 | 3.93 |
| 9 | 物理学 | 理学 | 57 | 3.39 |
| 10 | 自动化 | 工学 | 48 | 2.86 |
| 10 | 中国语言文学 | 文学 | 48 | 2.86 |

资料来源：（中国校友会网大学评价课题组，2017）

这样一组数据不得不令人深思，难道这些选择经济或管理相关专业的状元们都是潜在的经济管理领域的精英？倘若这个问题的答案是否定的，那么为什么这些高中教育最为出色的成功者却会扎堆进入同一个专业？中国校友会网大学评价课题组认为这么多优秀人才扎堆经济管理专业，显然不是兴趣使然，而是市场经济驱动的产物。由于经济管理专业具有更高的个人预期收益，所以一些状元们抱着"天下熙熙，皆为利来；天下往往，皆为利往"的心态选择了这些热门专业。且不论他们心中的国家需求意识和社会责任感的强弱，仅从个人选择的角度讲，他们也缺乏足够冷静的分析与判断。众多优秀人才一下子涌进同一个领域，不仅使得这个领域的竞争日益残酷，而且也会直接影响优秀人才的产出率。一些状元们的这种带有"自相残杀"色彩的从众性选择，表明他们在自己的职业生涯规划上、作为精英所应具有的社会责任感上都是十分欠缺的。这显然不是我们所希望看到的国家栋梁与民族的楷模！

其次，状元们大学毕业后的去向大多与社会期待相去甚远。《2016 中国高考状元调查报告》统计数据表明，尽管状元的职业成就平均水平明显高于非状元群体，但是进入职场后的状元们成为"顶尖人才"和"领军人物"的比例偏少。相比于学术界状元们的职业成就较高，选择经商或从政的高考状元往往职业发展不突出（艾瑞森中国校友会网，2016）。实际上，在《2009 中国高考状元调查报告》中便分析了这一问题：1977 年恢复高考以来，我国高考状元选择就读的几乎都是国内名牌大学和热门专业，接受的是中国一流的高等教育。在社会公众心里，高考状元毕业后应该能"出人头地"成就一番大事业，成为"职场状元"。然而调查发现，大部分高考状元职业发展的实际情况与社会期望相差甚远，他们当中大多数没能成为各行业的"顶尖人才"，状元职业发展较少"出类拔萃"，在目前我国主流行业的"职场状元群体"中难觅高考状元的"身影"不仅如此，调查到的大部分高考状元选择了与自己就读大学专业相关系数不高的行业作为终身职业。

由此反映出的问题的确令人深思。当然，我们不能要求每一个高考状元最后都能够做出一番惊天动地的大事，也并不否认作为高考状元的学生选择过一种平凡生活的选择权，还不能将高考状元最终未能成为人们期待的"职场状元"的责任完全归咎与高中阶段实行的精英教育。然而，有一点毋庸置疑，之所以出现这么多状元改换专业说明在最初选择专业时他们缺乏足够清醒的自我认识与长远的职业生涯规划。蔡言厚认为："他们在选大学时多看牌子、少关注大学的发展环境，挑专业时多随大流奔热门、少立志长远，结果许多高考状元不得不中途转换专业，这不仅浪费了他们自己的宝贵精力，更多的是浪费了教育资源，而毕业后进入其他专业领域，减缓了他们脱颖而出的速度，降低了杰出人才的产出率。"（中国校友会网大学评价课题组，2009）

这一系列的问题不得不令我们对高中阶段所追求的精英教育最为"璀璨"的硕果——高考状元的精英成色大加怀疑。一个在学业上可以独占鳌头的状元，既认不清自己的兴趣与特点，也缺乏强烈的社会责任感与民族使命感，我们何以认为他们便是我们培养的精英苗子？也许我们难以准确说出精英的定义，但至少可以明确他一定具有强烈的社会责任感，而不是一个只盯住眼前利益、只顾个人的学习尖子！

《高考状元调查报告》为那些感叹精英高中鹤立鸡群的人们兜头浇了一盆冷水。正是这些看似辉煌的中心学校在改革开放 30 多年来向大学输送了大批高考状元，但面对《高考状元调查报告》中提出的种种质疑，我们已经不能停留在以局外人的姿态品评精英高中的成败。进入精英高中，发现其中的问题，已经成为当务之急！

## （二）S 学校科学实验班中滔滔不绝的失语者

在许多高中看来，高考状元是整个高中教育成果中最为耀眼的明珠，许多并未成为状元但都考入名校的佼佼者也是老师们引以为豪的对象。他们对于提升学校声望意义重大。许多教师私下里经常探讨的一个话题便是这个班的哪几个学生是"北大、清华的料"。然而，笔者在 S 学校科学实验班的调研却使得笔者萌发了同《高考状元调查报告》所引发的相类似的担忧。由于科学实验班在我国尚属新鲜事物，因此，在介绍笔者的研究之前，需首先对科学实验班的概况进行简要的介绍。

2010 年 7 月颁布的《规划纲要》中明确提出了高中阶段"探索发现和培养创新人才的途径"。为了落实《规划纲要》的精神，北京市教委决定在 S 学校等几所顶尖学校开设科学实验班，以作为探索创新人才培养途径的重要尝试。根据这一精神，S 学校于 2010 年招收了第一届科学实验班，共 30 名学生。在和老师的交流中笔者能感受到老师们对于这个班的期望。有的老师向笔者说道："原来直升班出北大、清华的学生最多，现在有了科学实验班了，考入北大、清华的人数可能又要增加了！"倘若真的能够将更多的学生送进北京大学（简称北大）、清华大学（简称清华），学校声望的提升将成为必然的结果。随之而来，无论招生宣传，抑或社会资源的吸纳，还是优秀师资的引进，学校都拥有了更为沉重的砝码。老师们如此殷切的期望并非毫无根据，科学实验班的生源素质的确值得老师们对其有着更高的期望。对于科学实验班学生的筛选是非常严格的。根据《S 学校科学实验班方案》的规定，科学实验班学生的筛选包括三个环节，首先是中考筛选，然后是暑期学校组织的综合能力测查，最后是学校组织的面试。要在如此激烈的竞争中获胜，其难度可想而知。一位老师向笔者透露，只有各个学校前几名的学生才有可能进入这个班。由此可知，经过筛选的这 30 名学生是在同龄人中的佼佼者。

2011 年 5 月，笔者通过 S 学校的 Q 老师，联系到 S 学校最为看重的科学实验班的班主任。由于之前笔者在同 S 学校老师的座谈中了解到对于学校最优秀的学生而言，国家课程的内容并不能满足学生学习的需求，所以学校需要不断拓展学生学习内容的深度和广度。笔者希望了解科学实验班的学生对所学内容的看法，并借此了解学生对自己学习的认识、怀疑精神等直接影响科学领域的创新人才所需具备的基本素质。

笔者前后共访谈了 7 名科学实验班的学生。有三个理由足以令笔者相信，这 7 名学生称得上佼佼者中的佼佼者。首先，笔者同负责 S 学校课程改革的 G 老师了解关于学校生源构成的情况时，G 老师曾说："原来直升班最好，然后是高中起点理科实验班，最后是常规班。现在又多了个科学实验班，就是优中选优。"在 S 学校课程改革中，科学实验班也是整体走班，而不是同其他班级的学生一同走班。这意味着在学校生源分层结构中，科学实验班的确是处于最高层的。其次，负责科学实验班的教师是 S 学校公认的该学科最为优秀的教师。尤其是理科教师最为突出。例如，数学教师是 S 学校数学组组长，物理教师是 S 学校竞赛总教练，化学教师是北京市化学学科骨干，生物教师是特级教师……再者，根据这 7 名学生的个人情况，他们大都担任班级的学生干部，可见也是班级中得到班主任和同学信任的优秀学生。7 名学生的个人概况，详见表 2-2。

表 2-2　　S 学校科学实验班 7 名学生个人概况

| 化名 | 性别 | 担任职务 | 个人概况 |
|------|------|----------|----------|
| 小阳 | 男 | 班级考勤员 | 爱好篮球、游泳等体育活动。志向为化学领域。自我评价学习比较踏实。成绩在班级中排名前三。物理、化学、英语三门课程自主研修。性格比较开朗，很愿意表达自己的观点 |
| 小宸 | 男 | 班级红十字委员 | 爱好广泛，尤其爱好摄影、篮球。比较喜欢的学科是历史和化学。化学和英语学科自主研修。志向在化学工程领域，也愿意从商（不是小商人） |
| 小迪 | 女 | 语文、历史科代表 | 喜欢物理、化学、英语、音乐、美术、体育。志向是出国读研，专业会在物理和化学之中选择一种 |
| 小灵 | 女 | 化学科代表 | 喜欢化学，志向是生化领域。英语和化学自主研修。性格开朗，喜言谈 |
| 小行 | 男 | 班长 | 为人沉稳，内外向结合，喜欢乒乓球、篮球、看书。喜欢玩魔兽、星际等游戏。体育成绩优异。未来希望从事知识性较强的工作，如研究人员、教师等。物理为自主研修 |
| 小远 | 男 | 无 | 化学好。喜欢乒乓球、篮球、上化学吧。自我感觉偏科，数学比较弱。今后的志向是从事研究工作。化学自主研修 |
| 小山 | 男 | 无 | 喜欢羽毛球。小学参与姥爷编写的习题集，喜欢玩电脑游戏和魔方。希望出国读大学。希望考美国前 30 名的学校 |

笔者对 7 名学生的访谈，主要涉及了三个领域：一是教材使用情况，二是对所学知识的认识与反思，三是对文理不同学科的认识。由于他们的学习速度、进度、难度等超出了国家统编教材的水平，因此，在教材的使用上，7 名学生几乎都不使用国家统编的教材，而是使用学校所编写的辅导材料。有些学生甚至都不知道自己的物理统编教材丢到哪里去了，可见他们使用国家教材的频次很低。

对于所学知识的看法，这几名学生说起来滔滔不绝。不妨列举几位学生对于这个问题的看法：

小阳：现在的教材不中不洋，看不出编写目的。现在的教材该有的没有，不该有的倒是不少……现在在书上实验太多，但却不给出现象。有一些实验老师觉得没有必要，并不会带着我们做，所以我们并不知道现象到底是什么。而且书上给出的现象都太简单了。比如，把亚铁离子放进碱溶液中的反应现象，书上只写了由白色到灰色，再到红褐色的沉淀。说得很轻巧，给人的感觉是很容易就观察到了。但其实在灰色和红褐色之间还有一个灰绿色的阶段，而且这个过程也很慢，放一个小时也不见得就能出现。他们就想让你知道这个东西就是这样的，但我们失去了许多探索的机会。不该有的如推导过程都写出来了，那我们还做什么。

小灵：我记得生物老师曾经给我一些参考书目，我买了两本之后就"默了"（笔者注：学生的一种流行语，无语的意思）。相当一部分太老了，比如，现在有机与无机之间界限并不是那么分明，而且所说的一些说法也太绝对了。教材不能太细，太细就会有太多的错误。应该让学生自己找文献。教材里应该多一些数据、表格之类的。一些基础性实验实际上对提高实验能力也没多大帮助。

　　　　小行：我们的物理教材不仅竞赛不够用，就连高考也不够。还得借助
　　习题集。历史教材全是错，老师说的，老是断章取义……

　　表面看起来，这些学生的回答都头头是道，有理有据。但有两个现象表明这背
后的问题。

　　其一，所有的学生在谈到对某个学科的知识、学习内容或教材的看法时，都在
表达观点前加上一句"某某老师说的"或"某某老师认为"。这表明后面所说的这
些头头是道的论点并非学生自己的主观认识，而是教师观点通过学生之口的表达。
换言之，这些"佼佼者"对于自己所学的知识本身并未说出什么独到的见解。他们
的教材观是社会建构的产物，是教师教材观的复制！

　　其二，所有的学生都从未反思过自己所学的知识。当笔者问这些学生是否反思
过自己所学的这些知识时，他们要么回答"没想过"，要么摇头示意。这表明，在
这些学生看来，学这些知识似乎是不需要质疑的，至少他们不需要质疑这些知识中
是否存在问题。没有反思与质疑，独立发现问题也就成为一种奢望。而最令人悲哀
的事情莫过于不知道应当对自己的处境进行反思。也许这些学生已经有了不断探
究的勇气与兴趣，但缺乏对自己处境的反思，从不质疑为什么自己要学这些东西，
只是知道按照别人已经设定好的路不断前行，这真的是教育的成功吗？只知道低
头学习，却不知道追问原因，也许这就是中国学生最为真实的写照。尽管他们都是
最优秀的学校中最优秀的学生，尽管他们未必知道专家与教师之间在课程设置与
教材编制之间的博弈，尽管他们未必理解知识选择背后的种种社会理论，但这也不
应该成为他们缺乏反思意识的借口。真正的创造性是从反思开始的。如果这些人将
成为国家未来的精英，那他们就更应当具有这种反思能力，而绝不仅是一种在别人
设计好的道路上探索的能力。

　　不能不说这些学生都具有很强的表达能力，即便在陌生人面前也毫无惧色，话
语之流畅仿佛事先准备好一般。但他们稚嫩的脸庞与成熟的话语之间总让人觉得
有种难以言明的不协调。他们这种滔滔不绝地讲述着别人看法的现象，恰恰说明他
们独立思考与反思意识的缺乏。虽然话语不断，但实际是失语的。这种滔滔不绝的
失语状态不正是令我们所担忧的吗？

　　对于文理科的态度而言，只有 1 名学生认为所有的学科都应该学好。大多数
学生都一直在强调着对于他们而言，文科科目及格就行。这不禁令人困惑：这种观
点究竟是他们的个体认识，还是教师认识再一次在学生身上的投射？在笔者之前
参加的历史老师备课活动中，历史教师非常重视学生对于历史事件的分析而非历
史常识的记忆，这表明老师们，至少是历史老师们并不想把这些"佼佼者"培养成
"纯粹的"理科生。杨振宁至今都感谢在儿时父亲请老师教自己学习《孟子》的经
历，这表明即便是希望成为理工科精英的人才也必须具备深厚的人文素养。而这几

位"佼佼者"的认识恰恰表明他们还没有清楚地意识到这一点，除了照搬一些老师的观点外，他们对于古文的学习困难、对于政治课和历史课的轻视都表明他们在走向一条危险的道路。在同他们的交流中，即便是谈到他们自己最为熟悉和喜爱的学科，他们也很少从历史的视角看待事物的发展。历史视角的缺乏对于国家未来的精英而言的确非常令人担忧。在谈到政治课时，有的学生说："政治太难了，什么政府、共产主义那些东西反正我就觉得看不懂。反正都是说得好，但实际上不是那么回事！"整个批判过程透露出的只是轻蔑，而不是忧心。仿佛"看清"这一切的自己已经置身事外了。我们不能要求所有的学生都不偏科，也不可能要求这些"佼佼者"没有自己的优势学科，但对于未来精英的培养，决不允许自动轻视自己人文知识的积累和人文素养的培养与提升。也许这些话语本身再一次复制了社会中的某种舆论抑或是学生家长真实的想法，但经由学生之口说出时，总是令人对这种滔滔不绝的失语状态再一次表示担忧。如果对于社会、国家、政府不能有一个较为清醒、客观的评价，未来的国家又怎么能够依靠这些"精英"呢？

一次简单的访谈，便可以看出这些在老师们眼中的"佼佼者"存在着巨大的问题。而这些问题却并未进入教师们的视线。我们不能怀疑 S 学校教师的工作态度与工作能力，但我们必须担心这种状况持续下去所要付出的代价。佼佼者尚且如此，平常学生则更不必说了。如此培养出来的人，还能付以国家和民族的重托吗？我们又如何能够拍着胸脯自信地认为我们培养出的不是伪精英呢？

## 二、被精英高中成绩掩盖的"失败者"

精英高中的成绩无疑令处于边缘境地的学校羡慕不已。高考升学率，重点本科上线率，北大、清华录取人数，奥林匹克竞赛成绩等方面都是精英高中对外宣传时经常提到的成就。然而，这些成就并不能表明精英高中每一位学生都获得了长足的进步与适宜的发展。实际上，在令人羡慕的成绩的掩盖下，一些学生并未获得适宜的教育服务，他们成为精英高中内部鲜为人知的"失败者"。由于成绩的光环过于明亮，"失败者"反而处于"灯下黑"的境地。而他们也是高中精英教育的结果！

### （一）直升区的"淘汰者"

直升区是指在 S 学校中存在的初高中一贯制的班级。直升区的学生在小学毕业后需通过学校的笔试和面试，才能进入初中部。之所以将这部分学生归为直升区是因为他们大都可以初高中连读，而不必参加中考。由于可以在初中便享受到优质教育资源，因此，这种直升区的实验得到了家长们的积极拥护。可以说，S 学校在升学率、学科竞赛等方面所取得的成就本已经令许多学校望尘莫及。例如，学校的本科上线率已近 100%，重点本科上线率也已经超过了 90%；自 2007 年至今，S 学校已经为北大、清华输送了数百名学生；2006 年至今，学生先后获得国际航海模型锦标赛金牌、国际天文学奥林匹克竞赛金牌、全国中学生生物学奥林匹克联赛北京赛区一等奖、物理一等奖、化学一等奖……这些成绩使许多人都不质疑 S 学校作为顶尖的优质高中的含金量。但这些成绩中最为骄人的成绩大都是直升区的学生所取得的。可以说，直升区的确成就了一批学生。当笔者问到直升区那些被成就的学生的情况时，G 老师毫不犹豫地说道："北大、清华啊！学校每年北大、清华的主要是直升班。你像学校每年 50～60 人的北大、清华的，主要都是直升班的。直升班每个班都能有 10 几个北大、清华的，理科实验班一个班也就三四个，常规班几乎没有。"

尽管直升区取得的成就令学校引以为傲，但直升区的课程进度非常快，对学生的学习能力和学习习惯的要求很高，并非所有学生都能够跟上老师的进度。因此，在初二下学期邻近期末时，学校会组织一次考试，以对学生进行分流。通过分流考试的学生则可以继续在直升区进入四年制高中，而不能通过分流考试者则只能到普通班，甚至到附近的一所民办学校读书。S 学校 G 老师讲述了一个鲜活的案例：

> 原来认识的两个老师的孩子，当时可能水平就不够（直升班），但不知怎么进去了。自从进去就一直排名倒数，成绩从来都没有排在前面。2004 年第一批直升班入学，最后一个孩子加试了美术之后连一本也没考上。还有一个去了北京一个普通大学，也不是什么好专业，她的分数刚刚够一本，后来听说也休学了。反正直升区就是速度快，要把三年的东西在两年内讲完，你想它速度能不快吗？对学生要求也很高，学习方法得好，学习习惯得好，要是不好根本就跟不上。实际上，也就前边那些学生能跟上。

事实上，这位老师所说的个案绝非个别现象。根据一位直升区教语文老师的介绍，直升区共 6 个班，每个班都有五六名学生跟不上，总共有 30 名左右的学生要通过分流考试离开直升区。而这些离开的孩子境况大都不佳。由于在前两年的学习中，许多学生的自信心受到了很大的打击，学习的欲望也很受影响。根据另一位老师的反映：

> 有的从直升区被淘汰的孩子其实很差的。他们到了常规班，还不如常规班的孩子……

可以说，同升入北大、清华的学生相比，被淘汰者似乎并不会太多进入人们的视线，更不会得到大张旗鼓的宣传。然而，我们并不能忽视这些孩子的存在。其实能够进入直升区的孩子在小学时都是各个学校的佼佼者，他们都是带着自己的梦想走进 S 学校的。但经过短短 2 年的学习，便宣告了他们同自己的同学已然不在同一水平线上，甚至远远落后于别人，这的确是一件可悲的事情。对于国家而言，这些孩子也许都是未来的栋梁之才，但却尚未走上高考考场便成为了被淘汰者。

　　也许有人会提出精英教育筛选是必要的，只有通过筛选才能使得学生经历历练最终成为经得起考验的栋梁之材。真金不怕火炼，天将降大任于斯人则必先苦其心志、劳其筋骨、饿其体肤。凡是不能通过历练的学生，将来恐怕也难成大器。然而，这种认识表面看似合理，实际会掩盖这种代价的不合理性。首先，直升区是否一定要通过快节奏和高强度来进行教学？进行直升区实验，显然并不是给学校重开快慢班提供方便，也不能以分层教学为挡箭牌，毕竟分层教学未必非得同免除中考相联系。因此，这种快节奏和高强度本身的合理性尚且存在质疑。其次，直升区的出现，显然是为了探索贯通初高中的培养模式，但并不应该忽视学生个体间的差异。既然承认这些进入直升区的学生都是原来各个学校的优秀学生，我们也应该对他们的学习需求予以足够的重视。更何况，他们每个人的学习能力和潜力本应当超出普通学生，我们更有理由相信他们在适合自己的道路上可以走得更好、更远。但直升区的这种快节奏的教学模式显然难以更好地顾及每个学生的学习兴趣与需求。初高中之间的衔接问题被快慢节奏所代替，显然有悖于贯通制实验的初衷。

　　笔者并不是否定直升区可以淘汰学生，更不是否认直升区所取得的成绩。而是对于过分追求成功者的教育而言，我们不能忽略这种追求所造成的"牺牲品"，更不能对这些"牺牲品"的处境置之不理。毕竟从某种程度上讲，被淘汰者也是我们教育的产出。实际上，筛选本身未必有错，关键是筛选的方式，以及筛选过后是否能够给被淘汰的学生以相应的教育安置，使得被淘汰者也能够与直升班的同学一样有相同的发展机会。

## （二）"心智不成熟"的吃亏者

　　直升区的"淘汰者"还是一群指向明确的群体，还有一些潜在的陪榜者并不容易被发现，但他们也成了追求成绩的"精英教育"的牺牲品。笔者在和一些教师沟通时发现，许多教师都提到班里有"心智不成熟"的孩子，其中男孩子居多。在追求"多一分"的教育中，他们往往由于自己心智的"不成熟"而成为潜在的陪榜者。

　　在同一位老师聊天时，这位老师就讲述了自己的孩子在学习中的经历：

　　　　心智不成熟的孩子很吃亏，他现在老是拧着。老师跟他说，作文要想拿分，就得按照这个标准，我这个标准就是高考评分的标准。但他接受起来有困难。他想不通为什么自己这个不对。他也想把读的书融到自己的作文中来，可是总是和标准不一致。老师跟他说不是他的想法错，而是要拿分就得按老师的标准来。但他非要想通了才行。有些听话的孩子不理解，但按照那个做了，也得高分。我也很矛盾，按说孩子有思想是一件很宝贵的事情。现在许多听话的孩子，都没有自己的想法了。但有自己的想法却成了考试拿分的障碍。我有些时候也不知道该怎么跟他说了。

……

　　一篇文章我说应该这样写，他爸爸也说应该这样写，老师也说应该这样写，我就跟他说这已经不是偶然现象，已经不是一个老师这样认为，这并不是他的错，而是他还不成熟，并不明白成人社会的标准。许多老师没有时间跟学生细讲，往往就带有情绪地说"不行"或什么的。他们这么做也可以理解，这么多学生不可能每个都跟他细讲，唉！都是高考闹的！

　　与其说这是一位老师的述说，倒不如说是一位母亲的感慨。这种感慨背后流露出母亲内心深深的矛盾，也不得不令我们反思究竟这个孩子是否真的心智不成熟？实际上，从符合考试规则的角度来看，这个孩子的确心智不太成熟。如果懂得听话，他也就不会对抗老师的劝解，更不会在最后的高考中因为语文发挥的失常而没能考上自己理想的大学。但实际上通过笔者同这个孩子的沟通和交流发现，这个孩子非常有自己的思想，也的确读了不少材料。但他并不会世故地，抑或称之为简单功利地照搬别人给予的成型的标准，而一定要通过自己的思考想通之后才会按照这个标准去做。这种不肯轻信的态度却被扣上了"心智不成熟"的帽子。当老师拿着既定的标准来要求学生的时候，我们可以理解老师的心态，都希望学生能够取得好的成绩。但这种要求在这个孩子面前却演变为一种符号暴力，因为这些标准在并没有成为他自己认可的标准前，便以权威的形式强加给他。接受并不因为认可，而是因为它代表了"成功"的经验；而"成功"的经验又代表了成人社会的审美标准或价值追求。因此，这些"心智不成熟"的孩子便在接受与抗争之中徘徊、犹豫。并非他们不知道"听话"容易得高分，而是因为他们希望在"听话"之前加上自己独立的思考。

　　曾几何时，我们所认为的优秀教师所应具备的最基本素质——耐心在追求高分成功者的教育中消磨殆尽，随之一同消磨掉的还有一些学生追求真理的信心与勇气。整个教育演化为听话者的天堂。学生不必理解，只需照做，就可以成为光环笼罩、教师喜爱的成功者。而"心智不成熟"所造成的不听话自然成为学生成功的障碍。然而，在笔者来看，由不听话到听话的过程恰恰违背了精英培养的最基本的理念。我们在追求一种错误的教育，同时也造就了一批吃亏的孩子。倘若这些孩子继续不听话，那所有的恶果要他们自己买单；倘若他们变得听话了，我们也没有多少值得开心的地方。对于国家而言，也许只不过又多了几个伪精英。

## 三、精英教育的异化与失败的常识化

　　在现实之中还存在着众多同 S 学校相类似的案例，这表明在追求精英教育的过程中，我们并没有沿着精英教育应然之路行进，而是被高考绑架，走上了一条功利主义的教育之路。这种精英教育的异化在各地的高中之内随处可见，它造成了两个方面的恶果：一方面为精英奠基的任务被异化为对分数和升学率的过分追求，另一方面那些考试"失败者"的失败成为了一种常识。走进精英高中，我们看到的不只是 S 学校的诸种隐忧，而是整个精英教育的异化。

## （一）精英教育的异化

在追求精英教育的过程之中，不仅存在着生源大战等窄化教育的行为，而且精英教育自身被异化为"变了味儿"的教育。所有的人关注的并不是能否培养出国家需要的精英人才，而是能否提升学校的升学率。现实之中的诸多做法听来都令人咂舌。

### 1. 劝退"差生"力保升学率

2009 年 12 月 10 日，《南方日报》披露了深圳某中学为了确保本校的高考升学率而劝在本校就读已近三年的、户口在汕头的小余（化名）等学生回到原籍参加高考。这一做法直接引发了小余情绪的波动。在给自己的父亲所发的短信中，小余不但埋怨自己的父亲没有能够在深圳办户口，而且说到自己"很想死"！尽管校方提出如果学生实在不愿回原籍参加高考，可以在另一所中学"借考"。"借考"就是在不转学籍的前提下，让学生报考时在申请表上填报另一所学校的名称。尽管学校的老师声称这样的做法并不影响高考，但家长还是提出了质疑。家长认为根据深圳的有关规定，自己的孩子符合在深圳参加高考的资格，学校这么做首先是违反了有关的规定。再者，在班里排名前几名的孩子中也有户口不在深圳的，但却并未接到回原籍报考的通知。而自己的孩子在班里只能排名第 20 几名，所以得到了"借考"的待遇。家长的质疑并非无中生有。根据深圳市招生考试办公室负责的有关人员的介绍，小余既然符合在深圳参加高考的资格，那么，有的老师"不影响高考"的说法也并不成立。至少小余如果填报的学校并不是自己就读的学校，在录取时也就按照填报学校的生源计算学校的升学率。也许小余的分数没有变化，但对两所学校而言，升学率就会有不同程度的影响（丁玎，2009）。

无独有偶，笔者在某县调研时，当地一名副校长私下同笔者诉苦，问题直指学业水平考试。这位副校长介绍在当地为了获得高通过率，许多县都默许由高年级学生代替低年级学生参加学业水平考试。有时替考的比例甚至超过 1/3。这种"替考"现象的出现，实际是变相地拒绝"差生"参加考试，以免其影响学校的通过率。这个做法同"借考"的做法如出一辙。即便精英教育需要筛选是不争的事实，但并不能因此剥夺其他学生参加考试的权利。筛选是为了更有针对性地进行教育，而绝不应是为了放弃一部分学生，以牺牲"差生"的代价来换取学校的通过率或升学率。这不仅是"变了味儿"的精英教育，甚至是整个教育的异化。

**2. 流水线作业加准军事化管理**

在许多县中，实行的都是流水线作业、准军事化管理。河北省某市的 C 一中是当地最好的高中。但 2008 年开始的管理制度改革让学生苦不堪言。从作息制度上看，学生每天早晨 5 点 10 分必须起床，到晚上 10 点 50 分才关灯睡觉。中午学校预留了午休时间，可竟然不许学生回宿舍午休，只能在教室里趴在桌子上午休。有人对这种状况写词以戏言调侃："吃不上饭，睡不醒觉……有苦难言，一时感慨万千……"校方对不许回宿舍睡觉的解释是既为了节省时间，又担心学生回宿舍不睡觉，因此，选择让学生在教室由老师"看着睡"（辛明，桂杰，2008）。

实际上，C 一中的这种做法并不罕见。许多被当地人认为最好的学校中，学生连午饭和晚饭都来不及细嚼慢咽。有的学生不惜牺牲道德底线，插队买饭力求节省时间；有的学生甚至不肯坐着吃饭，手捧饭盒蹲在教学楼前……总之，节省时间才是硬道理！在流水线式的时间安排下，快节奏是难以避免的。每个学生都得像上紧了弦的发条一样不停地运转，不能生病也不敢生病，因为每天都有着自己的流水线，今天的任务耽误了后面想补上只能牺牲睡眠时间。学生疲惫不堪，教师也压力巨大。倘若住宿的学生 10 点 50 分熄灯睡觉，教师睡觉的时间就要到 11 点以后了。而第二天教师还必须同学生一样在 5 点刚过便起床，否则便没有人监督学生的早读和晨跑。流水线与批量生产是紧密相连的，这种大工业生产较之传统小手工业作坊的巨大优越性更多倾向的是规模效率，而不是质量和独特性。在流水线中，很难产生独特性。标准的统一才是流水线得以成立的前提。然而，流水线作业能培养出精英吗？精英能用统一的标准衡量吗？许多学校现行的精英教育更像是肯德基的生产线，学生就像鸡块一样，进入流水线前还是各有特色的学生，以产品的样态出来时，无论是大小还是味道就相差无几了。当我们感叹肯德基等西方涌入的快餐是垃圾食品时，同等逻辑的精英教育又怎能不令我们忧心呢？

**3. 题海战术以训练考试能力**

在一线工作的许多校长认为，"宪法"应该是"高考"，而不是教育法（李辉，2005）。这使得高中的所有工作都围绕最终的高考而展开。高考最突出的特点之一便是在有限的时间之内完成较大题量的任务。这就要求学生不能有太多思考的时间，必须"思维敏捷""反应迅速"。因此，为了达到这个理想状态，题海战术就成为许多学校的常用策略。有学者对湖北省某县一所高考成绩最好的高中"奥数班"学生的学习和生活进行了教育人类学的研究，发现学生每天大致的作业量为207 题，课上听教师讲解 72 题，此外，学生还大致要背诵 9 首古诗词，以及参加一门课的考试（约 2 小时）（周颖，2009）。通过反复的练习，学生逐渐熟悉了每一种题型可能考察的思路和知识点，进而达到近似于条件反射式的反应速度。而且在练习中，教师反复总结题目类型和考试的评分标准，使得学生能够既快且准地完成考试。这种题海战术背后的思路大致如此。

　　不得不说，在激烈的高考竞争面前，许多学校采取题海战术并不是为了摧残学生。我们不能怀疑绝大多数教师在教育过程中所持的良苦用心。然而，依据标准培养速度，仍然是一种批量生产的逻辑。"精英"最初最为精美的物品绝不是批量生产的。缺失了精雕细琢，何以出现精品？被教育学奉为基本准则的因材施教，在批量生产面前显然无立足之地。被规模效率充斥的精英教育还是精英教育吗？

　　上述几种现象在真实的精英教育实践中，只不过是沧海一粟。许多令人震惊的举措不必一一列举。在流水线的作业过程中，学生们学会了快节奏的生活，学会了不能生病；在准军事化的管理制度下，学生学会了统一行动，甚至牙刷的毛、暖壶的把手都会朝向同一个方向；在题海战术中，学生学会了考试分几种题型，每种题型分设什么标准……看起来，现实的精英教育成果卓著，足以令我们欣喜若狂。看看许多"精英高中"的网站，迎面而来的通常都是某某中学今年高考再创辉煌，某某中学有多少人被北大、清华录取，某某中学高考成绩排名全市第一等字样。这些铁一样的成绩似乎已经足以令我们欣慰了。然而，笔者不禁要问，在学生学到上述"能力"的同时，学生失去了什么，教师失去了什么，我们的教育又失去了什么呢？学生失去了创造性，也没了个性，甚至还充满了对学校、对教育的厌恶；教师成为了人格分裂的人，虽然意识到这样做摧残学生，但还是不得不每天坚持着这种自己都难以认同的做法；而教育则成为了一种培训，一种看重规模效率的批量生产。没有了精英培养的诸多前提，也不多想究竟国家需要的精英应当具备哪些基本的素养。反正高中只是教育系统中的一段，俗话说"铁路警察，各管一段"，高中管不了那么多的事，也无力管那么多事，能应付高考就是胜利。面对这些残酷的现实，"钱学森之问"的答案似乎也不再难寻了。连集聚了当地最优资源的精英高中本身都"变了味儿"，我们还能期盼国家所需精英的诞生吗？我们不怕独木桥，可我们怕这种上桥的方式，这使得过桥者和落水者两败俱伤，因为我们看重的是高考分数和升学率……在过度追求分数和升学率的过程中，高中教育扼杀了学生成为精英的诸多潜质，这无疑同国家成就这类学校的初衷背道而驰！

## （二）制造失败与失败的常识化

### 1. "失败者"失败了吗

　　很显然，在以往所追求的精英教育的逻辑中，考上名牌大学者甚至考上大学者都被视为成功者。既然是成功者，所受到的关注和待遇自然不同一般。许多地方还保留着子女考上大学家人要摆酒请客的风俗，许多学校在高考结束之后会将考上大学的学生名单以红榜的形式张贴出来，既作为对以往成绩的肯定，又当作为来年招生所打的广告。就连 S 学校这样的名校也会在教工食堂旁边拓出一块空间，用来张贴本年度教师子弟中的高考得胜者的名单。无论是亲朋齐聚的酒席，还是"红榜题名"的肯定，都表明人们对于成功者的看重。

同这些成功者相比，那些未能考上大学（也可以说是理想的大学）的学生则成为失败者，其"待遇"则大相径庭。不但没有亲朋齐聚的庆功宴，更不会在红榜之上留下名字，三年的努力，却换来家人的颜面无光、不愿提及。"成王败寇"的军事逻辑在教育领域应验了。失败者只能灰头土脸地走上社会，去谋求一份能够养家糊口的工作。

然而，我们必须知道，失败者的数量是庞大的。我们可以粗略计算一笔账，便足以让我们心惊了。尽管高校录取的对象不完全是高中毕业生，但绝大多数都是高中毕业生，因此我们粗略计算认为高校招生完全来自高中。1997～2015 年，全国共有 2318.7 万高中毕业生未能考上大学而成为失败者。倘若将潜在的陪榜者也计算在内，18 年的时间至少存在 2300 万的高考失败者（表 2-3）。而 2015 年北京市的常住人口约为 2170 万。这说明我们用了 18 年的时间培养了一个北京城的失败者！这个数字约为德国总人口的 1/4，英国总人口的 1/3……这样的数字难道不足以令我们心惊肉跳吗？

表 2-3　1997～2015 年高校招生和普通高中毕业生人数基本情况表

| 年份 | 高校招生/万人 | 高中毕业生数/万人 | 未录取人数/万人 | 录取率/% |
|---|---|---|---|---|
| 1997 | 100.0 | 221.7 | 121.7 | 45.11 |
| 1998 | 108.0 | 252.0 | 144.0 | 42.86 |
| 1999 | 160.0 | 263.0 | 103.0 | 60.84 |
| 2000 | 221.0 | 302.0 | 81.0 | 73.18 |
| 2001 | 268.0 | 341.0 | 73.0 | 78.59 |
| 2002 | 321.0 | 384.0 | 63.0 | 83.59 |
| 2003 | 382.2 | 458.1 | 75.9 | 83.43 |
| 2004 | 447.3 | 546.9 | 99.6 | 81.79 |
| 2005 | 505.0 | 662.0 | 157.0 | 76.28 |
| 2006 | 540.0 | 727.0 | 187.0 | 74.28 |
| 2007 | 566.0 | 788.0 | 222.0 | 71.83 |
| 2008 | 607.7 | 836.1 | 228.4 | 72.68 |
| 2009 | 639.5 | 823.7 | 184.2 | 77.64 |
| 2010 | 661.8 | 794.4 | 132.6 | 83.31 |
| 2011 | 681.5 | 787.7 | 106.2 | 86.52 |
| 2012 | 688.8 | 791.5 | 102.7 | 87.02 |
| 2013 | 699.8 | 799.0 | 99.2 | 87.58 |
| 2014 | 721.4 | 799.7 | 78.3 | 90.21 |
| 2015 | 737.8 | 797.7 | 59.9 | 92.49 |
| 总计 | 9 056.8 | 11 375.5 | 2 318.7 | — |

资料来源：（国家统计局网站，2017）

　　震惊之余，我们不得不回过头来思考一个更为深刻的问题，即那些未能考上大学的学生真的失败了吗？我们究竟凭什么认定他们失败了？这涉及我们评判成败的标准问题。尽管许多人都认为一次考试的成败并不足以确定学生一生成败，但"一考定终身"还是一句很有市场的话语。顾明远先生在一次讲座中提到自己在广东某地调研时发现学校悬挂的激励学生的标语竟然写着"多得一分是一分，一分定终身"，顾明远先生的愤然之情仍然难以掩盖这样的认识：有本事就考上，没本事就考不上，有没有本事就看你努不努力了！可以说这样的认识很具有代表性。承认分数面前人人平等，只有分数才是衡量成败的核心标准便是这种认识的主要观点。

　　我们正是用这样一个单一的标准制造了数以千万计的失败者。这个标准本身之所以令人信服，正是因为它是公平的代表。在公平面前，即便是失败者也承认自己是失败者，因为标准是公平的，无论愿意与否，都得面对失败的现实。但笔者还要提出质疑：判定他们成败的标准是否真的合理呢？

### 2. 不公平的成绩

　　在高中阶段的精英教育中，我们用成绩这个最为刚性的标准衡量所有学生。成绩不佳者自然难逃责难。但在这里我们巧妙地掩盖了不公平。成绩能够以公平的姿态作为评判的标准建立在许多前提之上。我国长期以来实行统一的课程，这就意味着学习的内容和学习的进度大致相同，再加之以相同的考试（至少省域内的高考是同样的）评价学生，这三个"相同"似乎对于每个智力正常的学生而言都是公平的，因而也就使成绩作为标准能够成立。于是，一个看似简明的因果关系便在公平竞争的掩盖下成立了：由于学生的努力不够或者他们的教师素质不高，他们并未能够获得理想的考试分数，自然也就成为失败者。问题的关键在于上文所提的三个"相同"恰恰是不公平的。

　　首先，围绕课程知识选择的争论已经表明课程的知识选择的中立性本身已经遭到质疑。迈克尔・阿普尔（Michael Apple）曾经提出一个令世人猛醒的命题：谁的知识最有价值？这是对课程知识选择争议最为有力的概况。实际上，除迈克尔・阿普尔外，法国的布尔迪厄、英国的迈克尔・杨和巴兹尔・伯恩斯坦等都深刻地指出课程中的知识与文化的选择带有鲜明的阶级与阶层性。因此，同样的知识却并不公平。

　　其次，追求同样的教学进度只是学校工厂化的一个重要表现。学校工厂化是指学校遵循生产投入和产出式模型，完全在被圈定的轨道上寻找其宗旨与使命（房林玉，2010）。工厂强调流水线的统一与有序，这样才能保证产品的整齐划一。肯德基便是这种工厂生产逻辑的典型代表，无论在哪里吃都是一个味道。但这种"工厂意象"的学校课程规划不仅导致了学校被简约化的危险，而且使学校沉沦为应试教育的战场（房林玉，2010）。在工厂化的逻辑下，学生被产品化，教育过程被简约为确定的套路和模式。在这种情况下，教学进度的统一便成为自然而然的事情。教师对学生的培养窄化为训练，学生通过节奏一致的训练，逐渐建立起对于相应刺激的条件反射……总之，学生被批量生产成能够适应机器化大生产的劳动力。这种工厂化的学校教育显然违背了教育的基本追求，更无公平可言。

最后，同样的考试表明我们用同样的尺子衡量所有的学生，这本身就已经同个性多样的学生相悖了。更何况，无论是智力测验还是其他教育测验，围绕"客观"教育测验公平性的争议已经持续了几十年。芝加哥劳工联合会在 1924 年在《对智力测验的抨击》一文中指出："人们将会看到，代表天赋能力的所谓'智力水平'，令人惊讶的是与相应集团的社会地位相对应的。所谓每一集团的相应的社会地位是由一种不可抗拒的自然法则决定的。"（鲍尔斯，金蒂斯，1990）鲍尔斯和金蒂斯（1990）也同意这样的观点，认为智商测验的结果可以被用来为按种族、种族血统和阶级背景进行分轨培养作辩护。不仅如此，他们还指出到 20 世纪 20 年代末，社会背景和儿童的升等机会或分轨指派之间的关系可能被另一种改革——"客观的"教育测验——掩盖了（尽管没有被掩盖多少）（鲍尔斯，金蒂斯，1990）。简言之，我们尚且难以论证这种同一的考试对于不同阶层、种族、性别、个性特点的学生而言是公平的，又如何认定这种教育的公平性呢？

如果说三个"同样"本身都并不公平，教师素质这个因素就更难以公平了。如前所述，优秀教师向重点学校聚拢的现象在各地都十分普遍。"聚拢"意味着师资条件对于不同学生而言很难公平。这极大地影响了边缘学校的教育质量的提升。以城乡差距为例。教育部公布的数据显示，从 1989～2008 年，我国高校农村新生的比例逐年上升，从 1989 年的 43.4%到 2003 年与城市生源比例持平，2005 年已经达到 53%。但与此同时，来自部分重点大学的数据显示，农村学生的比例正在逐步下降。如中国农业大学农村新生的比例，1999～2001 年均在 39%左右；但 2002 年之后开始下降，2007 年跌至最低，仅为 31.2%。南开大学 2006～2008 年的数据显示，2006 年农村新生比例为 30%，2007 年为 25%，2008 年为 24%，下降趋势也比较明显。前几年北京大学、清华大学农村新生的比例均不足 20%（杨东平，2009）。这个数据可以从一个侧面反映出城乡教师素质的巨大差距。实际上，高校学生的城乡差距其实是高中阶段差距的延续，两者基本是同构的。除客观存在的"文化资本"的影响（家长的文化程度越高，子女的学业成就越好）之外，重点学校政策，以及"以钱择校""以权择校"的择校现象，都极大地加剧了教育不公。旨在培养精英的重点学校政策在培养了不少伪精英、制造了许多失败者的同时，也进一步巩固和扩大了社会阶层间的差距（王雄，2009）。

而如此众多的不公平却在比较分数高低的过程中被遮盖了。最为致命的是，许多人还认可了这种以分数为标准的比较。前提已不成立，标准的公平性又从何谈起？既然标准的公平性存疑，又何以会有许多人信誓旦旦地相信它？

### 3. 失败的常识化

不得不说我们所认定的标准是一种被常识化了的标准，正是"常识"的力量使我们对其深信不疑。"常识"也就是我们通常的认识。以迈克尔·阿普尔（2004）为代表的批判教育学家将这个我们再熟悉不过的概念引入教育，用以指向教育背后的政治性因素。在他们看来，教育从来都不是中立的，而是带有鲜明的阶级、阶层的政治色彩。迈克尔·阿普尔曾满怀忧虑地说道："我的基本意图就是运用保罗·弗莱雷的洞察力让人们去思考社会并意识到我们的生活经常以某种很隐秘的方式与其他人联系在一起。要理解这一点需要我们从常识的桎梏中解脱出来，因为不管我们是否愿意承认，我们都是深受常识的影响。"

实际上，这些我们习以为常的想法存在着深刻的意识形态色彩。正是某些阶层或集团凭借手中的权力使得利于他们的意识形态以常识的形态确定下来并深入人心。而当常识一旦固化，便很难改变。诚如迈克尔·阿普尔（2004）所言："我的批评所指向的是想说明过去的历史所创建的常识体系是多么的难以清除，即便是在政治改革已经出现的情况之下。"

常识的作用如此深入人心且难以清除，倘若我们一直以来沿袭的重点学校政策也确立了一些常识，那我们恐怕也要倍加小心了。然而，长期以来，我国高中阶段的精英教育在制造伪精英的同时，也的确使得一种貌似合理的评价常识化。如前所述，重点学校政策构筑了一个小金字塔结构。金字塔内的学校承担了国家所需要的精英人才的筛选和培养的工作。筛选先于培养，而筛选又主要通过考试的形式进行，因此，长久以来，我们已经习惯性地认为考试是最为公平且有效的筛选方式。迈克尔·阿普尔（2004）曾经认为，"在文化层面资本主义建立了一种可以丈量一切的尺度，包括丈量像我们这样的普通人。标准是我们创造财富的能力及我们是否成功地创造了财富。对于那些不能贡献利润的人，这种标准'自然'地导向了对他们的责难。这样也'模糊'了剥削关系，使得一部分人在牺牲大多数人的基础上得以发达。"

而我们通过"分数公平"的认识掩盖的不是剥削，而是不公平。以重点学校为手段的高中精英教育使一个对许多学生而言并不见得触手可及的目标合理化，甚至神圣化，可以使得许多人为了这个不切实际的目标不惜付出昂贵的代价。我们忘记了学生是多样的，忘记了前提是站不住脚的，甚至忘记了教育不仅仅要培养成功者。而最为重要的是，它会使得成功者有着足以肯定自己成功的资本，失败者也会甘心自己的失败。原因就在于他比我更强，我心甘情愿地认输。因此，我们应该清楚地意识到，当我们追求升学率提升的喜悦时，我们也在不断地制造失败。对于许多学校而言，成功者的数量会决定学校的声望。有时一所高中比另一所高中更能引起社会的关注就是因为前者的一名学生考上了北大。成功的光环过于灿烂时，失败者往往处于"灯下黑"的境地。没有多少人在意一所高中有多少学生考不上大学，因为总会有人考不上。以重点学校政策为手段的精英教育不仅培养了伪精英，造就了许多失败者，更使得这种不利于大多数人的政策以合理化的姿态成为人们的常识。在自由竞争的旗号下，所有人在起点并不一致的时候却走上了同样的轨道，深陷囹圄而不自知。在追求精英教育的过程中，我们制造了一种"高明"的常识，使得我们对自己本来并不公平的处境却深信不疑。一个人缺乏反思意识，他难以成就大事；一个国家的教育系统缺乏了反思意识，我们失去的就不仅仅是一个精英了。而这正是我国高中阶段精英教育带给我们最为深刻的代价所在。

校际分层逻辑向精英高中内部的延伸，使得精英高中内部的问题凸显出来。然而，校与校之间与学校内部是否必须遵循同一个逻辑呢？倘若二者之间可以存在不同的逻辑，我们又当先触及哪个领域的转变呢？很显然，校与校之间的分层与分流受到更多社会经济、政治、文化等宏观因素的影响，即便我们希望增加更多的分层标准，而不再使用单一的成绩标准来实现分层，却又不得不面对成本巨大的难题。简言之，改变校际分层的局面并非一朝一夕之功，也绝非一两个政策的调整所能实现的目标。更为重要的是，这不应当成为精英高中沿用这一逻辑的借口。任何一所学校最为重要的任务就是为进入这所学校的所有学生提供适宜的教育，使得每一个学生都能获得充分的发展。精英高中更不例外。因此，无论进入精英高中的学生数量多寡、水平如何参差不齐、兴趣与需求如何差异巨大，学校都应当尽自己最大的可能为每一个学生的成长搭建平台，而不能再次"掐尖儿"，只顾少数能够考上名校提升学校声望的学生。毕竟学校内部的教育教学活动，每天都会对学生施加影响。学生的学习兴趣的激发、学习过程中幸福感的活动、人生价值的认识、社会责任感的树立都发生在每一天的教育活动中。更何况，国家成就精英高中，正是希望它们为国家所需的精英人才的成长奠基，而绝不只是少数几个能够进入北大、清华的学生。从这个意义上讲，尽管目前精英高中校内与普通高中校与校之间的代价问题由一个逻辑所造就，但我们必须从精英高中内部的改革开始，正视精英高中内部的诸多问题，重建精英高中的内部逻辑。

# 第三章 高中精英教育的合理性论证

面对高中精英教育所导致的诸多代价，在明确该如何改革之前必须首先论证高中精英教育是否依旧具有存在的合理性。倘若这一点都难以成立，那么改革将指向废除精英教育的道路。然而，倘若这一点成立，那么改革的方向便指向如何控制现有的代价。判断高中精英教育的合理性首先应面对理论上的质疑，只有辨清理论层面的质疑，才能在理论上确立高中精英教育存在的合理性。然而，仅有理论层面的论证仍然不能表明高中精英教育在现实中的合理性。现实层面的多重主体的需求也是高中精英教育存在的重要理由。当然，高中精英教育存在的合理性同精英高中存在的合理性之间并不等同。论证精英高中存在的合理性必须考虑我国高中教育发展的历史阶段。只有考虑了现实中的各种因素，精英高中的存在和发展才具有现实的合理性。

## 第一节 高中精英教育存在的理论合理性

### 一、精英教育应贯穿高中教育发展的各个阶段

#### （一）作为一种类型的精英教育

《规划纲要》中明确将普及高中阶段教育作为未来 10 年工作的重要任务，这是否意味着我们应当质疑高中精英教育取向，进而认为精英教育作为历史阶段虽有其正面价值，但只是具有历史价值，在当下显然不宜再作为高中教育发展的价值取向呢？

此种观点的基本逻辑可以概括如下：首先，认为高中教育发展可以分为精英化、大众化和普及化三个阶段[①]；其次，每个阶段各有价值取向，其中精英化阶段以精英教育为价值取向，而大众化阶段则以民主化为价值取向；再次，各个阶段的价值取向具有相互的排他性，以作为确定不同阶段特质的主要依据。这一观点看似逻辑严密，但缺乏对其前提的反思。

---

① 关于高中教育发展的阶段划分将在下文中详细阐述。

　　截至目前，研究者主要借用马丁·特罗关于高等教育发展阶段划分的标准划分高中教育发展的历史阶段。由于至今尚未提出公认的关于高中教育发展阶段的标准，暂且沿用马丁·特罗的划分有其合理之处。但显然，包括马丁·特罗本人也并不认为精英教育与大众教育是泾渭分明的。马丁·特罗（1973）曾说："从精英向大众、普及阶段发展，并不意味着前一个阶段的形式和模式必然消失或者发生转变。相反，实际上当高等教育发展到下一个阶段时，前一阶段的模式仍保存在一些高校或其他高等教育机构中。这些高校和机构在大众化阶段仍将繁荣发展。"

　　虽然马丁·特罗的观点仅限于高等教育，但世界各国高中教育发展的事实表明，尽管许多发达国家和地区虽然都已进入高中教育的普及化阶段，但精英教育仍然扮演着非常重要的角色。例如，英国于20世纪60年代开始大规模的中学综合化运动，至1979年，综合中学在读学生数已占全英公立学校在读生数的86%（Weeks，1986）。然而，时至今日，英国仍然保留了精英教育色彩鲜明的公学。其中伊顿公学、温彻斯特公学等九大公学仍是世界公认的精英教育的典范，为英国的政治、军事、文化等领域培养了大批精英。再如，美国高中教育也早已进入普及阶段，综合中学也是美国高中阶段教育的主要学校类型，根据美国联邦教育部2000年的统计数据，1999～2000学年，98%的学生就读于综合中学（李其龙，张德伟，2008）。但在美国仍有形形色色的精英高中的存在。例如，纽约州布朗克斯科学高中已经为世界培养了7位诺贝尔物理学奖获得者，6位美国新闻大奖普利策奖（Pulitzer Prize）获得者，6位全美最高级别的国家科学奖（National Medal of Science）获得者，以及音乐家、医生、议长等社会各界的多名精英人才（段会冬等，2013）。

　　发达国家高中教育发展的事实表明，在大众化阶段和普及化阶段，精英教育非但没有消失，反而发挥了不可替代的作用。尽管这类学校的数量难以同综合中学等高中教育的主体机构相比，但就其社会贡献而言，是难以估量的。因此，精英教育不仅作为一个历史阶段而存在，还作为一种教育类型而存在。过分强调高中教育不同发展阶段的价值追求的排他性，必然会忽视作为一种教育类型的精英教育存在的合理性。

## （二）培养目标直指精英人才

　　承认精英教育作为一种类型的教育，并不否认其本身也在经历着发展和变迁。在高中教育诞生之初，指向贵族阶层的高中教育无疑是精英化的。这也成为许多人否认精英教育存在合理性的一个重要理由。然而，实际上精英教育并非必然指向贵族阶层。

　　在高中教育发展的早期，整个教育系统的确掌控在统治阶层手中，普通百姓难以获得受教育权，更不用说享受优质教育资源。然而，自近代以来，随着公立教育系统的建立和发展，受教育权日益成为每个公民的基本权利，由统治阶层把持教育的局面已经被打破。当然，我们的确不能回避在同等情况下，社会上层凭借其经济资本、政治资本的确更易于使自己的子女享受优质教育资源。一些学者的研究表明，包括高级、中级管理人员和技术人员在内的高阶层家庭的孩子中，约有 62%在重点中学就读，而低阶层家庭的恰好相反，约 60%的孩子在非重点学校学习（杨东平，2005）。然而，依此便认为我国高中阶段的精英教育是一种贵族教育显然有失偏颇。正是在同一调研中，研究者也发现在苏州市、重庆市、菏泽市等地区的重点学校中，父亲职业属于低阶层的学生比重都高于高阶层的学生比重（杨东平，2005）。可见，在许多地区，重点学校并不是以招收社会上层家庭子女为主。当然，否认高中阶段精英教育同贵族教育间的对应关系，并不是否认教育机会不均的现实。但两者毕竟不可等同。

　　否认了高中阶段精英教育以贵族为对象的观点，也就意味着精英的成长不可能仅限于贵族阶层内部。每个阶层都有自己的精英，英国学者巴特摩尔（1998）更是指出精英并未对非统治阶层的人关闭大门，政治、经济和文化各个领域的精英来自多个阶层。因此，高中阶段的精英教育的教育对象就从阶层独占的角度转变为向多个阶层开放。对象的开放不代表精英教育失去了共性。实际上，在走向普及化的道路上，精英教育在培养目标上日趋达成共识，即培养作为国家各个领域引领者的精英人才。因此，精英教育在由对象的排他性演变为开放性的同时，实现了目标的一致性。那些对高中阶段精英教育同贵族阶层相联系的质疑也就不攻自破了。

### （三）精英教育不是大学的专利

　　提到精英教育，人们很容易将其与传授和研究高深知识的大学紧密相连。的确，高等教育不可能是精英教育的终点，但高等教育也绝不是精英教育的起点。这一点可以从两个方面得到证明。

　　首先，以大学先修课程为代表的联通中学和大学的课程早已在许多国家发展起来。大学先修课程主要是针对那些在高中阶段学有余力、学有潜力的学生提供的达到大学水平甚至超过大学水平的课程。类似此类的课程有许多不同的形态。这些课程的存在证明许多国家都认为大学并不是精英教育开始的起点，至少在高中阶段就应当开设相应的精英教育课程。

　　其次，心理学等许多学科的研究也支持创新人才的培养过程不是从大学开始的结论。例如，根据林崇德（2009）等心理学家的研究，创新能力是一种连续不断的而不是全有全无的品质，人人乃至每个儿童都有创造性思维或创新思维。在幼儿阶段，人的创造性处于萌芽阶段，好奇心和创造性想象的发展是他们创造力形成和发展的两个最重要的表现。小学阶段不但儿童的再造想象更富有创造性成分，而且以创造性为特色的创造性想象日益发展起来。中学阶段的创造力不再带有先前的虚幻色彩，而带有更多的现实性。这意味着精英人才重要素质的创造力并不是在高等教育阶段才培养起来的。因此，无论在基础教育段的精英教育受众多寡，高等教育都不是精英教育培养的起点。

综合上述三个方面的认识，高中阶段不仅应当存在精英教育，而且精英教育应当作为一种重要的教育类型发挥不可替代的作用，为国家所需精英人才的培养奠基。

## 二、分类筛选为"精英"培养目标的实现提供保障

### （一）分层筛选与分类筛选

要讨论精英教育中的筛选问题，首先需要明确筛选的种类。无论具体的筛选手段如何多样，从功能上区分，筛选可以分为两大类：分层筛选与分类筛选。

分层筛选是为了将不同的学生根据统一标准划分为不同的水平层次，然后依据层次的不同给予不同的教育安置。这种筛选在许多国家都长期使用。过去我国在义务教育阶段存在的重点校和重点班就是依据分层筛选的思路对学生进行分流的。分层筛选背后的一个基本逻辑是不同的学生可以使用同一的标准进行评判，得分高者反映了他们的天资或努力程度高于得分低者，因此，他们自然应当获得与大众不同的教育安置。分层筛选通常与奥运会的逻辑相仿，同一跑道，同一规则，以成绩定成败。

与分层筛选不同，分类筛选强调的是不同的个体之间所具有的类型差异性。不同个体具有各自的优势与劣势，以及不同的思维习惯和思维类型，将他们放置在同一标准下很可能导致潜在的不公平，因此，需要从不同类别的角度对他们进行筛选。每一类教育都有自己的筛选标准，学生不适合这类标准并不意味着失败。在这种情况下，筛选本身并不是区别优劣的手段，而是判断教育安置适切性的途径。分类筛选就像邮局的分信员一样要将去向不同的信分放到各自的箱柜之中，以便邮递员可以准确地将它们送出。

当然，我们不能简单地评价分层筛选与分类筛选的优劣。它们只是作为一种工具而存在，本身并无绝对的优劣可言。因此，在教育中使用何种筛选要视具体的情况而定。

### （二）基础教育也需要筛选

区分两类筛选为我们分析高中精英教育取向的合理性奠定了基础。日本中央教育审议会于1991年发布的《关于应对新时代的教育诸制度的改革》的报告中指

出："今日的高级中学已经不是像从前那样只有一部分被选拔出来的人就学的中等教育机构，而是受完义务教育的几乎所有的人都就学的国民性教育机构，是在完成初级中学的基础上，广泛进行普通教育和专门教育的中等教育机构。"（张德伟，2004）诸如此类的改革文件在许多国家出台，一时间强调国民教育、基础性等性质，成为高中教育义不容辞之事。然而，这是否意味着高中教育中的筛选变得罪孽深重了呢？

显然对于筛选的批判与否定缺乏足够的理由。精英教育阶段，高中的筛选是为了维护贵族和社会上层的特权，那么在迈向普及化的过程中，筛选则是为了对不同的学生进行分类指导和教育。教育最为基础的原则便是因材施教，强调基础性同强调差异性并不矛盾。即便是作为基础教育的高中，学生的分化也已经十分明显。在班级授课制的前提下，面对不同需求的学生，只能通过各种筛选途径将学生按兴趣和程度编班，才能使得因材施教在班级授课制下成为可能。我们必须非常明确地意识到，基础教育不是"一样的"教育。我们可以要求学生最终达到的目标以共同的标准为基础，但绝不能否认教育过程中分类的重要性。正是由于教育过程中分类指导的合理性，表明"精英"培养目标并不是学者们的黄粱美梦，而是可以实现的理想追求。因此，那些质疑筛选的声音本身就是值得质疑的。问题的关键在于如何筛选。普及化的过程应当更加强调对于学生的分类指导，而不是将他们都赶上"奥运会"的跑道。

## 三、差异性平等：精英高中是追求教育公平的应然选择

围绕高中阶段精英教育存在的重要争议在于认为它严重影响了教育公平的实现。特别是对于那些没有能够进入精英高中、精英班级的学生而言，他们因一次考试的失败，似乎就被贴上了失败的标签。问题的关键在于精英高中的存在是否真的有悖教育公平？

### （一）优质资源稀缺不可避免

讨论教育公平问题，不能回避教育资源是否均等的问题。杨东平认为，教育机会均等，从理论上讲，是指不同人群所获得的教育机会与其在总人口中所占的比例大致相等（石岩等，2005）。这一观点在教育公平问题的讨论中具有很大的影响。持这种观点的学者往往认为教育公平首先要让学生都有机会进入学校（起点公平），然后再讨论学校的教育质量（过程公平），最终使得每一个学生都能实现自己的理想（结果公平）。这背后的假设或认为的理想状态是所有的学校都能达到优质，只有如此，在教育起点公平实现后，才能实现教育过程的公平。

但必须明确的是"优质教育资源"是一个相对概念，在实际中优质教育资源永

远都是有限的。所有学校的办学水平都可以提升，有的新发展起来的学校也会超过老牌学校。但无论学校整体水平如何提升，学校间总有相对的优与劣。在一个城市之内存在的学校实际更像一个生态系统，总有学校分别处在食物链的顶端和底端。这样就意味着处于顶端的优质教育资源总是处于相对不足的境况下。明确这个现实问题也是讨论教育公平问题的基本前提。

### （二）适切的教育安置要求差别对待

既然高中定然存在优劣之分，是否意味着过程公平难以实现呢？倘若这一答案是肯定的，那么笔者难逃被扣上一顶"悲观主义者"的帽子。可幸的是，高中存在相对的优劣并不意味着过程公平的难以实现。如果我们一直寄希望于所有的学生都能进入当地最好的学校，那显然是一种不切实际的幻想。

关键问题是顶尖学校未必适合所有学生。不同的学生有不同的教育需求水平，高速度、高难度的教育未必适合所有的学生。笔者在 S 学校调研时发现，许多选择数学Ⅲ的学生反映自己根本不能胜任高强度的学习："一节课没有听懂，后面要花许多时间去补，可是旧的还没消化好，新的又来了！" S 学校在北京是公认的优质学校，其生源质量自然毋庸置疑。然而，即便是这些在许多人看来的优秀学生，也未必适合压力大、节奏快的学习方式，顶尖学校显然不能适应所有学生。希望每个学生都能进入顶尖学校只是一种良好的愿望，而这种愿望只是人们一厢情愿的想法，并不是对学生真正的公平。优质教育，并不是让所有的学校都按照同样的标准，配置同样的教育资源，因为对于学生而言，那未必适合他们的学习需求与学习方式。

当然，这并不意味着笔者认可重点学校政策。差别性公平并不意味着有差别就一定公平。差别原则的拥护者罗伯特·罗尔斯（1988）曾经指出："从差别原则来看，不管其中一人的状况得到多大改善，除非另一个人也有所得，不然还是一无所获。"而真正落实差别原则的关键在于那些处境较差状况的人的状况也能得到改善。因此，差别性公平并不是指好学生进好学校，差学生进差学校，而是指包括学困生、家庭贫困的学生等处境不利的学生在内的所有学生都得到最为适当的教育安置，使得他们都能够获得适合自己的教育服务。承认差别且给予适切的安置才是差别性公平的关键。

### （三）高中促进义务教育均衡发展能力有限

由于过去我国的精英教育长期以重点学校制度的形式存在，这使得义务教育阶段的学校发展很不均衡。在教育资源极度稀缺而国家对于精英人才的需求十分迫切的历史阶段中，这种金字塔式的精英教育体系有其正面意义。但当教育资源总量不断提升的情况下，义务教育作为培养公民基本素养的教育阶段，仍然沿用重点学校制度显然不具有合理性了。因此，20世纪90年代以来，我国频发文件表明义务教育阶段不允许设立重点学校和重点班，并且将义务教育均衡发展作为义务教育发展的核心指导思想。然而，重点学校所造成的历史影响显然并未消除。这意味着高中所面临的生源在学习能力、学习习惯等方面已经存在巨大的差异。这一问题的确反映了教育的不公平。但这种不公平不能由精英高中"买单"。

首先，义务教育阶段学校发展的不均衡不完全归咎于精英高中的存在。对症下药，关键在于城乡发展不均衡、重点学校政策的长期影响等问题，因此，破解这些问题才是解决义务教育发展不均衡的对症之药。当然这并不是否认高中对于促进义务教育均衡化发展所可能发挥的作用。但那绝不是高中所应承担的主要任务。

其次，面对的学生差异越大，高中的工作量越大，完成工作的可能性就越小。因材施教是教育领域广为接受的基本原则，这就意味着"材"的多寡直接影响"教"的多寡。在班级授课制的现实情况下，以班级为单位形成较为同质的学生群体进行教学，既不违背因材施教的基本原则，又能大大提高教学的效率。当然，这里所强调的班级未必是行政班，许多高中尝试加强教学班建设就是为了能够更好地实现以班级为单位的因材施教。然而，如果从0～100分的所有学生都进入同一所学校，那这所学校就需要组建多个教学团队，毕竟不同水平的学生的教育需求存在很大的不同。这种不同不仅体现在教学进度上，还体现在教学方式和考核要求等多个方面。这无疑要求每一所学校都能够为所有水平的学生提供适当的服务。这显然是不切实际的。倘若将类型的视角同水平的视角组合起来，学生的情况就会变得更为复杂，要求每一所学校都能提供适合学生的教育就更加不可能了。从这个意义上讲，即便义务教育阶段实现了均衡发展，高中需要明确自己服务的学生群体。简言之，高中要有针对性地选择生源是高中发展的现实需求。这也就意味着高中不可能为义务教育的不均衡发展"买单"。

## （四）"县中"有悖公平之说略显偏颇

认为"县中"的存在违背了教育公平的理念似乎成为许多人的共识。根据一些学者的研究，2000年以来生均基本建设费"县中"与一般普通高中平均相差5.2倍；在2009～2011年，"县中"装备设施的累计投入达到一般高中6倍；而生均公用经费"县中"比一般高中高出1.6～9倍不等（"中国普通高中教育发展战略研究"课题组，2011）。倘若将生源、师资、升学率等诸多因素都计算在内，似乎"县中"已远远超出县域内的其他高中，农村高中的两极分化已然十分严重。

也许许多学者还可以提出更为具体的数据以表明农村高中发展的不均衡现状。在这种看似铁一般的事实面前，笔者仍要强调这种认识是有失偏颇的。实际上，"县中"的存在有其合理性，并且这种合理性使得我们指认"县中"有悖教育公平的认识遇到了挑战。

首先，我们必须承认就我国目前的教育发展水平而言，城乡差距已然十分明显。城市凭借其先发地位具有极大的资源吸纳能力，而农村则恰恰相反。为了自己的事业能够获得更好的发展，为了子女的受教育问题，为了获得更好的生活环境……一系列的原因都促使教师向城市流动。即便是许多生在农村、长在农村的老师也大都不愿意留在农村，都希望到城市工作。然而，从城乡普通高中学生分布情况来看，农村学生依然占据多数。根据教育部 2010 年的统计数据可知，2010 年普通高中在校生数城市为 8 582 032 人，而县镇和农村则有 15 691 319 人①。按照城乡二分的划分方法来看，农村普通高中在校生数约为城市普通高中的 1.8 倍。而约占普通高中在校生人数 65% 的农村学生却享受不到均衡的教育资源，这本身就是我国教育发展中的一种重大的不公平。在城市学校猛烈的"挖墙脚"行为的打压下，在教育资源总体投入不足的背景下，许多县为了稳定自己的优质生源和师资，不得不打造自己的"县中"，以增强县域教育的吸引力，带动整个县教育的可持续发展。辽宁省某县教育局局长曾讲："如果我们县不建一两所重点高中，优秀教师就留不住，就会被大城市或者沿海发达地区吸引过去，那我们与城市的差距就会进一步拉大，……"黑龙江省一位教育界领导说："建好一批示范性重点中学，吸引大学毕业生来，我们教师队伍建设才有保障。"（袁桂林，2005）辽宁和黑龙江一些地方政府所面临的现实困境具有很强的代表性。县域不均衡只是小范围内的不均衡，而城乡不均衡则是整个国家的不均衡。在整个国家不均衡的现实中，许多县采用一种不得已的方式力求缓解城乡教育发展不均所带给农村教育发展的消极影响本身就是一种促进公平的有力举措。在这种情况下，简单认为"县中"有悖教育公平显然是偏颇的。至少我们应当充分认识"县中"存在的积极作用。

当然，认为"县中"有悖公平的认识存在偏颇，并不是否认"县中"同县域其他高中的差距，更不是认可许多"县中"所采取的肆无忌惮的应试教育。是否应当存在和以何种样态存在是两个截然不同的问题。农村生源尽管人数众多，但身处弱势地位，这是不争的事实。"县中"恰恰是为农村生源走出农村争得了一种更为现实的可能。这也符合罗尔斯差别原则的，至少我们试图为处于弱势地位的农村生源保留更多升学的希望。

综上所述，以往关于高中精英教育的质疑本身都难以成立，这也解除了高中精英教育存在的理论困惑。只有从差异性公平的角度理解高中精英教育的存在，才能跳出理论的陷阱，承认高中精英教育的合理性。

---

① 2010 年教育统计数据来源：中华人民共和国教育部普通高中学生数[EB/OL]. http://www.moe.edu.cn/publicfiles/business/htmlfiles/moe/s6200/201201/129576.html[2012-02-12].

# 第二节　高中精英教育存在的现实合理性

## 一、宏观层面：国家的人才需求

### （一）国家需求的紧迫性

2006 年美国总统布什在《国情咨文》中明确提出了"以创新引领世界"为口号的"美国竞争力计划"；欧盟委员会在"欧盟 2020 战略"中明确提出"创新型联盟"计划；日本产业竞争力战略委员会早在 20 世纪 80 年代的末期便已经提出促进技术创新和引进海外人才；韩国国家竞争力总统委员会发布的名为《国家竞争力报告 2009：通过国家竞争力塑造未来》的报告中提出，提高人力资本存量、改革国际制度以吸引国际人才；新加坡 2009 年发布的《新加坡竞争力 2009：分析与建议》中将"推动知识经济的发展，建立人才的吸收和培训机制"作为国家发展战略的重要组成部分……（倪鹏飞，2010）众多国家在世纪之交相继出台了涉及国家竞争力的战略性文件，可见，国家对于人才的需求，尤其是对于精英人才的需求，正随着国际间竞争的日益激烈变得越发迫切。

我国作为一个后发国家，面临着发展模式的转型、政治体制改革的推进、周边安全形势的瞬息万变，以及国际竞争的日益激烈等挑战，我国对于高端人才的需求更加迫切。实际上，早在 1978 年党的十一届三中全会以后国家便提出了"尊重知识，尊重人才"的基本理念。随着改革开放的不断深入，国家对于精英人才的需求日益凸显。2000 年中央经济工作会议提出："要制定和实施人才战略。"在 2001 年发布的《中华人民共和国国民经济和社会发展第十个五年计划纲要》中明确提出"实施人才战略，壮大人才队伍"。自此，人才强国的战略思路日益清晰。2002 年，中共中央、国务院制定下发了《2002—2005 年全国人才队伍建设规划纲要》，其中明确提出了"实施人才强国战略"，并且将"党政领导干部、企业家、学科带头人"作为实现人才强国战略的阶段重点。这表明在加入世界贸易组织（World Trade Organization，WTO）后的中国政府对于精英人才战略地位的重视程度。2007 年，人才强国战略正式纳入党章和"十七大"报告之中。2010 年，全国人才工作会议上，胡锦涛同志强调人才资源是第一资源，但当前我国人才发展总体水平与世界先进水平相比还有较大差距，与我国经济社会发展需要相比还有许多不适应的地方，特别是高层次创新型人才匮乏，人才创新创业能力不强，人才资源开发投入不足。在这一精神指引下，《国家中长期人才发展规划纲要（2010—2020年）》中明确提出"高端引领"的指导思想，即培养造就一批善于治国理政的领导人才，一批经营管理水平高、市场开拓能力强的优秀企业家，一批世界水平的科学家、科技领军人才、工程师和高水平的哲学社会科学专家、文学家、艺术家、教育家，一大批技艺精湛的高技能人才，一大批社会主义新农村建设带头人，一大批职业化、专业化的高级社会工作人才，充分发挥高层次人才在经济社会发展和人才队伍建设中的引领作用。这再次表明国家对于各个领域精英人才的迫切需求。可以说，精英人才的多寡，将直接决定中国作为一个大国在未来世界发展中能否独立自主地屹立于世界民族之林，也将决定作为一个后发国家的中国能否平稳度过社会转型的震荡阶段，从而探索一条适合中国发展的和谐之路。

### （二）培养精英高等教育独力难支

国家对于精英人才的需求显然已无须赘言，但对于这一问题的研究远未结束。精英的培养显然离不开教育，尤其是高等教育。然而，离开了基础教育阶段的悉心培养，仅靠高等教育显然难以完成培养精英的战略任务。如果说义务教育阶段更多关注的是作为一个公民和国民所应具备的共同且基本的素质，那么，精英的培养则至少可以向下延伸到高中阶段。这实际涉及了高中联通大学培养精英的两种方式。

第一种联通的方式是封闭式联通方式。这种方式是通过精英学校体系从高中阶段便将学生筛选出来，纳入精英高中的培养对象，进而将这些筛选出的学生送入精英大学。虽然这种封闭不是绝对的，但显然由于精英学校体系和非精英学校体系之间存在着内容、进度甚至质量上的巨大差距，这使得非精英学校系统的学生很难进入精英教育体系之中。第二种联通的方式是开放式联通，即在高中阶段并不严格区分精英高中与非精英高中，而是通过课程的方式为不同领域的潜质学生提供教育服务，以便为他们将来成为该领域的精英打好基础。这两种方式无论哪一种方式都不否认精英教育在高中阶段存在的合理性。这意味着国家对于精英的迫切需求绝不能仅仅依靠精英大学。

之所以认为精英的培养至少可以延伸到高中阶段，还有以往的研究作支撑。除前文提到的心理学领域对于创造性的研究外，其他学者的研究也间接支持了高中阶段对于精英成长的重要性。海斯（J. R. Hayes）在20世纪80年代初对音乐领域的精英人才的研究表明从刚开始学习音乐到创作出第一部出色的作品的平均时间是20年。6岁前开始学习的儿童，平均到16.5年之后才写出优秀的作品，6~9岁开始学习的儿童平均22年后可以写出优秀作品，而10岁以后才开始学习的平均则要21.5年（Ericsson et al.，1993）。这种成才的"十年寒窗"表明希望最终成为各个领域精英的人，都不可能逾越高中阶段的学习和努力，这也表明精英教育可能也必须延伸到高中阶段。

尽管中学阶段是学生的创造性思维和创新能力发展的重要时期，但心理学研究却显示高中学生的创造性思维水平逐年下降（林崇德等，2009）！试想我们的高中教育究竟出了什么严重的问题竟使得学生的创造性思维和创新能力呈明显的下降趋势？这些创新能力已经大为下降的学生进入高等教育又会带来怎样惨痛的后果？一方面，国家在迫切地期待着精英人才的不断涌现，另一方面，高中教育却在不断削弱后备人才的创造性基础。这也深切表明高中阶段精英教育的重要性与合理性。

## 二、中观层面：高中具有设定培养目标的义务

学校有权设定自己的培养目标，这本不是一个需要讨论的话题。然而，现实之中的争论，却使得这个问题凸显出来。在全国范围内一些学校提出了办拔尖创新人才培养基地、科技高中、学术性高中等一系列办学目标，这意味着学校试图以拔尖创新人才、科技类人才和学术性人才的成长奠基作为本学校的重要任务，但这种提法却引发了不小的争议，诚如人大附中校长刘彭芝（2010）所言，"对于培养拔尖创新人才，中学的教育工作者不是不知也，而是不为也；不是不能为也，而是不敢为也。"

### （一）关于 A 中学的争论

2010 年，A 中学提出了办"学术性高中"的全新办学目标，其要义就是通过构建学术性高中人才培养模式，着力培养学生的学术素养、专业精神与审美情趣，从而奠定其成为拔尖创新人才的坚实基础（王占宝，2011）。随着培养目标的提出，A 中学成立了思维研究所和美育研究所专门从事学术性高中的相关科研工作，并在课程、教学、文化等维度进行了总体设计。然而，这一目标自提出之日起，便始终伴随着质疑之声。

质疑之声首先来自外部。在 A 中学提出学术性高中的目标之后不久，许多人对此投来了怀疑的眼光，更有人对此进行了猛烈的抨击，其中以语文教育家唐建新的观点最为激烈。唐建新（2011）在其博客中明确表达了对这一问题的看法：

> 在培养出了若干院士甚至诺贝尔奖获得者的学校，也不会荒唐地提出办成学术性高中，就连高等学校也不会提出这样荒唐的口号，大家知道，学校是培养人才的地方，而学术性仅仅是人成才的一个很次要的方面，更不是基础教育中的主要内容。院士及诺贝尔奖获得者毕竟是稀有的人群，占学生总数的百分之一都难，且没有一所学校可以打包票说某某以后一定是院士或是诺贝尔奖获得者，这与高考状元有相似之处，与学生今后的发展机遇相比，有很大的偶然性，全世界至今为止，没有一所学校卖院士及诺贝尔奖的保险，包括体育上的奥运会冠军，也没有一所学校对学生的未来夸海口打包票说自己学校是培养世界冠军的学校，成活率不到

百分之九十包退经费。

在这段文字中对于 A 中学学术性高中目标的质疑显而易见。姑且不论以唐建新为代表的"反对派"的对与错，单从文字的表述上和网络的讨论中便可以看到校外人士对于这一问题的不同看法。

与此同时，学术性高中的提出也面对着校内的质疑之声。根据笔者的调研可知，A 中学的一些学生和老师对此也表示了不解。一些学生认为偏重学术性的培养目标会使得那些并不擅长学术的学生失去发展的平台，而一些教师则对高中能不能实现学术性培养表示怀疑。一些教师和学生更是认为这一目标的提出实际是新校长上任的"三把火"之一。这种来自学校内部的争议，也使得学校在建设学术性高中的历程中面对不小的压力。

### （二）培养目标设定是高中不可推卸的义务

长期以来，我们对于基础教育阶段学校的培养目标一直讳莫如深。似乎国家制定了教育目的和教育方针，学校只需要贯彻和落实。然而，国家的教育目的和教育方针只是对于整个国家教育发展大方向的宏观描述，并不等同于学校自己的培养目标。在《教育大辞典》中，培养目标同教育目标有着同样的内涵，其内涵包括三个层面：一是等同于教育目标，即培养受教育者的总目标。例如，中国现阶段的教育目标是培养青年、少年、儿童在品德、智力、体质等方面全面发展，成为有理想、有道德、有文化、有纪律的建设人才。二是各级各类学校、各专业的具体培养要求。在教育总目标指导下，根据各级各类学校、各专业所担负的任务和学生年龄、文化知识水平而提出。如 1963 年《全日制中学暂行工作条例草案》规定：全日制普通中学的教育目标是"为社会主义建设事业培养劳动后备力量，为高一级学校培养合格的新生"。三是教育事业发展的目标（顾明远，1992）。这一培养目标的界定很显然更加强调学校作为贯彻国家意志的角色，而对于学校自身的主动性认识不足。通过上述分析也可以看出长期以来我国包括高中在内的基础教育阶段的学校在培养目标上缺乏更为深入思考的原因。

然而，高中作为一个特殊的教育阶段，仅仅关注其作为基础教育的性质是对于高中教育的片面认识。高中作为非义务教育阶段的特点也是认识高中教育的重要视角。如果基础教育更加强调培养作为公民的人的基础素质，非义务教育则更加强调选择性、多样化的教育，更加关注为不同的学生提供发展空间和平台的教育。从这个意义上讲，高中不仅要完成基础教育的任务，也要为学生的个性化发展提供可能的条件。然而，每一所学校毕竟条件有限，不可能服务所有类型和水平的学生。而且在学校自身的传统、现有的师资力量、校长的办学理念等都存在巨大差异的情况下，学校有权利也有义务选择一条适合自己的发展之路，以便更好地完成教育学生的重任。发展道路选择的核心问题是确立适合自己条件和理念的培养目标。目标不明确会使得培养过程指向不明，而目标雷同则会使得教育过程更像培训。因此，明确具有个性化的培养目标是学校特色与学校理念的体现，是高中区别于培训机构的关键。从这个意义上讲，我们也许可以争议 A 中学提出"学术性高中"的培养目标是否符合学校的实际情况，但不能否认学校寻求与众不同的培养目标的合理性。

## 三、微观层面：资优学生的特殊需求

美国著名作家亚历克·克莱因（Alec Klein）在《揭秘美国最好的中学》（*A Class Apart: Prodigies, Pressure, and Passion Inside One of America's Best High Schools*）一书的序言中提出一个问题："是什么成就了斯蒂文森——是通过了考试的学生，还是培养了他们的学校？"（亚力克·克莱因，2009）这个难解的问题本身就反映了高中阶段精英教育同资优与专才教育之间的紧密联系。美国政府在 20 世纪 50 年代末开始的对精英战略意义的重视所产生的直接结果便是天才教育的大发展，这也表明了二者之间难以厘清的关系。尽管我们不能说只有资优与专才儿童可以成为精英，但我们绝不否认在那些被人们公认为该领域的精英人士的人之中许多都是资优与专才儿童。因此，从微观层面来讲，高中阶段的精英教育势必需要关注这一群为数不多但却天资聪颖的孩子。给这些学生提供适合他们的教育，才是真正的教育公平。

### （一）资优与专才学生的界定

明确资优与专才学生概念的所指是论述资优学生需求的前提。较为公认的最早对这一概念进行界定的是马尔兰德（S. P. Marland）。在马尔兰德报告（*The Marland Report*）中，他从一般智力能力、特殊的学术资质、创造性思维、领导能力、视觉和表演艺术和心理倾向能力 6 个方面对资优与专才学生进行界定。这一定义在美国 1978 年颁布的《资优与专才儿童教育法》中被修改为（弗吉尼亚·Z. 埃利希，2002）：

　　　　"资优与专才儿童"专指下述儿童，适当的时候也包含下述青年：在学前教育、小学及中学阶段，他们被认为掌握了明显的或潜在的能力，这些能力能够证明他们在思维、创造性、特殊的研究和领导能力或是表演和视觉艺术等领域具有高超的技能，因此他们需要学校统称所不能提供的服务或活动。

上述定义是对于资优与专才学生最为通用的定义之一，是在马尔兰德的定义基础上进行修订得出的。然而，尽管这一定义得到了美国大多数州的认可，但仍然存在令人困惑之处。至少这一定义并未说明"资优"与"专才"之间究竟存在什么关系。

"资优与专才"对应的英文表述为"gifted and talented"，这两个词分别指向两类不同群体："资优"主要是指在智力测验中的分数所表现出的心理思维能力，并以观察与掌握事物之间的关系、语言与抽象思考的精确、坚韧不拔、好奇心、灵活性与适应能力、创造性思考等能力为具体特征；"专才"通常指的是需要付出艰辛努力的某一特殊领域中的专业性技能或能力（弗吉尼亚·Z. 埃利希，2002）。美国天才教育专家埃利希对这一概念的进一步解释，显然更为清晰。实际上，这两个概念就类似于我们日常所说的天赋和努力。资优所指向的是一种先天的素质，而专才更倾向于后天的努力。

将这两个概念紧密联系起来，显然是为了避免陷入唯智商论的窘境之中。毕竟唯智商论要么会导致遗传决定论，要么会导致种族偏见。人们的实践经验都已经证实仅有过人的智商得分，未必就会成为国家的栋梁之才。而智商测验本身的客观性也在遭受不断的怀疑。特别是一些关注种族平等的学者也公开指出，智商测试本身就是白种人文化的体现。有色人种之所以不能取得合理的分数并不是因为他们智力水平低下。正因为无论遗传决定论还是种族偏见都会招致不小的非议，所以在对资优与专才儿童界定时，通常会强调先天因素与后天因素的同等地位。有些精英既是资优，也是专才，而另一些人先天资质并不出众，通过后天系统、专业、刻苦的练习成为了世人公认的精英人才。诸如此类的例子不胜枚举，京剧大师梅兰芳在学戏之初资质非常平庸，原来的老师还一度认为他根本成不了角儿。但经过刻苦的训练，梅兰芳最终名列四大名旦之首，并且还成为了世界三大表演体系的代表人物之一。梅兰芳的例子恰恰证明了"专才"的价值。

尽管根据一些学者统计，美国 50 个州中有 40 多个州基本沿用或略微修改了这一定义（唐璇，2010），但以马尔兰德定义为基础的界定并非没有缺憾。伦祖力（J. S. Renzulli）便指出了这一定义的三大不足：忽略了创造的动机、6 种素质间存在交叉关系、实际操作中并未改变以智商或分数鉴别学生。基于这一认识，伦祖力提出真正的天才儿童应当满足三个条件：中等以上的智力或能力、强烈的动机和高水平的创造力（唐璇，2010）。伦祖力定义的重要贡献在于将非智力因素纳入了资优与专才儿童的界定之中。

通过对资优与专才儿童界定的简要梳理不难看出，资优与专才儿童既包括智力出众的儿童（如智商超过 140），也包括智商分数不突出但经过训练达到很高水平的儿童。当然，这些儿童的非智力因素（尤其是动机）在他们进行创造性活动的过程中表现得十分突出。

（二）资优与专才儿童的教育需求与安置

资优与专才儿童在教育内容的广度、深度、教学进度、教学方式等方面都有着个性化十足的需求。在和许多一线老师交流时，他们都会提到在自己所教的班级、所教的学科上，有个别学生总是"吃不饱"，有个别学生特别有灵性。这种"吃不饱"与"有灵性"大多指的是那些在这一领域的资优与专才儿童。

目前许多国家已经尝试了多种针对资优与专才儿童的教育安置的方案。最为常见的是通过专门的学校和班级来集中为这些学生服务。在我国也有类似实验校和实验班的尝试。除此之外，当下最为流行的教育安置方式便是通过课程安置。发达国家常见的大学先修课程实际便是为了在该领域具有潜质的资优与专才儿童所进行的教育安置方式。运用课程的方式进行教育安置较学校和班级方式更为灵活，也可以照顾到更多的人群。由于高中毕业生的质量直接影响大学的生源质量，不仅高中自身在开发大学先修课程，许多大学也在开发大学先修课程。当然，大学先修课程大都有较高的门槛，只有通过考核的真正的资优与专才学生才有可能学习。

概言之，正是由于资优与专才儿童的存在，高中阶段精英教育的实施也具有了微观层面的合理性和针对性。诚如美国《1978年资优与专才儿童教育法》中所言，除非资优与专才儿童的特殊能力在初等教育和中等教育阶段得到开发，否则他们帮助国家获得发展的特殊潜能就可能被浪费！

## 第三节　迈向普及化：精英高中存在的合理性

如果说理论层面和现实层面的合理性论证可以回答高中精英教育是否应当继续存在的问题，那么高中精英教育以何种样态存在则成为随之而来的新问题。对这个问题的回答不可能回避我国高中教育发展的现实国情，而国情的分析又必须结合高中教育发展的历史阶段，因此，探究我国高中教育发展的阶段定位就成为回答高中精英教育以何种样态存在的前提性问题。

### 一、高中教育发展阶段论

日本学者藤田英典在1978年曾经将马丁·特罗关于高等教育阶段划分的思想借用到高中教育阶段划分中来，并将日本的高中阶段教育发展也划分为精英化、大众化与普及化三个阶段。自此之后，许多学者都将马丁·特罗的高等教育阶段论思想作为分析高中教育发展阶段的主要思路。我国学者李其龙、张德伟等学者也借用这一思路分析世界主要国家的高中教育发展。然而，借用马丁·特罗的思想过程中，存在着"唯数字论"的倾向。因此，在分析高中教育发展阶段之前，应当将马丁·特罗的思想体系进行深入分析。要深入理解教育发展阶段论，需要借鉴潘光旦提出的"位育论"的主要思想。

## （一）位育概说：理解高中教育发展阶段论的基本视角

正式提出位育概念的学者是中国近代著名人类学家潘光旦。潘光旦（1997）曾说："'位育'，不错是一个新名词，但却是一个旧观念。"关于"位"与"育"的经典表述出自《中庸》："喜怒哀乐之未发，谓之中；发而皆中节，谓之和。中也者，天下之大本也；和也者，天下之达道也。致中和，天地位焉，万物育焉。"朱熹的解释为："位者，安其所也；育者遂其生也。"（朱熹，1983）

对于中国人而言，位育的观念可以说是深入骨髓的，在不经意间的谈话都能表露出我们心中的位育观念。例如，我们在日常教育实践中经常会听到有老师说"某某学生连个学生样都没有！"这种表述实际表明的就是具有那个身份或地位的人所应当具有的行为表现。而被认为应当的那些行为表现则是与"位"相对应的"育"。朱熹所说的"安所遂生"也是说当主体有其所安之所后，便需要按照"位"的要求来思考和行动。否则，就会出现问题。

### 1. 多重之位

#### （1）位与本源

万物之位是其存在的合法性前提。当然，这并不是说从哲学意义上将"位"置于存在之前，笔者也无意陷入"鸡生蛋，蛋生鸡"的争论之中。将"位"看作万物存在的合法性前提是说万物的生长过程都是不断认识"位"的过程，都是"以位育己"的过程。任何个体无论如何不满现有之位，都不会放弃其位，使自己成为"黑户"。它可以选择加入不同体系，却难以让自己彻底失位。无位者就像无家可归的孩子，有的不仅是孤独、无助与绝望，更有可能面临意想不到的各种危机与风险，随时都有可能像草芥般被损毁。因此，当在一个系统之中不得其位，人便要立刻到另一系统觅得一位。通常情况下，在"位"的选择与争夺之中，各方都会力求立于不败之地。先保证自己所处之位，而且尽量发挥所处之位的优势，遏制劣势。然后再向觊觎之位发起冲击，现在学术界流行的博弈论与利益相关者分析也不外乎位育的范畴。现实之中，中国人经常说"不要站错队"，其实也是害怕所处之位非己所愿。

#### （2）高位与低位

最为直接可以想到的便是高位与低位的差异。在等级社会中，自上而下的位序是非常严格的。中国古代的宫廷建筑都将帝王之位放置在最高处，使他可以居高临下。高坐于长长的阶梯之上的帝王，听着大臣们山呼海啸般地呼喊万岁，位序的高低历时可判。当滕文公问到如何治理国家时，孟子说："事故贤君恭俭礼下，取于民有制……人伦明于上，小民亲于下。"（孟轲，2000）可见早在春秋战国时期的思想家中，便已经有了深刻的高低位关系的认识。

实际上，不仅在天子与庶民之间存在位序的高低之分，这种高低之分是渗透在文化血液中的。我们称前来视察的领导为"上差"，而自称"下官"或"卑职"，反映的都是这种高低关系。在日常生活中，我们经常听到父母对子女"要听哥哥姐姐话"的嘱托，这是长幼有序的体现；我们经常对那些将老年人遗弃家中的子女大加指责，这是对父子有亲的继承。在开会、吃饭时，这种高低之间的位序关系便体现得更加明显。出席会议的领导的名字要有循序，饭桌的座次要明确主次，如果谁不懂得这个道理，显然在中国社会中便难以生存。

（3）主观之位与客观之位

主观之位则是主体对于自身所处之位的判断，而客观之位是指外在系统对于主体所处之位的表述。人不可能脱离社会独立生存，而社会作为人的集合并不是杂乱无章的。尽管社会中的各分子未必具有统一的价值选择和追求，但社会总是会由于分工等原因而形成不同的位次关系。这种对于位次关系的分工并不以个人的意志为转移，而是带有社会强制性特点。例如，任何社会要维持秩序，仅靠道德是难以维持的，这就需要有人担负起制定法律和执行法律的责任。社会虽未明确规定由张三或李四担任这些责任，但这个"位"却是客观存在的。

然而，诚如潘光旦（1997）所言，"说历史与环境完全由人安排，是错误。说历史与环境完全支配着人，也是错误"。个体虽然总要走上某个客观之位，但却未必完全按照社会的要求理解自己所处之位。当我们对自己的处境进行判断时，我们便会形成主观之位。这个对于自我的定位既包括客观之位的某些因素，但又不完全相同。这既是因为个体可能处在多个系统之中，扮演者多个角色，多重角色集于一身的情况下，我们很难说个体究竟扮演哪个客观之位。另外，个体对于所处之位不满或对于客观之位有着改进的思考与设想时，便形成了更具有创造性的主观之位。这种对于自我处境的分析和认识，很可能便是冲破制度限制、促进社会变革的源泉所在。

（4）中心之位与边缘之位

中心之位与边缘之位的划分在中国可谓由来已久。中华大地东、南有大海，北有大漠，西有高山，总体上呈现一种封闭的地理状况。在人类社会的早期，中华民族的先民在中华大地的多个地区逐渐开始繁衍生息。由于人口的迁徙、战争、婚姻等多个原因，在多个地区发源的文明逐渐向中原地区靠拢，最终形成了以汉族为核心的多元民族构成。不仅如此，在文化上，也逐渐形成了以中原文化为中心，周边民族文化为四方的"一点四方"文化结构（张诗亚，2001）。在这样的文化传统下，"入主中原"不仅意味着资源的占有，更意味着地位的与众不同。即便在现代的武侠著作中，都会突出"中"与"东南西北"四方的不同[①]。突出了"中"与"四方"

---

① 例如，在金庸的武侠作品中曾经提到江湖的五大高手：中神通王重阳、东邪黄药师、西毒欧阳锋、南帝段王爷和北丐洪七公。尽管这五个高手各有绝学，但王重阳的功夫高他人一筹是公认的。王重阳死后，各方才起来争夺华山论剑的排名，可见"中"对于四方的稳定而言意义重大。

的不同,也就凸现了象征着"中"的中央王权的地位,其他任何诸侯都必须臣服于他。否则,就会被视为僭越。在中华文化的演进过程中,以"中"为尊的心态长期占据主流。毕竟有能力占据中原的人,其实力必然能够得到四周诸邦的认可。对于中心之位的看重正是源自中华文化发展的历史进程。

甲骨文中"中"字的写法,也可以表明早在商代时,我国就对中心非常重视。在甲骨文中,"中"被写为 $\mathrel{\Box}$ 。在徐中舒主编的《甲骨文字典》的解释,图像中竖线加横向波浪线的图像 $\mathrel{\Box}$ 代表了"氏族社会之征识",而中间的"口"字形状喻指空旷的地方。因为"古时有大事,聚众于旷地先建中焉,群众望见中而趋附,群众来自四方则建中之地为中央矣"(徐中舒,1989)。由此来看,中心不仅是地理位置的中心,更是整个氏族社会关注的事件的所在。因而,"中心"对于整个氏族社会而言,带有鲜明的风向标色彩。围棋中的基本术语也可以证实中国人对中心的看重。例如,围棋棋盘上共有 9 个黑点,处于边上的黑点称为"星"或"边星",而处于中心位置的黑点,则称为"天元"。"天元"居中大致象征着众星烘托北极星的意思。称谓的不同也可以看出我国对于中心的关注由来已久。

时至今日,这种对于中心的看重也是中国文化中不可忽视的重要因子。中央与地方之间不仅仅是管理体系上的高低位关系,也体现了中央所具有的引领作用。

**2. 生存之育**

(1)育是一种生存选择

要解释什么是与"位"相伴而生的"育",还需要回到中庸中的那句话"天地位焉,万物育焉"。用最为通俗的话来理解,就是说当天地之间的万事万物都找到了自己的位置,也就知道该怎么在这个位置上生存了。其实,这恰恰说明"育"是在明确"位"之后的一种生存法则。老话"在其位,谋其政"说的就是"育"同"位"的关联。

"育"与"位"的关联体现了一种生存选择。任何主体在其所处之位上首先需要明确的就是自己如何生存。无论其位高低贵贱,都应当有其合适、得体的言行。这自然要涉及判断合适与得体的标准问题。通常情况下,这种标准源自社会与个体两个方面。在社会层面,道德和法律是最为具有约束力的两种法则,它们共同决定了一个身处其位的人所应当具有的言行标准。而个体层面则更多具有个性化色彩。每个人根据自己的需求与追求,也会对自己的处境进行估量,从而选择一个确保生存基础的发展性方案。当然,学校作为一个重要的教育机构也会根据社会或国家的要求及自身的现实来选择各自的生存之道。长期以来,将高考成绩作为衡量教师绩效的环境中,教师们早已形成了对应自己之位的生存法则:其他一切都是空谈,只有提高成绩才是硬道理!成绩越高,连年成绩提高,便可以安坐其位,从容不迫,甚至可以晋升职位。而这恰恰成为惯性的根源,越"成功",惯性越大,"育"也造就了"成功"的内涵。只不过学校作为一个教育机构其所形成的生存之道并不是我们关注的终点，因为学校不同的生存之道会对学生产生不同的影响。因此，从教育的角度思考，学校在适应其位时所形成的生存之道对学生的影响才是关注的核心。当然，试图改变影响则要寻求学校生存之道的改变，而生存之道的改变则要同对学校定位的改变相联系。

当然，"育"不仅指适应其位而形成的谋生之道、生存之法，也包括为拓展生存空间而采取的诸多不当甚至有"僭越"之嫌的举动与念想。"育"不仅是被动接受别人对自己的要求，更是一种主动谋生的尝试。在现实中许多学校试图调整国家课程所占的比例就是一种积极寻求变通的发展之道。

（2）系统之育与个体之育

"育"作为一种生存法则，需要明确其适用的对象，也需要明确其原发的动因。简言之，为什么会出现"育"的生存法则，是对"育"解读的一个主要问题。当然，对于这个问题的理解可以有多重认识。但从最为基本的认识出发，"育"可以来自系统也可以来自个人。

从系统的视角出发，作为一个整体，自然会对其各个部分提出要求，这些要求既是系统正常运转的前提，也是系统目标能够顺利达成的保障。在系统中，各个部分能否各司其职、协调一致是至关重要的。我们通常会用有机体来类比社会中的各个系统，人作为有机体能够维持运转是因为心肝脾胃肾等脏腑器官有条不紊地工作着，社会能够正常运转也需要经济、政治、文化、教育等社会子系统协同配合。既然这些要求对于系统的意义如此之大，那么确立这些要求的合法地位也就成为理所当然之事。当这种要求通过一种合乎正当的程序确立下来时，便成为一种制度。成为了制度的要求自然对系统中的每一个人都产生了一种规训的力量。不按照要求办事，要么会因不谙规则被视为局外人，要么会因触及众人利益成为众矢之的。这种由制度所导致的"育"称为"系统之育"。

除系统之育外，个体也可能对其所处之位形成自己的生存哲学。潘光旦（1997）曾说："位育是一切有机与超有机物体的企求。位育是两方面的事，环境是一事，物体又是一事，位育就等于二事间的一个协调。世间没有能把环境完全征服的物体，也没有完全迁就环境的物体，所以结果总是一个协调，不过彼此让步的境地有大小罢了。"潘光旦的这段话充分表明个体在同环境互动过程中的主体性不可能完全被吞噬。倘若个体接受外在环境对自己的要求，此时个体之育同系统之育发生重合。倘若个体在系统的压力面前不完全屈从于规训的力量，抑或个体对自己所处之位不满，个体会创造性地形成自己的生存之道。这种个体之育不仅带有很强的个体意愿的色彩，而且还会对环境产生影响。在系统面前个体虽然很渺小，但个体也会对系统产生影响。如果系统对个体的生存哲学视而不见，系统与个体之间的冲突和矛盾很可能导致系统目的难以达成。

### （二）重读马丁·特罗的阶段划分思想①

理解了潘光旦提出的"位育论"思想，为我们更好地理解马丁·特罗提出的教育发展阶段论思想奠定了坚实的基础。1973 年 6 月，马丁·特罗在巴黎召开的"中等后教育的未来结构研讨会"上发表了《从精英向大众高等教育转变中的问题》一文，正式提出了"高等教育发展阶段论"，并从量与质两大方面深入阐述了这一思想。

马丁·特罗首先提出高等教育数量增长可以表现为三种方式：在校生人数增长率不断提升、学校规模不断扩大及高等教育适龄人口比重的不断提升。第二次世界大战结束之后，尤其是 20 世纪 60 年代，欧洲的主要发达国家（如英国、法国、丹麦、瑞典等）的高等教育在上述三个方面的确出现了明显的变化：

首先，在校生人数明显增加。在 20 世纪 60 年代已经增加 1 倍的基础上，马丁·特罗预测在 70 年代还会再翻一番。

其次，学校规模不断扩大。学校规模的扩大不仅表现在巨型学校的出现，也表现为学生数量的增加，还表现在几乎每一个学科的从业人员都增加了 2~4 倍。

再次，毛入学率的增加。第二次世界大战刚结束时，许多欧洲国家的高等教育毛入学率为 4%~5%，但到 20 世纪 60 年代末 70 年代初时，这一数字已经逼近甚至超过 15%。

基于上述三个方面的变化，马丁·特罗提出当高等教育规模在 15%以内时，它的性质不会发生改变，仍然沿袭传统的精英教育的模式。但当它超过 15%时，便会演化为大众型高等教育。当规模超过 50%时，高等教育便演化为普及型高等教育。

15%和 50%便是学术界熟知的划分三阶段的临界点。但显然马丁·特罗并没有深入阐述为什么是这两个数字。换言之，16%同 15%相比真的具有质的不同吗？显然我们很难确定究竟多少百分比才是发生质变的临界点。马丁·特罗自己也非常清楚这两个数字只是从一些国家发展的现实情况入手得出的大略性概括。因此，过分纠结于这两个数字的精确性是没有意义的。问题的关键在于不同阶段质的不同。

马丁·特罗心目中的高等教育三个阶段的划分是质与量相结合而得出的结论。因此，在规模层面划分出三个阶段后，他从 10 个方面论述了这种规模变化所带来的质的改变（表 3-1）。

---

① 以下关于马丁·特罗的"高等教育发展阶段论"思想的论述，如不格外注明，都出自 Trow M. Problems in the Transition from Elite to Mass Higher Education[M]. Berkeley: Carnegie Commission on Higher Education, 1973: 1-57.

**表 3-1　高等教育不同发展阶段差异比较表**

| 阶段＼方面 | 精英阶段 | 大众阶段 | 普及阶段 |
|---|---|---|---|
| 教育观 | 特权 | 权利 | 义务 |
| 功能 | 塑造统治阶层的心智和个性 | 培养更为广泛意义的精英，尤其是专门的技术精英 | 培养精英+为大多数人的生活做准备 |
| 课程和教学形式 | 高度结构化、专门化课程<br>个别指导或席名纳尔的教学形式 | 半结构化、模块化课程<br>以演说为主、以讨论补充的教学形式 | 模块课程+课程边界模糊<br>函授、电视、计算机等技术的辅助教学形式 |
| 学生经历 | 直接入学，不间断学习，学术课程是核心 | 小部分人先工作后入学，寄宿与走读并存，职业训练比重上升 | 延迟入学现象普遍，学习中穿插工作 |
| 多样性、特点和界限 | 各高校间具有高度一致性，2 000～3 000 人规模的精英高等教育机构为代表 | 高校更加具有综合性，通常有30 000～40 000 人的规模 | 高校更加多样化，缺乏共同的标准，规模也更加不受限制 |
| 领导与决策 | 精英群体控制决策权 | 保留精英群体，但更受民主程序的影响 | 越来越多的"关注者"关注高等教育的领导与决策 |
| 学术标准 | 共同且较高的学术标准 | 标准多样化，且水平要求不同 | 更加关注增值评价 |
| 入学与选拔 | 依据出身和地位，中学阶段的"英才成就" | "英才成就"+机会均等理念 | 合理反映社会中的阶层、种族、民族等分布 |
| 学术管理形式 | 学术人员兼任行政职务 | 专门的管理人员 | 更为专业化的全日制管理专家 |
| 内部管理 | 高级教授控制 | 不同层次的工作人员也拥有校内管理权 | 多样化的管理结构 |

从表 3-1 可以看出，马丁·特罗的阶段论思想绝不只是规模的描述，而是一个复杂的体系。通过这个体系，我们至少可以了解高等教育在发展过程中已经出现或将要出现的各种变化。这些变化是判定高等教育发展是否进入下一阶段的重要表现。当然，15%和50%是最为直观的判断指标。

马丁·特罗的阶段论思想对于我们分析各个学段教育发展的阶段的确具有启示意义。但借用这一思想，尚且需要进一步就几个问题进行说明。

第一，任何学段规模的发展都可以通过毛入学率等数字进行概括，这种概括背后的依据是教育形态的转变，而不仅是毛入学率的变化。

第二，即便是存在形态的转变，这种转变也不是一蹴而就的。转变过程的渐进性决定了研究者需要依据更多的现实情况和更多维度的考量来判断阶段的转变是否已经完成。

第三，考量阶段转变的各个维度的变革也不是同步的。马丁·特罗指出也许在课程多样化之前，学生的规模便已经大大超过了原有的水平，而当课程实现了多样化的时候，可能教师还没有完全准备好。

第四，与其说大众化是一个清晰的阶段，倒不如将其看成是一个边界不清的过渡阶段。在这个阶段中，高等教育要面临着众多的调整。由于各个维度之间的不均衡性，又使得研究者很难判断这种转变准确的起止时间。因此，它是一个不同于精英化的阶段，但很可能在它还没来得及充分展开时，便已经过渡到普及化阶段了。

　　第五，如前所述，精英与大众并不是两个截然对立的概念。在大众化阶段并不是没有精英教育，而是精英教育也要发生相应的调整和改变。

　　第六，马丁·特罗的阶段论思想充分体现了位育的视角。在马丁·特罗的阶段论思想中，高等教育的变化是核心。但是，马丁·特罗显然并未充分展开论述究竟是什么原因导致了这一系列的变化。即便说人口的增长是导致高等教育规模扩张的重要诱因，我们也不能简单将二者的关系视为一种因果联系。实际上，高等教育的阶段发展并不是一个学校行为的结果，而是政府政策和法律作用的结果。人口膨胀等因素促使政策制定者不得不出台相应的政策以回应人口的变化与社会的需求，进而导致了高等教育的阶段转化的完成。因此，高等教育阶段论思想隐含了高等教育在社会中的位序关系演变这一深层问题。正是社会中其他因素的作用迫使高等教育的"位"不得不发生变迁，而政策恰恰是不同阶段焦点问题的集中体现，也是前后两个阶段质的不同的集中体现。因此，借用马丁·特罗的教育发展阶段论思想，关键在于明确三个阶段高等教育各自之"位"及与其相适应的"育"。

## （三）高中教育发展的"三段论"

### 1. 划分高中教育发展阶段的依据

　　简要回顾马丁·特罗的高等教育阶段论思想，是为了明确分析高中教育发展阶段论时能够不拘泥于数字，从更为全面的角度看待高中教育的发展。实际上，由于高中教育涉及普通教育与职业教育之间的关系，在统计毛入学率时，各国的统计口径不一。因此，将职业教育和普通教育加总起来统计高中教育的毛入学率同单纯统计普通教育的毛入学率之间的数据差额较大。在这种情况下，比较不同国家的毛入学率便失去了基本的前提。

　　其实，马丁·特罗所提出的 10 项指标，基本围绕着"位"与"育"两个方面。其中，功能与教育观方面反映的是高等教育在社会中的定位问题，而其他 8 项则是根据高等教育的定位而生成的"育"。因此，划分高中教育发展的阶段，也应当从位育的角度进行。

　　笔者认为，高中教育发展主要也经历了三个阶段，精英阶段、普及阶段及介于二者之间的过渡阶段。之所以先提两端而后提中间的过渡阶段，是因为处于两端的两个阶段的定位较为清晰，高中教育的"育"也较为明确。而介于之间的过渡阶段则比较模糊。与其说它是一个界限清晰的阶段，倒不如说它是素描中的明暗交界线。名为"线"，实非"线"。它代表了由精英向普及的变迁过程，而这一过程中充满了矛盾与冲突，自然也就充斥着无序与动荡。因此，划分高中教育发展的三阶段，关键在于厘清处于两端的两个阶段高中教育的基本定位及高中教育的生存样态。

当然，划分高中教育的发展阶段，不能忽视在阶段变化过程中较为明显的规模的扩张和毛入学率的增长。只不过，我们更应以由"位"和"育"组成的体系作为划分高中教育发展阶段的依据。其中，"位"依然代表着教育观与教育功能，而"育"则代表着高中教育的生存样态，包括课程设置、学术标准、招生选拔等。这二者的组合构成了高中教育不同阶段质的差异，而不只是量的不同。

**2. 高中教育发展三段论**

明确了划分高中教育发展阶段的依据，便可以此描述三个阶段高中教育的基本性质与特点。笔者试从上文所提到的教育观、教育功能、课程设置、学术标准和招生选拔等方面，略作阐述。

（1）精英阶段

在精英阶段的高中教育首先是为培养国家所需的精英人才的成长提供教育服务的机构。由于国家所需的精英人才最终通过高等教育完成其培养，在精英阶段的高中教育具有典型的大学预备教育的性质。与之相适应，高中教育非常强调严格的学术标准，因而在课程设置上也非常看重学术性课程的核心地位。由于高标准和严要求，所以能够达到标准的人总数很少，这也要求在入学的门槛上设置较为严格的筛选和考核。

然而，不同国家高中教育的精英教育阶段存在着一个重要的差别。在英国、德国等双轨制的国家，高中教育作为贵族和社会上层的特权。因为在他们看来国家都是由他们所掌控的，所以培养自己的子女成为未来的统治者也就成了高中教育不可推卸的责任。例如，英国的第六学级大致同我国的高中阶段相对应。这个学段产生于 14 世纪，然而直到 1894 年时英国只有大约 1%的十六七岁的青少年能够进入第六学级（祝怀新，2003）。并且往往只有社会贵族的子弟才有机会成为 1%当中的一员。同样具有双轨制特点的德国的高中教育最初也带有典型的贵族化色彩。根据相关研究，到 1952 年时，十八九岁的适龄青年中，仅有 5%的人能够获得完全中学的毕业资格，而 1960 年在 15～19 岁的适龄人口中完全中学的入学率仅有 11.4%（李其龙，张德伟，2008）。这些能够进入完全中学的学生几乎都是德国上层家庭的子女。但这种情况并不适合像中国这样的后发国家。在新中国成立之初，我们便不存在欧洲意义上的双轨制，但高中教育所招收的生源数量仍然有限。这一方面是由于新中国成立之初，国家并无足够的财力承办面向大众的高中教育。另一方面，国家又不能放弃精英人才的培养，因而只能以重点学校政策实现其对精英人才的需求。

无论是否出于特权的考虑，精英阶段高中教育面向少数人群是不争的事实。作为精英培养体系的重要组成部分，高中教育的功能定位是非常清晰甚至单一的。为了能够适应高校对高中的要求，不断提升学术标准、突出学术课程及强调筛选便成为精英阶段高中教育最为主要的生存样态。

（2）普及阶段

如果说精英阶段高中教育只是面对少数人群，普及阶段的高中教育则是面向所有人的。在普及阶段，高中教育的定位已经发生了重大转变。对于每一个希望在社会中立足并获得发展的人而言，无论国家是否将高中教育作为义务教育的组成部分，接受高中教育都是一种共识。因此，高中教育不仅是国家精英人才培养的一个组成部分，还是每一个公民提升自我素质的必需。1988 年英国教育与科学部发布的"希金森报告"中指出，如果以考试为中心的教育制度忽视了半数以上学生的学习需求，将会导致每个阶段都是为了适应将要进入下一阶段的那些人，学得不够好不能升学的学生被当作了牺牲品（翟海魂，2004）。在这个意义上讲，仅仅盯着少数精英苗子的高中教育已经受到严厉的批判。功能的多样化成为普及阶段高中教育的主要特征。既要为国家精英的打造助力，也要为多样化的劳动力的培养提供空间，还要致力于公民的培养。

正是因为高中教育能够也需要适应不同的学习主体的不同学习需求，所以，高中的学术标准也不再像精英阶段那么高高在上。此时的高中教育所关注的标准也呈现多样化的特点。除学术性标准外，技能性标准等新的标准也成为高中不可或缺的组成部分，而学术标准演变为一个评价学生的视角而非尺子。不同人应有不同的标准，因为关键的是从这个视角出发我们能够看到不同的个体如何促进自我的发展。增值评价的价值显然大于统一标准的评价。与此同时，高中的课程也不再是学术性课程的天下。多层次、多类别、综合化与分领域相结合的课程体系成为高中教育的核心课程体系。治人之术也好，基本素养也罢，纷繁复杂的内容都在课程体系中有所涉及。每一个学生可以根据自己的兴趣、需求与基础选择适合自己的课程体系。当然，在这种情况下，高中的入学选拔不再是决定谁能进入高中的筛选性考试，而是判断谁适合接受怎样的高中教育的鉴别性考试。入学考试成为接受分层、分类课程体系之前的一个重要参考。

（3）过渡阶段

过渡阶段是介于精英阶段和普及阶段之间的一个模糊阶段。尽管日本的藤田英典等学者按照马丁·特罗的划分，将 15%的毛入学率作为划分精英阶段与大众阶段的界限。但实际上，我们很难判定在其起止时间上高中教育的毛入学率情况。在许多双轨制国家，同毛入学率的提升相比，高中教育特权观念的转变与双轨制的打破才是过渡阶段的重要任务。以英国为例。为了应对工业发展对于劳动力素质提升的要求，英国议会于 1902 年通过了《巴尔福教育法》。有学者认为《巴尔福教育法》确立了英国公立中等教育制度（易红郡，2003a），然而，虽然它改变了中等教育作为上层贵族特权的观念，但并未从根本上改变第六学级的招生规模。截至

1911 年，英格兰地区也只有大约 2%的青少年能够进入这一阶段学习（徐辉，任钢建，2010）。这一局面在第一次世界大战结束后并未从根本上得到改变。根据统计，在第一次世界大战刚结束时，在 182 所提供高中阶段教育的中学里，平均规模只有 70 人。其中，规模小于 25 人的中学有 16 所，规模在 26～50 人的中学有 46 所，规模在 150 人之上的中学只有 16 所（Griffiths，1971）。

在第二次世界大战期间，英国政府通过了对英国战后教育发展至关重要的《巴特勒教育法》（也称作《1944 年教育法》）。该法案的重要功绩在于肯定了 20 世纪 20 年代提出的"人人接受中等教育"的口号，确立了文法学校、技术中学和现代中学三足鼎立的现代中等教育体制，并且规定了将义务教育年限延长至 15 岁（有条件的地方延长至 16 岁）。这意味着"中等教育"内涵的彻底改变。"在此之前，'中等教育'仅指含有学术性的教育，享受此种教育者往往需交纳学费；自此以后……中等教育成为每一个儿童所必经的教育阶段之一，其职责在于促进和协助每一个儿童如何最大限度地发展自己的能力。"（徐辉，任钢建，2010）但高中教育的问题仍然没有能够彻底转变。

第二次世界大战结束后，特别是 20 世纪 60 年代，工党执政之后大力推进的综合中学的发展，彻底改变了英国高中教育的状况。以公学为代表的精英高中极大地压缩，取而代之的是代表着面向大多数人群的综合中学。至 20 世纪 80 年代末 90 年代初，英国的高中规模基本稳定。

英国高中教育发展的历程很有代表性地反映了双轨制国家过渡阶段高中教育所关注的核心问题。对于非双轨制国家而言，在过渡阶段的高中教育也处于一种不断变革和动荡的过程之中。总体来看，随着入学人数的不断攀升，极高的学术标准不断受到质疑和挑战，使得人们不得不思考高中教育的标准多样化问题。高中的目标也不再是单一的升学导向，而是将升学和就业作为高中教育的两大目标。综合中学的发展意味着学术性课程"沦为"高中教育的一个组成部分，而并非独尊的地位。入学与选拔也变得较为宽松，以确保更多的人能够进入高中接受教育。概言之，过渡阶段的高中教育应当向着普及阶段的高中教育迈进。固守精英阶段的做法，势必带来声势浩大的质疑并付出惨痛的代价。我国高中教育的发展显然就走上了这条付出代价的道路。

## 二、我国高中教育的阶段定位

要给我国高中教育的发展阶段定位，并不是一件容易的事情。以英国为代表的西方发达国家的高中教育经历了几百年的发展历程，其三个阶段的划分较为清晰。而我国的高中教育发展历时较短，其间又经历了"文化大革命"的冲击，所以我国高中教育发展究竟处于何种阶段本身并不容易确定。然而，回顾我国高中教育的发展，其基本脉络还是较为清晰的。通过对有关政策文本和高中发展规模的梳理，笔者认为我国高中教育发展经历了精英阶段和过渡阶段。

## （一）精英阶段（1949～1998 年）

自新中国成立至 1998 年《面向 21 世纪教育振兴行动计划》颁布，大致可将我国普通高中教育的发展阶段界定在精英阶段。其主要原因在于，在这一时期我国普通高中教育的发展呈现两大特点：一是控制规模，二是作为高等教育的预备学校而带有较为明显的学术取向。当然，这两个特征在"文化大革命"时期都丧失殆尽，因此，"文化大革命"时期是这一阶段中的一个例外。

前文已述，在我国一直存在着普通高中教育的"双重属性说"，即认为高中的功能包括升学和就业两项。但从实际的发展来看，我国升学和就业两项功能是分属两类学校完成的。升学功能主要由全日制普通高中完成，就业则主要由农业中学、技术中学等中等职业学校完成。我们不妨回顾这段历史，以便更为清晰地了解普通高中和中等职业学校的分工和对普通高中规模的控制。

1951 年 3 月召开的第一次全国中等教育会议分析了中等教育的情况和国家建设的迫切需要，指出："国防建设、经济建设及文教建设等迫切需要中等技术人才……各部队、各机关也迫切需要受过普通中学教育，具有相当吻合水平的中学生，直接地或经过短期训练之后，参加工作。"（《中国教育年鉴》编辑部，1984）这使得中等教育同国民经济的恢复和发展有机联系起来。

1953 年 1 月，政务院文化教育委员会副主任习仲勋在全国各大区文委主任会议的报告中指出："高等教育是重点，普通教育是基础，只有把普通教育办好，才能保证高等教育的质量。"（《中国教育年鉴》编辑部，1984）习仲勋的这一表述，表明了高等教育对于国家的重要意义，以及高中教育作为高等教育预备学校的基本定位。随后，1953 年 11 月，在第二次全国教育工作会议上，教育部长张奚若在报告中也强化了上述认识。他指出要加强和发展中学教育，特别是高中，这是解决培养建设人才的源泉问题（《中国教育年鉴》编辑部，1984）。在这一精神指引下，1954 年 4 月，政务院《关于改进和发展中学教育的指示》规定，当前中学教育的工作方针是，在整顿巩固的基础上，根据需要与可能，作有计划有重点的发展，并积极地稳步地提高中学教育的质量，特别是要办好高级中学、完全中学和工农速成中学。中学教育的发展着重是发展高级中学，初级中学根据可能条件作适当发展（《中国教育年鉴》编辑部，1984）。由于在 1953 年毛泽东提出"要办重点中学"的精神，所以高中发展同重点中学发展紧密联系起来。普通高中作为大学预备教育阶段的定位更加清晰。前文提到的 1955 年的关于重点学校政策的质疑也可以从一个侧面反映出在当时高中作为升学预备学校所引发的关注。

在上述政策的推动下，伴随着 1955 年农业合作化高潮的到来，我国普通高中教育获得了较为快速的发展。1956 年高中学校数（包括完全中学）达到 2029 所，比 1953 年增加了 823 所；在校生数由 1953 年的 36 万人增加到 1956 年的 78.41 万人。增幅的变化更能说明高中教育在这期间迅速发展。1953～1955 年，普通高中在校生数，每年增长约 10 万人，到了 1956 年则迅速增长了 20 万（《中国教育年鉴》编辑部，1984）。

然而，单纯注重规模扩张引发的系列问题逐渐引起了中央的关注。首先是 1957 年教育部召开第三次全国教育行政会议便认为 1956 年的教育事业发展超过了可能的条件，师资、设备、基建等条件跟不上教育事业发展的需求。因此 1957 年的教育事业发展应当改变规模过大、集中在城市的问题，应当保证在一定质量的原则下作适当发展（《中国教育年鉴》编辑部，1984）。1960 年 12 月，教育部长杨秀峰在中共中央召开的全国文教工作会议上发言指出：1958 年以来，教育事业发展同经济发展，产生了不适应的情况，教育事业发展快了，占用劳动力过多了……从中等学校学生数量的增长来看，1958 年以前的 8 年，增长速度是 23.9%，1958～1960 年则是 30.7%。由于教育事业发展速度超过了以农业为基础的国民经济水平，不仅多占用了劳动力，在一定程度上影响了农业生产，对教育事业本身的巩固提高，也产生了不利影响。国务院文教办公室主任张际春也在会上指出：全日制普通中学的发展速度，1961 年应当放慢一点……高中发展的比例，目前不可能过高（《中国教育年鉴》编辑部，1984）。

1962 年 2 月，中共中央批转中央文教小组《关于 1961 年和今后一个时期文化教育工作安排的报告》规定：当前文化教育工作必须贯彻执行"调整、巩固、充实、提高"的方针，一要节约劳动力支援农业生产。今后三五年内，农村 16 岁以上的在校学生占农村全部劳动力的比例，应控制在 2% 左右。这意味着在农村的高中阶段学龄中，仅有 2% 的人能够接受普通高中教育，近 98% 的人则走上劳动岗位。从 1957 年开始对高中规模的控制，到 20 世纪 60 年代初对于劳动力比重的强调，通过农业中学等职业学校的方式培养劳动力的思路非常清晰，普通高中教育作为大学预备教育的精英取向特征也非常明显。

"文化大革命"时期，普通高中教育发展也遭遇了巨大影响。为了适应"文化大革命"的需要，普通中学大肆扩张。"文化大革命"前的 1965 年，我国普通中学仅有 18 102 所，而到了"文化大革命"结束的 1976 年，普通中学数竟然达到了 192 152 所，约为 1965 年的 10.6 倍。其中，普通高中学校数从 1965 年的 4112 所疯狂增长到 60 535 所，增幅约为 1472%（《中国教育年鉴》编辑部，1984）。

由于中等教育的结构过分单一，从而使得社会主义现代化建设所需的劳动力的培养失去了平台。因此，1978 年全国教育工作会议上，邓小平同志便提出要改革中等教育结构，扩大农业中学、各种中等专业学校、技工学校的比例。1980 年发布了《关于中等教育结构改革的报告》指出：1980～1981 年在教育部提出的"充实加强小学，整顿提高初中，调整改革高中，大力发展职业教育，努力办好重点中学"的方针指导下，各地调整压缩了高中……在调整普通中学的同时，发展了农业中学、职业中学、职业学校……普通中学发展的"臃肿"现象有所改变。现实的统计数据也证实了上述判断。1981 年，全国普通中学共有 106 718 所，比 1977 年减少了 94 550 所，减幅 47%。其中，高中学校数减少 40 456 所，减幅 62.3%，学生数减少 1085.03 万人，减幅 60.3%（表 3-2）。

表 3-2　　1977 年、1981 年普通中学学校数、学生数变化表

| 项目 | 学校数/所 | | | 学生数/万人 | | |
|---|---|---|---|---|---|---|
| | 总计 | 高中及完全中学 | 初级中学 | 总计 | 高中 | 初中 |
| 1977 年 | 201 268 | 64 903 | 136 365 | 6 779.90 | 1 800.01 | 4 979.89 |
| 1981 年 | 106 718 | 24 447 | 82 271 | 4 859.56 | 714.98 | 4 144.58 |
| 减幅/% | 47 | 62 | 40 | 28 | 60 | 17 |

资料来源：(《中国教育年鉴》编辑部，1984)

中等教育结构的调整，表明普通高中和职业学校之间的功能区分非常明确，即普通高中为大学输送生源，而职业学校肩负着为国家培养劳动力的重任。这种功能区分进一步明确了普通高中的精英取向。

在精英阶段高中教育的发展，不仅受到国家对于高中定位和重点学校政策的影响，"文化大革命"之后恢复高考在某种程度上使得这种精英追求进一步加剧。前文多次提及，1977～1981 年的高考录取率仅为 4.76%～6.58%（马国川，赵学勤，2007）。这虽然极大地提升了被"文化大革命"耽误的年轻人的学习热情，但也在一定程度上使得学校中的应试教育难以遏制。前文所述的 20 世纪 80 年代前期的围绕重点学校政策的大讨论也反映了当时人们对于考试成绩的疯狂追求。在经历了"文化大革命"之后，在高等教育还不可能扩招的历史背景下，人们一门心思希望通过高中教育实现自己大学梦的初衷是无可厚非的。即便"羊肠小道上的竞争让人透不过气来"，人们也不愿放弃这个千载难逢的机会。因此，在这种背景下，普通高中作为大学预备校的定位又一次被强化。我国高中教育发展仍然在精英阶段前行。

1981～1998 年，我国普通高中的规模增幅并不明显（图 3-1）。长期控制普通高中规模，表明高中教育作为高等教育预备学校性质并未改变。高等教育担负我国高端人才培养的重任，因此，确保高等教育的生源质量就成为普通高中教育义不容辞的责任。从这个意义上讲，我国普通高中教育的精英取向在高等教育规模并未明显改变的情况下也未改变。

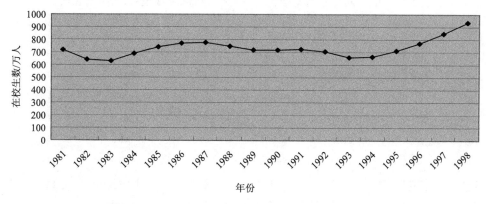

图 3-1　1981～1998 年普通高中在校生数变化趋势图①

## （二）过渡阶段（1998 年至今）

1998 年 10 月颁布的《面向 21 世纪教育振兴行动计划》提出"到 2010 年在全面实现'两基'目标的基础上，城市和经济发达地区有步骤地普及高中阶段教育"的战略目标，1999 年《中共中央、国务院关于深化教育改革全面推进素质教育的决定》明确提出了扩大高中阶段教育和高等教育规模的战略任务。这标志着我国高中教育发展开始进入规模扩张的阶段。2003 年《普通高中课程方案（实验）》中明确提出了对于普通高中的重新定位：普通高中教育是在九年义务教育基础上进一步提高国民素质、面向大众的基础教育。普通高中教育为学生的终身发展奠定基础。这个表述表明普通高中已经逐渐摆脱了大学预备教育的窠臼，而是定位于为了每个学生终身发展，是向过渡阶段迈进的重要环节。

之所以在 20 世纪末会决定推动高中教育规模的迅速发展，主要源自两个方面的原因。其一，高等教育规模的扩张极大地拉动了高中教育规模的发展。1999 年《中共中央、国务院关于深化教育改革全面推进素质教育的决定》中提出到 2010 年我国同龄人口的高等教育入学率要从 9%提高到 15%左右。高等教育向大众化迈进势必带动高中规模的增长。因此，自 20 世纪 90 年代末开始，高中在校生人数同高等教育招生数和在校生数相伴增长。2006 年，高等教育的招生规模增长明显放缓，而普通高中在校生人数增长也明显放缓。至 2007 年，高中在校生人数的增长已经低于 1%（表 3-3）。

---

① 其中 1981～1990 年的数据，来自中国教育事典（中等教育卷）。参见《中国教育事典》编委会. 中国教育事典（中等教育卷）[Z]. 石家庄：河北教育出版社，1994：38，40，41；1991～1998 年的数据，源自国家统计局全国年度统计公报。参见中华人民共和国国家统计局官网. http://data.stats.gov.cn/easyquery.htm? cn=Col/[2012-02-12].

表 3-3　1997～2015 年高校招生、在校生、普通高中在校生数情况变化表

| 年份 | 高校招生（本专科）/万人 | 招生增幅/% | 高校在校生（本专科）/万人 | 高校在校生增幅/% | 普通高中在校生数/万人 | 普通高中在校生数增幅/% |
|---|---|---|---|---|---|---|
| 1997 | 100.0 | — | 317.0 | — | 850.0 | — |
| 1998 | 108.0 | 8.00 | 341.0 | 7.57 | 938.0 | 10.35 |
| 1999 | 160.0 | 48.15 | 413.0 | 21.11 | 1 050.0 | 11.94 |
| 2000 | 221.0 | 38.13 | 556.0 | 34.62 | 1 201.0 | 14.38 |
| 2001 | 268.0 | 21.27 | 719.0 | 29.32 | 1 405.0 | 16.99 |
| 2002 | 321.0 | 19.78 | 903.0 | 25.59 | 1 684.0 | 19.86 |
| 2003 | 382.2 | 19.07 | 1 108.6 | 22.77 | 1 964.8 | 16.67 |
| 2004 | 447.3 | 17.03 | 1 333.5 | 20.29 | 2 220.4 | 13.01 |
| 2005 | 505.0 | 12.90 | 1 562.0 | 17.14 | 2 409.0 | 8.49 |
| 2006 | 540.0 | 6.93 | 1 739.0 | 11.33 | 2 515.0 | 4.40 |
| 2007 | 566.0 | 4.81 | 1 885.0 | 8.40 | 2 522.0 | 0.28 |
| 2008 | 607.7 | 7.37 | 2 021.0 | 7.21 | 2 476.3 | −1.81 |
| 2009 | 639.5 | 5.23 | 2 144.7 | 6.12 | 2 434.3 | −1.70 |
| 2010 | 661.8 | 3.49 | 2 231.8 | 4.06 | 2 427.3 | −0.29 |
| 2011 | 681.5 | 2.98 | 2 308.5 | 3.44 | 2 454.8 | 1.13 |
| 2012 | 688.8 | 1.07 | 2 391.3 | 3.59 | 2 467.2 | 0.51 |
| 2013 | 699.8 | 1.60 | 2 468.1 | 3.21 | 2 435.9 | −1.27 |
| 2014 | 721.4 | 3.09 | 2 547.7 | 3.05 | 2 400.5 | −1.09 |
| 2015 | 737.8 | — | 2 625.3 | — | 2 374.4 | — |

资料来源：中华人民共和国国家统计局官网

在 20 世纪末开始关注高中规模发展的另一个原因是前文提到的示范性高中政策逐渐淡出国家层面的政策文本。示范性高中政策无疑是一种精英取向的高中教育政策，它是重点学校政策的延续而非变革。但这一政策的延续使得高中发展的方向陷入迷雾。加之 20 世纪 80 年代上半期生育高峰的儿童都进入了高中学龄。适龄人口的迅速增长显然不会仅仅接受义务教育就走上社会。因此，在精英取向的示范性高中政策难以继续占据导向性地位的时候，选择以规模发展为主导便成为自然而然的选择。

2007 年开始，我国高中在校生人数进入相对稳定的阶段，这一方面反映了高等教育规模扩张告一段落，另一方面也反映了适龄高中生数量的减少。这为我国在未来普及高中阶段教育奠定了非常有利的基础。2010 年《规划纲要》颁布，适时将普及高中阶段教育作为未来 10 年高中教育发展的重要任务。此次普及高中教育任务的提出，同 2001 年《国务院关于基础教育改革与发展的决定》中提出的高中

教育"分区规划、分类指导"的方针相比更为强调全国性的普及，而不只是发达地区高中教育的普及化。因此，从《规划纲要》颁布开始，我国高中教育已经开启了通向普及阶段的大门。

当然，认为我国高中教育在新世纪进入过渡阶段的依据绝不仅是数字上的变化，课程领域的改革也反映出国家对于过渡阶段的认识。前文所提的 2003 年施行的《普通高中课程方案（实验）》不仅对普通高中的定位作了重新说明，而且还对普通高中最为核心的课程改革进行了规划。在新课程方案中，普通高中课程结构被划分为领域、科目和模块。这种划分的初衷是为了既保证普通高中教育对于学生终身发展的基础性，又能够满足不同学生多样化的需求，还能够应对科技迅猛发展所带来的知识的迅速更新。这表明国家在对普通高中进行了重新定位之后，试图通过课程改革的方式为重新定位的高中培"育"，引导普通高中向着过渡阶段迈进。《规划纲要》中进一步明确高中对于学生个性形成的重要意义，并且希望通过培育模式的多样化以满足不同潜质学生的发展需要。因此，在规模不断扩张的情况下，国家对于高中教育的定"位"和培"育"都做出了积极的尝试。由此，笔者认为，在 20 世纪末，我国高中教育已经进入了过渡阶段，正在向普及阶段迈进。

概而言之，进入过渡阶段的普通高中教育发展呈现了面临着三个领域的现实情况：随着义务教育普及任务的完成，普通高中发展自然成为国家必须重点关注的领域；高中定位的重新表述与课程改革的深入推进，表明普通高中的功能已经超越了升学与就业二分法的窠臼，为学生的终身发展奠基逐渐成为其主要功能；高校扩招工作基本结束，高等教育的招生规模在未来一段时间会保持稳定，这意味着诱使普通高中片面追求升学的最为直接的现实条件发生了转变。上述三个方面的现状恰恰意味着促成"淘金式"培养模式的深层次因素都发生了相应的调整，独轨位次的坚固堡垒已经在不断松动。这直接对普通高中的发展提出了新的要求，如何适应独轨位次发生松动后甚至整个教育位次关系重新调整后的要求，成为高中教育发展的首要问题。对于普通高中而言，变革培养模式自然是顺应整个教育系统发展的改革举措。

## 三、精英高中：现阶段我国高中精英教育的主要载体

在高中教育发展已然进入过渡阶段的历史背景下，在高中精英教育存在的合理性已经得到论证的前提下，在我们面前呈现出两条促进高中精英教育发展的道路，其中一条是以精英高中为主体实现高中精英教育的发展，另一条是废除精英高中将精英教育分散到各个高中。在现有的条件下，第一条路更为符合我国的国情，这既是因为我国高中发展的历史积淀，也因为目前提出的多样化发展的战略方向

为精英高中提供了发展空间。

## （一）我国高中教育发展的历史积淀促使精英高中发挥示范作用

任何教育的发展都不可能"平地起高楼"式的完全无视旧有的基础，发展总是具有历史继承性的。我国高中精英教育发展之路的选择也不例外。

尽管对于重点学校政策和示范性高中政策的争议始终不绝于耳，但不容否认的是经过长期以来的政策扶持，许多地方的名校已经获得了长足的发展，在师资配备、办学条件建设、教育教学经验、学校管理经验等方面都已经远远领先于一般高中。这虽然反映了巨大的校际差距，但也的确是高中教育走向前方的重要资本。正是这些高中积累了大量进行精英教育成功的经验与失败的教训。如果我们无视这种已有经验和教训的巨大价值而另起炉灶重新摸索高中精英教育的发展之路，我们所要付出的代价无疑是更加巨大的。

实际上，英国公学的发展为我国精英高中的存废之疑提供了很好的借鉴。公学作为英国享誉世界的贵族学校，在其发展历程中，在19世纪30年代、19世纪中后期、20世纪初及第二次世界大战结束以后都经历了多次声势浩大的质疑，质疑之声直指公学高昂的学费、贵族对生源的垄断、办学陈旧等多个问题。如果处理不当，对这些问题的质疑都有可能招致公学从历史舞台上消失。然而，经过多次改革的公学不但没有在历史进程中式微，而且长期作为举世闻名的中等教育机构为世人称道。英国公学的发展历程表明英国人并没有最终选择放弃公学，而是选择通过改革公学，试图协调培养精英与服务更多阶层的双重任务。毕竟废弃如此传统悠久、质量卓越的学校显然不是明智之举。而且布莱尔执政时期，工党政府也没有进一步恢复综合化进程的老路，而是承认根据学生的基础进行分类教育恰恰是最大的公平（冯大鸣，2009）。这表明英国政府也从自己的现实出发选择了一条更为稳妥的渐进之路。

实际上，公学发展的逻辑在我国也普遍存在。许多地方政府意识到高中校与校之间的差距之后，采取"以高带低"的各种促进薄弱高中发展的策略正是为了使精英高中以往的经验惠及其他学校。这种发展策略既保留了精英高中发展的动力，又充分利用了精英教育的优势。毕竟作为地方政府而言，名校的存在才能满足地方教育发展的现实需求。作为利益相关者的地方政府不会也不愿放弃名校的发展，"县中"现象的存在也正印证了这一种判断。

不仅如此，精英高中大都是各地的示范性高中。推进高中课程改革、教学改革等一系列改革措施都不可能无视这些名校的示范作用。以精品课程的开发为例。将精品课程的开发寄托于师资和条件都相对落后的农村高中显然有些强人所难。然而，在《普通高中课程方案（实验）》中又明确给予了高中相应的课程自主权，负责开发校本课程。但现实中许多学校苦于教师的课程开发能力不足，校长的课程领导能力有限，难以完成课程的开发。在这种情况下，充分发挥精英高中的示范作用，明确他们在课程开发中的责任意识，就显得至关重要。因此，精英高中的存在的确是符合我国现实国情的选择。

### （二）"多样化发展"为精英高中预留了发展空间

《规划纲要》中明确提出"推动普通高中多样化发展"的战略任务，这个战略任务的提出指明了普通高中未来发展的基本方向。如前所述，宏观层面的培养模式更偏重于从学校类型的角度理解不同类型的学校作为不同培养模式的主要载体。这意味着普通高中多样化发展，实际上预留了探索不同类型高中向着各自方向发展的空间。

对于业已形成了巨大优势的精英高中而言，在其所在地区，它们的优势无疑是巨大的。截至目前，还鲜有高中能够动摇它们的领先地位。然而，倘若他们仅仅满足于比一般高中升学率更高的现实水平，那么无异于坐视现有的不足，而且放弃了《规划纲要》所给予的发展机会。更何况同世界著名的精英高中相比，我国许多精英高中本身并没有多少值得骄傲的资本。在教育国际化趋势难以阻挡的背景下，任何一所精英高中要想在国际拓展自己的影响力，都必须面对世界各国精英高中的挑战。强者之间的竞争有时更加激烈和残酷。尤其是在许多精英高中已经开始了高中国际班的尝试以后，国际间精英高中的竞争就更加难以逃避。因此，《规划纲要》提出的普通高中多样化发展本身就促使各个高中从自身的现实出发，寻求适宜自己发展之路的发展方式。精英高中自然必须在面对激烈的竞争的同时寻求改革力争屹立强者之林。

精英高中要充分利用《规划纲要》提出的促进普通高中多样化发展的历史机遇，必须着力改革自身已有的诸多问题。这些问题的核心便在于培养模式中存在的诸多代价问题。这些隐忧虽然隐藏在学校内部，许多代价尚不为外人所重视，但却是制约精英高中发展的核心问题。因此，改革培养模式便成为精英高中改革的关键所在。由于精英高中不仅事关一所学校学生的成长，它肩负着带动整个地区高中教育发展和改革的责任，更承载着国家对于精英人才成长的殷切期望。精英高中作为我国高中精英教育的主要载体，必须意识到自己所肩负的重大历史使命，着力将每一名学生的发展都作为自己的责任，尽可能为国家输送更多的精英苗子，力争使每一名进入精英高中的学生获得适宜的发展。

### （三）摸索中的精英高中改革已悄然展开

尽管国家层面没有出台专门针对精英高中培养模式改革的指导性文件，但在现实中，许多精英高中在培养模式领域的改革已经悄然展开。各个学校的做法虽然各有不同，但他们改革的基本出发点却有着惊人的相似："淘金式"培养模式难以满足学生个性化发展的需求。

　　笔者发现，许多精英高中的领导介绍学校改革时都会提到整合国家课程这一话题。虽然在《普通高中课程方案（实验）》中明确将课程分为必修和选修两个部分，但选修所占的比重大约只占二成。这意味着学校并没有多少课时可以满足学生多样化的需求。一些有着抱负的学校显然不能满足于这样的局面。精英高中肩负着为国家所需的精英人才成长奠基的艰巨使命，而精英人才的成长往往建立在个性化、多样化需求的基础之上，统一的课程或少量的选修课程显然难以满足学生多样化的需求。在 S 学校，整合初中、高中、甚至部分大学课程内容的改革正在摸索中前进；北京 F 中学，正在尝试将公民教育、职业教育、生命教育、生活教育融入国家课程体系之中；北京 Y 中学正在尝试通过整合课程内容压缩国家课程所占课时，以便为学校开始的众多选修课提供空间；深圳 A 中学正在尝试如何在学习国家课程的过程中渗透研究的意识，以便提升教师和学生的研究能力；上海 G 中学正在尝试通过评价体系改革适应学生个性化……不必一一列举现有的精英高中的改革便可以看出改革已经如星星之火般在各地燃起。

　　这些悄然兴起改革的学校之间并没有事先约定，也没有教育主管部门的统一指导，如此不约而同的改革无疑说明"淘金式"培养模式已经极大地制约了精英高中的发展。要想培养出真正具有反思意识、创新能力、社会责任感的"准精英"，必须从学校的课程、教学、评价等培养模式的核心环节展开"伤筋动骨"的改革。虽然精英高中在整个普通高中阵营中已然处于优势地位，但它们深知若不改革则现有的优势可能转瞬即逝。面对同类学校的竞争，面对国际学校的竞争，面对独轨位次的松动，精英高中必须寻求自身的发展之路。仍然寄希望于国家出台新的"重点学校政策"以确保学校发展的想法显然已经变得不切实际。对于精英高中而言，培养模式改革已如箭在弦，不得不发！

# 第四章　高中阶段精英教育代价的归因

以 S 学校为代表的精英高中内部的诸代价的存在的确令我们忧心如焚。这些在许多人看来值得信赖的学校中存在着如此众多且深刻的问题，我们又何以相信它们？问题的关键也许并不在于我们是否知道这些代价隐藏其中，而是这些代价究竟因何而来？只有透过纷繁复杂的现象找到问题的根源，才有可能真正削减和控制已有的代价，使得精英高中的发展走上正轨。要真正找到问题的原因，我们必须跳出某一所学校的具体案例，从整个高中体系的形成来看待今天在学校内部存在的代价。这就使得位育论成为审视高中发展的重要理论视角。

## 第一节　普通高中独轨位次的形成

### 一、独轨位次：功能单一的学校体系

独轨位次是笔者尝试对学校间功能趋同关系进行描述而提出的一个概念。这种功能的趋同不仅包括同一学段的学校，也包括不同学段间的学校。"轨"是对学校发展路径的描述，因此"独轨"是指学校的发展路径只有一个明确的轨道而无其他可选。"位次"是对学校功能定位和次序关系的描述。独轨位次表明前后相继的学校围绕单一功能构筑成完整的学校体系。这种独轨位次反映了国家对于这个体系内学校的功能定位。

最常提到的独轨位次就是围绕精英教育追求所构筑的学校体系。尽管精英的产生未必一定通过高等教育甚至学校教育，但高等教育往往还是被视为精英培养的最终出口。在这个体系中，各级学校的功能就是筛选和培养出最终能够进入高等教育的优秀生源，即升学功能。于是，从小学到高中便建构起一个层层筛选和分流的学校体系。如图 4-1 所示，自小学阶段起，一名学生最终通过高等教育成为国家需要的精英至少要经过三次筛选。如果我们把每次筛选比作一条河，学生在每条河前都面临过河和落水两种可能。只有通过三条河的学生才能最终进入高等教育。换言之，只有虚线间的一条轨道才是走得通的。而落水者的境遇显然不是这个体系所关注的核心问题。因此，尽管低学段的众多学校明知高学段的录取率不高，但它们

也不得不沿着单一的升学轨道发展，因而具有很强的同质性。同一学段学校功能都趋向升学功能，也意味着不同学段间前后相继的学校也具有明显的功能同质性。小学阶段的培养和选拔是为了给初中阶段打基础，而初中阶段的培养和筛选又是为了给高中阶段打基础。总之通过层层筛选和培养，最终保留下来少数的精英苗子，从而使得进入高等教育的生源质量尽可能得到保证。

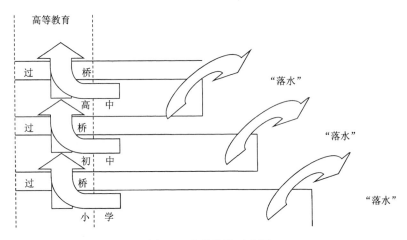

图 4-1　独轨位次示意图

对于图 4-1 所可能引起的歧义，笔者还需做三点说明。

首先，笔者所提的独轨位次是指学校发展呈现的功能性趋同，而不是指学生发展的道路，尽管这两者存在着紧密的关联。学生发展要通过唯一的出路而形成的"千军万马挤独木桥"的局面，同学校发展的独轨位次，都是国家选择精英教育发展取向所带来的结果。因此，二者之间存在联系，但并不是简单的因果关联。

其次，图 4-1 仅表示在追求精英教育的过程中，可能出现的一种学校体系。对于一个国家而言，它有可能不仅仅追求精英教育，许多国家都采用精英与大众并重，抑或升学与就业并重的策略。但这并不意味着升学与就业两个体系之间会相互交叉。许多国家在升学和就业两个体系之间尽管并未设定明确的制度或政策的阻隔，但由于入学门槛和教育质量等方面的巨大差异，实际上两个体系是相对对立的。换言之，在升学和就业两方面形成了两个独轨位次的学校体系。具体到高中阶段来看，即普通高中扮演升学预备校的角色，而就业的任务由职业类高中完成。

最后，即便是这个国家追求精英教育，也未必一定造成学校间的独轨位次。这同该国高等教育规模和分类情况有着莫大关联。换言之，当高等教育规模达到大众化或普及化阶段时，高等教育本身也出现了功能区分，分为精英高等教育和非精英高等教育两大类。而每一大类又可以从培养目标等角度细分为不同类型的高校。在这种情况下，精英教育仅是作为众多类型中的一种，既不是单一的追求，也不是高于其他的追求。此时，从高中教育来看，学校的独轨位次未必会形成。有可能出现高中也随着高等教育的分化而呈现多样化发展的局面。

　　总之，图4-1所表示的情况，是一个最为简单、抽象化的独轨位次学校体系。在这个体系中，普通高中的学生尽管面向升学和"落水"两种情况，但学校仅存升学一条发展轨道。而我国在高中发展的精英阶段也形成了类似的学校体系，正是这种体系导致了高中阶段精英教育追求所付出的诸多代价。

## 二、我国普通高中独轨位次的形成[①]

　　我国普通高中独轨位次的形成除了因为千百年来遗留的"学而优则仕"的传统文化的影响外，国家对于教育不同领域发展的侧重、对于普通高中功能定位的一虚一实，以及恢复高考和高校扩招的影响最终促成了我国普通高中独轨位次的形成。

### 1. 发展重心偏重义务教育与高等教育限制普通高中发展

　　新中国成立之初，百废待兴。有限的资源必须首先使用到国家发展最为需要的领域。在教育领域，一方面面对国民整体文化素质不高的现实，迅速普及义务教育是国家面临的重要任务；另一方面，作为一个新成立的社会主义国家，面对欧美列强的封锁，培养国家需要的栋梁人才也是国家发展的迫切需求，这就意味着必须花大力气发展高等教育。如此一来，高中教育并未成为新中国成立之初教育领域国家最为紧迫的发展任务。

　　然而，这并不意味着高中教育就可以停滞不前。在资源总量有限的情况下，毛泽东同志提出的"要办重点中学"的思路，可以看作在有限的条件下，尽可能满足国家对于高端人才需求所采取的可行性方案。

　　"文化大革命"结束以后，国家再一次面临新中国成立之初时的窘境：经济面临崩溃、文化教育事业几近瘫痪。然而，国家对于高端人才的需求依然迫切，没有高中教育作为基础，高等教育的生源质量便难以得到保障。经历了10年动乱的国家根本不可能在尽力扶持高等教育和义务教育发展的同时，再拿出足够的经费支持所有高中的发展。发展重点高中的政策自然又一次成为可行性较强的发展方案。这也使得基础教育，尤其是重点中学自然走上了升学的单一轨道。这背后的逻辑非常简单：高等教育作为决定国家高端人才储备的重要领域，其生源必须依靠基础教育来保障。而升学才是确保高校生源的唯一通道，因此，独轨位次的学校体系是符合高等教育发展生源需求的。

### 2. 普通高中双重功能定位一虚一实

　　新中国成立之初，我国高中阶段教育的主要工作是接收和改造旧教育体系，迅

---

　　① 关于我国普通高中独轨位次的形成还可参见第三章对于我国普通高中发展阶段的分析。

速建立适应社会主义现代化建设的教育体系。在这种情况下，根据对高端人才的迫切需求和对现代化建设劳动者的大量需求，我国形成了一种升学与就业兼顾的教育体系。在这个体系中，普通高中的角色较为特殊。长期以来，关于普通高中的定位以升学与就业"双重属性说"为主。这种定位至少可以追溯到1952年教育部颁发的《中学暂行规程（草案）》中对中学教育任务的表述：用马克思列宁主义的理论与中国革命实际相结合的毛泽东思想和普通文化知识教育青年一代，使他们的身心获得全面的发展，为升入高等学校或参加工作打好基础。不仅普通中学肩负着双重使命，即便是重点学校政策确立后，升学取向鲜明的重点学校也肩负着双重功能。例如，1980年教育部颁发《关于分期分批办好重点中学的决定》中提出重点中学同样担负着双重任务，既要为高等院校输送合格新生，又要为社会培养优良劳动后备力量。"双重属性说"提出的一个现实背景是当时我国高等教育的规模有限，不可能招收数量庞大的高中毕业生，但高等教育的生源保障问题对于高端人才短缺的新中国而言，也是亟待解决的问题。因此，发展普通高中是提高高校生源素质的重要措施。与此同时，劳动力素质的提升也是国家建设急需解决的重要问题。因此，普通高中也肩负起培养高素质劳动者的重任。

双重属性说看似非常符合当时国家的需求和学生的需要，然而，在现实中，双重属性说并没有获得同等的"待遇"。对于升学轨道而言，既有具体的师资等资源配置的要求，也有明确的课程大纲和考试标准，学校也非常关注升学轨道所取得的成绩。但至今我们尚未有明确的关于就业轨道的标准或资源配置的要求，也鲜有普通高中对外宣传自己的毕业生的就业情况。换言之，名为双重属性实际上是一实一虚。

当然，国家并非不重视劳动者素质的提升和建设者的培养。只不过对于劳动者的培养主要通过职业教育实现而并非普通高中。这一点通过半个多世纪以来多次进行的中等教育结构调整可得到证实。20世纪60年代初对于全日制普通中学发展速度的限制、80年代初教育部提出的"充实加强小学，整顿提高初中，调整改革高中，大力发展职业教育，努力办好重点中学"的方针、1993年颁布的《中国教育改革和发展纲要》和1996年全国第三次职业教育工作会议提出的全国普职比例平均为4：6，发达地市和普及高中阶段教育的地区应达到3：7，2002年《国务院关于大力推进职业教育改革与发展的决定》提出的"以保持中等职业教育与普通高中教育的比例大体相当"……这一系列围绕中等教育的结构调整几乎无一例外地指向了国家对于从事建设的劳动者的需求。国家不遗余力地对职业教育规模的重视，也从一个侧面反映出普通高中就业轨道的虚置。

### 3. 恢复高考与高校扩招迫使学校聚焦"升学"

"文化大革命"的十年使得所有的高中都经历了沉痛的打击，即便是"文化大革命"前的重点学校也难以避免政治运动的冲击。"文化大革命"时期，学校教育偏离正轨，大批学生难以通过教育改变自己的命运。"文化大革命"后恢复高考极大地激发了高中师生的积极性。一些学者描述了当时的场景："恢复高考的消息传出后，经历了十年动乱积压下来的几千万中学生，乃至整个社会都沸腾了，从城市到农村，中学课本被抢购一空，走村串巷借书者有之、抄书者有之，求知学习蔚然成风……"（马国川，赵学勤，2007）恢复高考的确是"文化大革命"结束之后教育领域的一件大事，尤其是通过了高考将同获得国家干部身份相联系，它使得学生终于盼到了这条改变自己命运的道路的再一次通畅。

　　然而，当时的高校录取率很低，这在客观上迫使普通高中不得不在"刺刀见红"的升学大战中拼尽全力。根据《高考年轮》一书的统计，1977～1981 年高考录取率仅为 4.76%～6.58%（马国川，赵学勤，2007）。这使得高考的竞争达到空前白热化的程度。为了能够使更多的学生顺利通过残酷的高考竞争，各个高中都挖空心思地通过抢生源、设快慢班、增加复习资料等各种手段提高高考成功率。正像有的老师所说："不抓'4%'站不住脚啊！高考'剃光头'，社会舆论的压力受不了。"（马国川，赵学勤，2007）

　　虽然学校在激烈的高考竞争面前所采取的举措略感无奈，但这在客观上迫使高中在一实一虚的发展轨道上继续前行。毕竟对于普通高中而言，高考竞争再激烈，升学轨道也是明确的，就业轨道只是升学失败者必然面对的结果而不是学校最初的选择。没有多少人会因为这个学校有不少未就业的学生而质疑这所学校，但倘若这所高中在高考中真的"剃了光头"，那这所高中所要面临的质疑甚至声讨之声就可想而知了。

　　如此激烈的竞争，自然引起教育主管部门的重视。采取有效的措施抑制唯升学率为尊的普通高中教育，成为摆在教育主管部门面前的一道难题。早在 1983 年教育部颁布的《关于进一步提高普通中学教育质量的几点意见》中便已经指出："只抓考分，忽视德育、体育，忽视基础知识和培养能力；只抓少数'尖子'、毕业班，忽视大多数；只抓高中，忽视初中等片面追求升学率的错误做法，必须坚决纠正。"实行毕业会考便是试图破解难题的一项重要举措。因此，教育部在《关于进一步提高普通中学教育质量的几点意见》中明确提出："毕业考试要与升学考试分开进行，有条件的地方可按基本教材命题，试行初、高中毕业会考。"除此之外，改革教学方法、调整教学计划和教学内容等方面的改革举措也被相继提出。

　　为了遏制普通高中片面追求升学率的做法，改变比较单一的升学预备教育模式，在 1995 年颁布的《国家教委关于大力办好普通高级中学的若干意见》中提出："一部分普通高中可以升学预备教育为主，有侧重地为学生升入高一级学校打下坚实的基础，为高等学校输送合格的新生；大部分普通高中，可以通过分流，办成兼有升学预备教育和就业预备教育的学校；少部分普通高中可试办成以就业预备教育为主的学校，在学好普通高中基本文化课程的前提下，有侧重地为学生就业做好思想、心理、知识、技能等方面的准备，为各行各业培养具有较高文化基础知识的劳动后备力量。为了适应社会需要和发展学生的个性和特长，各地可以举办少量侧重外语、体育、艺术以及加强某一学科的特色学校或特色班，培养德智体全面发展并在某一方面具有特长的学生。"这本是对于普通高中多样化发展提出的一条非常重要的改革思路，然而，随着 20 世纪末开展的轰轰烈烈的高校扩招运动，非但没有缓解高中教育单一的升学追求，反而更加激发了高中在升学道路上前进的决心。仅从高中应届毕业生参加高考的录取率便不难看出，高校扩招对于普通高中升学追求的强化有着难以遏制的诱惑力。从 1999～2015 年，高中应届毕业生的录取率从 60.84%连年攀升至 92.49%（表 4-1）。

表 4-1　1999～2015 年普通高中应届毕业生录取率变化表

| 年份 | 高校招生/万人 | 普通高中毕业生数/万人 | 录取率/% |
| --- | --- | --- | --- |
| 1999 | 160.0 | 263.0 | 60.84 |
| 2000 | 221.0 | 302.0 | 73.18 |
| 2001 | 268.0 | 341.0 | 78.59 |
| 2002 | 321.0 | 384.0 | 83.59 |
| 2003 | 382.2 | 458.1 | 83.43 |
| 2004 | 447.3 | 546.9 | 81.79 |
| 2005 | 505.0 | 662.0 | 76.28 |
| 2006 | 540.0 | 727.0 | 74.28 |
| 2007 | 566.0 | 788.0 | 71.83 |
| 2008 | 607.7 | 836.1 | 72.68 |
| 2009 | 639.5 | 823.7 | 77.64 |
| 2010 | 661.8 | 794.4 | 83.31 |
| 2011 | 681.5 | 787.7 | 86.52 |
| 2012 | 688.8 | 791.5 | 87.02 |
| 2013 | 699.8 | 799.0 | 87.58 |
| 2014 | 721.4 | 799.7 | 90.21 |
| 2015 | 737.8 | 797.7 | 92.49 |

资料来源：国家统计局官网 http://data.stats.gov.cn/easyquery.htm？cn=Col
注：表中所列的高校招生是包含本科院校和专科院校在内的普通高等教育招生总数

　　表 4-1 清晰地反映了自 2010 年高中应届毕业生的高考升学率已经超过了八成。如此高的升学成功率，普通高中又怎么可能不将升学工作作为自己的首要追求呢？"文化大革命"结束之初的恢复高考，只是为千万学子打开了一道狭窄的通向大学之门，高校扩招则一下子将这个原本只有家门大小的升学之门扩大到城门大小。概而言之，自新中国成立之初所提出的双重属性说至今仍然没有形成真正意义上的双重轨道。对于普通高中而言，只有明确的升学一轨，普通高中独轨位次并未

根本改变。

## 三、独轨位次之弊

### （一）就业轨道虚置表明高中尚未适应三大转换

当我们大肆抨击高中顽固坚守应试教育阵地时，也许我们应当理解学校所表现出的无辜感其背后有着深刻的原因。概而言之，普通高中独轨位次没有能够适应三个领域的转变：一是经济领域由计划经济向市场经济的转变；二是教育领域高中教育由精英阶段向普及阶段的发展；三是价值观领域由国家主义向多元主义的转变。

第一，从经济角度来看，在计划体制下，国家的资源配置、岗位需求等方面都有着清晰而严格的计划。高中教育发展自然也不例外。在这种情况下，国家限制高中教育的规模以使其围绕升学任务做好工作，而将就业重任交托职业教育进行是有着整体考量的。然而，随着经济体制的转变，市场逐渐扮演着更为重要的角色。在这种情况下，由国家统一安排高中发展的轨道必须同市场的需求紧密结合起来。而此时究竟市场需要多少高中生、需要具备什么素质的高中生显然并没有清晰的答案。在职业教育吸引力不足、办学水平不高，而高等教育招生规模保持稳定的现实情况下，究竟普通高中同劳动力市场之间的关联情况为何始终未得到国家政策的明确表述。经济发展对劳动者素质提升的要求是无止境的。在资本主义发展之初，普及初等教育便可以满足资本主义发展的现实需求，随着资本主义经济的发展，九年义务教育的普及便成为必然要求。然而时至今日，世界发达国家虽未统一将高中教育纳入义务教育体系，但都积极普及高中教育。这背后的一个重要原因便是经济对劳动者素质提升的要求。在这种情况下，究竟我们应当给普通高中学生提供什么样的教育、运用何种手段确保这种教育的实施便成为摆在教育主管部门面前的难题。显然，独轨位次难以解决普通高中和劳动力市场之间的衔接问题。尽管山西等一些省份近些年规定高中毕业生可以"回炉"接受中专教育以便更好就业（王伺，2011），但这显然只是补救的措施而不是首选的改革之路。我们何以要求高中学生多花费一年的时间才能适应社会对劳动力素质的要求？付出的多余时间不正表明我们的高中在独轨位次中根本无暇顾及市场对劳动力素质的需求吗？因此，从经济上讲，市场对于劳动力的需求已经超出国家计划的能力，此时无论是高中的规模还是高中教育的过程，都必须寻求一种更为适应市场需求的具有灵活性和开放性的发展思路。独轨位次显然并不具备这种优势。

第二，从教育领域来看，我国高中教育发展已经在向普及化方向迈进，高中教育应当成为每个学生终身发展的重要组成部分，应当面向个性和需求非常多样化的每一个学生，为他们提供更加开放和多元的教育。其中，课程建设和考核方式的改革将成为高中发展的关键领域。而这二者中又以后者更为关键。但这恰恰是困扰我国高中教育发展的长期问题。在我国高中教育的精英阶段，作为一个新兴的社会主义国家，除了苏联之外，我们缺少足够的成功经验以借鉴。而且经历了长年的战乱之后的国家，老百姓的受教育水平普遍不高。在当时的国情下，教育事业的发展只能在摸索中进行。如果说，在当时的历史背景下，对于课程和考试的研究和设计难以精雕细琢，那么在改革开放 30 多年后的今天，我们不应当只是沿用粗线条的考试和课程的设计。现实是统一的考试导致了教学内容的雷同，而教学内容的雷同又使得考试的多样化存在现实的困难。这种恶性循环使得高中仍然沿袭着精英阶段的生存样态，并未真正走向普及化。

第三，从价值观方面来看，在新中国成立之初，整个国家都沉浸在民族独立的欢腾之中。当时整个国家的价值观表述更强调民族国家的视角，教育系统也不例外。"培养社会主义事业的建设者和接班人"是那个时代对于教育目的最为具有代表性的表述。然而，随着改革开放的深入，中国同世界的联系日益紧密。随着市场经济的发展，价值观的多元成为不争的事实。整个教育系统的话语表述在强调个体对于国家的责任的同时，也应更加突出作为每一个个体的发展和幸福的重要意义。在这种情况下，由国家体系整体设计的独轨位次同个人的教育需求与选择之间的矛盾就变得不可避免。最为有力的证据便是一方面国家着力限制普通高中的发展规模，但家长并不领情，希望自己的子女就读职业学校而非普通高中的家长绝对不会占据多数。每个家长和学生对于未来都有权提出自己的规划，高中显然是不容忽视的重要一环。在这种情况下，仅从国家的视角出发，强调个人对于国家的责任而限制个体的教育选择本身便会带来很大的争议。

与此同时，在价值多元化的进程中，人的价值被凸显出来。但过去几千年来，精英教育一直主导着教育。精英作为国家治理和统治的工具而备受关注。无论中国还是外国，尽皆如此。这种精英教育的观念实际是一种工具主义人才观的典型代表。这种人才观将国家的需要或贵族的需求作为核心来构建整个教育体系。然而，目前的教育已经超越了工具主义的藩篱。"人"已经作为教育的核心目的凸显在教育之中。这种观念实际是本体主义的人才观。这种人才观将人的自主发展看得尤为重要。从这个意义上讲，打破工具主义的局限，更多从人的发展的角度重新思考普通高中的定位问题才是符合价值观转变的现实情况的选择。

总体来看，独轨位次具有鲜明的工具主义倾向。它是国家在紧缺高端人才的情况下，为确保高等教育生源质量选择的最为有效的工具。明确了实质上的定位，便也明确了完成任务的关键。为高校输送更多高质量的生源自然成为实现其工具价值的核心，这造就了工具主义与效率至上的有机结合。正是这种结合使得高中阶段的精英教育难以真正按照精英成长的特点进行。更多的还是具有工厂的逻辑：尽可能多且好地培养生源（产品）。然而"教育不是生意，学校亦非工厂"（雷蒙德·E. 卡拉汉，2011），从工厂效率的角度思考教育问题本身就是不符合教育规律的选择。选择的偏颇势必带来悲剧性的结果，上文所提的众多代价正是这种悲剧性结果最为生动的体现。

### （二）升学独尊将高中逼上"独木桥"

高中教育独轨位次长期未曾改变直接导致了升学作为高中唯一的追求而替代了其他的选择。校与校之间的分层只不过是独轨位次体系中所表现出的一种显而易见的工作逻辑。我们只为高中勾画了一条明确的升学之路，又怎么能够让高中不以升学为核心追求？

"千军万马挤独木桥"是人们经常用来比喻成千上万的高中生在激烈的高考竞争中的境遇，殊不知当我们把学生逼上"独木桥"的同时，我们也将高中逼上"独木桥"！一些地方甚至以行政命令的方式将升学率作为考核学校的任务下达。例如，2009 年 11 月 3 日，新华网披露山东省某县在 2009 年 7 月底出台的《关于进一步加强学校管理提高教育教学质量的意见》（又称第 58 号文件）中明确提出：中考优秀率保持全市第一；本科进线人数、重点本科进线人数和万人比全市第一等一系列提高教育质量的目标任务，并且提出要将目标任务作为"一把手"工程列入重要议事日程，主要领导作为第一责任人，要亲自抓、负总责……各学校要结合各自实际，层层落实目标责任，将任务分解到级部和班级，明确到每一名教干、教师，切实增强广大教干、教师的责任感和压力感（赵仁伟等，2009）。这一报道随即便被腾讯、网易、中国网、人民网等各大网络媒体转载，社会影响很大。在记者的调查中，该县有关负责人也解释之所以该年非常重视升学率，是因为当年的高考成绩下滑明显，县政府接到许多家长的来信要求重视教育。在民情的压力下，县政府才采取相应的措施。尽管这一文件随后便遭到了省教育厅领导的严厉批评，但家长等方面对于升学率的关注度之高由此可略见一斑。更何况，该县的做法绝不是个案，许多地方政府领导通常都以"打个翻身仗"等语句要求"县中"能够重振高考雄风，让升学率问题上再上一个台阶。毕竟地方政府也是高考博弈中的重要一员，成绩高了，百姓满意，自己脸上也增光；而升学率差了，家长不满意，自己也难有升迁的机会。

在巨大的压力下，高中想逃脱升学率的束缚似乎成为一件难于登天的事情。在 S 学校调研时，笔者发现即便是 S 学校这样的名校也难以避免地受到升学独尊的影响。在同一位教师座谈时，她提到学校的研究性学习和科技大赛的情况：

> 实际上，研究性学习现在搞得也不好，学校根本没有专职教师指导，学生也没有学到什么研究方法，反正我的孩子是这样。如高一下学期，我儿子他们班几个同学觉得历史这个东西不错，就搞了个历史的研究性学习，也没人指导。这和他的专业发展一点关系也没有。主要是这个东西和

高考没有什么关系，所以学校做得都不好。研究性学习要交论文，你不可能一次课做完。按说必修课应该在课表上体现，但基本上学生都是在课后做的，反正和高考没什么关系，老师也都让过。像上次我儿子班的同学写了个题目"中美教育比较"让我写推荐意见。我说这个题目博士论文都不敢写，但他们就是没有人指导，所以在网上找找资料，现在网上什么资料没有？最后他们凑了一篇论文交了，反正2个学分拿到了就行了。

　　科技创新大赛这种活动更正式一点，最初还选拔，交上来的材料还得选，后来可能觉得这样不好，就不选拔了。所有报上来的都交到区里，但要排名次，实质还是一样。学校在这块前几年很重视，和竞赛一样，因为高考可以加分，但现在国家不是有政策不让加分吗？所以原来轰轰烈烈上马，现在好一点。当时学校成立了个科技馆，找了个专门的老师负责，实际就是搭了个架子，具体的活动还是没有人做，还得依赖各学科的老师。现在只是感兴趣的去弄，原来学校让都报，广撒网嘛。

　　学校之中除了教学之外的所有活动，当它在高考中有利可图（如加分）时，它便会得到应有的重视，反之，则通常学校只是"搭个架子"，做做表面文章。如此行事不正是为了在独轨位次的竞争中能够占据高位，以便吸引更多的优秀生源，使学校进入良性循环吗？但当高中教育被限制在考试周围时，教育本身也被窄化为"挣分"的工具，代价也就难以避免了。

　　更为深层次的问题是，我国普通高中面临的不仅是发展轨道的单一，还面临课程和考试的单一。尽管自2001年起推行的新课程改革尝试在课程管理权上实行国家、地方和学校三级管理，以增强课程对于地方和学生的适应性。然而，由于高考作为普通高中最为看重的评价指标未曾出现根本性改革，依然是统一命题（至少省域内统一），这就意味着偏离考试内容的课程很难在高中课程体系中占有实质性地位。地方课程和校本课程并不是增加知识的领域，而是给地方政府和学校以更大的选择课程内容的自主权。于是，在一些省份便出现了"必选课"的提法。其背后的逻辑便是省里统一命题所选择的模块内容虽然是在选修课部分呈现，但对于学生而言倘若不选高考时必然吃亏，所以"选修"转换成"必选"，这种没有选择权的选修课恰恰反映了高中在实际办学中根本难以摆脱统一要求的束缚。在既定的单一轨道上，围绕着统一的标准，学生个性又如何得到彰显，"伪精英"的培养也就不足为怪了。

　　（三）地方政府助推学校间中心-边缘关系

　　高中教育的独轨位次长期未能改变的一个重要原因便是地方政府也是高中教育发展的利益相关者。任何一个地方政府都不能以牺牲当地高考成绩为代价进行教育改革，因为这将招致的不仅是上级教育管理部门的责备，更招致广大家长和社会舆论的谴责。笔者在河北省某县调研时，当地主管教育的副县长虽然在新一年的教育工作发展规划中明确提出将高中教育作为当地基础教育发展的龙头，但提到已经连续多年整个县没有一名学生考上北大、清华时，这位副县长又觉得颜面无光。这种情绪的表露真实地反映了地方教育主管部门对于高考成绩的看重。

笔者在黑龙江省某县的调研也反映了地方教育主管部门作为利益相关者的另一种情况。当地县一中要竞选校长，可是原来的校长却动员所有去投票的人都要选县教育局局长作为县一中的校长。原因是县一中升级为正科级单位全是县教育局局长跑关系得来的结果。如果本县的一中没有办法升级，而周围县的一中都已经成为正科级，师资和生源的流失就会成为难以避免的恶果。所以学校及时升级，是稳定县高中教育发展的大事。更何况县教育局原本是正科级单位，现在县一中成为了正科级，这位局长即便行政岗位到任期满也仍然可以保持正科级待遇，也算是对他这些年来对县高中教育发展所作贡献的回报。这种情况在许多县也存在。县一中之所以可以成为安置、提升官员的场所恰恰表明地方政府对于县一中定位的重视，而这种重视又反映了在独轨位次的激烈竞争中，确保县一中的优势地位对于县域高中师资和生源稳定的重要作用。

必须承认的是，地方教育主管部门在高中发展路线选择上也充满着无奈。独轨并非他们预先设定的，而是国家在总体上缺乏对就业轨的实质性建设，地方教育主管部门也只能按照这种已然设定的独轨位次指导高中的工作。但无论如何确保高考成为许多地方教育主管部门工作的底线。因此，即便是打着教育公平的旗号缩小校际差距，那也是"以高带低"而不是"削高平低"。在这种情况下，学校之间的中心-边缘关系并不会发生真正意义上的改变。

### （四）精英教育向小学延伸

在《我不原谅——一个90后对中国教育的批评与反思》一书中，作者用通俗且带有一丝黑色幽默的笔锋描写了精英教育向初中渗透的现实："你上了中学就好比走进一条单向街，无路可退只能硬着头皮往前走，而横在你面前的就是中国教育著名的两道'鬼门关'：中考和高考。要想活着出去，你就必须过这两道坎。"（钟道然，2012）然而，令我们更为痛心的是，独轨位次的学校系统使得激烈的竞争与选拔提前在小学阶段甚至更早就开始了。这种精英教育向小学的延伸，是独轨位次学校系统难以避免的问题。正是由于对于所有的人而言，真正明确的道路只有一条，而"就业"根本就是无奈之举，是没有其他选项的选择。为了不成为"落水者"而提早进入社会，最稳妥的过桥方式就是登上重点学校这艘航母，想尽一切办法远离非重点学校这些孤立的小船。

尽管在20世纪末的最后10余年间，我国政府在取消义务教育阶段的重点学校和重点班级问题上进行了积极的尝试，但是重点学校政策的终止并不代表校际差距的缩小。在许多地方即便是义务教育阶段的学校之间的差距仍然十分明显。家长之所以在孩子读小学的时候就想方设法地进入各个名校举办的"占坑班"，就是担心自己的孩子在义务教育阶段不能进入优质学校从而耽误高考。虽然义务教育同高中教育存在质的不同，但毕竟它们同属一个学校教育系统之中。在提出普及高中教育的今天，义务教育显然不是家长送子女接受教育所期盼的终点。这就意味着高中教育的独轨位次不可能不影响义务教育阶段的学校办学。所以高中阶段的独轨位次会向义务教育阶段延伸。

总之，高中教育的独轨位次虽然对于保证高校生源质量方面做出了不小的贡献，但它所带来的巨大负面影响使得我们难以对仅有的成绩沾沾自喜。在高等教育已经迈入大众化发展阶段的当下，我们还在沿用着旧的套路发展高中教育，这种发展路径同发展阶段的矛盾势必导致学校定位的偏颇。换言之，高中仍然作为大学预备教育而存在，并没有真正在学生终身发展问题上做足文章。定"位"的偏颇势必带来培"育"的偏颇。高中长期坚持应试教育的做法正是独轨位次所造成的最大负面影响。因此，在责备高中校长不按照素质教育办学的时候，我们应当首先检讨我们究竟是否给高中预留了另一条或另几条明确的发展路径。没有选项，何来选择？

## 第二节　独轨位次背景下普通高中的教育惯性

### 一、教育惯性是一种生存之育

惯性是物理学的一个重要概念。它的本意是"任何物体所具有的保持其原有运动状态的性质"（《中国大辞百科典》编委会，2002）。物理学中的惯性具有两个重要的特点：其一是质量同惯性之间具有紧密的联系，通常情况下，质量越大惯性越大。一辆压路机和一个孩子同样以 1 米/秒的速度前进，要想使他们停下，所需的力自然不同。这便是物理学中表述惯性与质量之间关系的最为常见的一个例子。其二是惯性的影响并非不可改变，但要使惯性影响改变则需要改变物体所处的外界环境。换言之，必须对该物体施加足够的外力才能改变其惯性的影响。

物理学的惯性概念，对于教育学而言具有很大的启发意义。在教育活动中，我们也时常受到惯性的影响。教育惯性，是指教育实践活动者保持原有的生存或教育实践状态。教育惯性可以看作教育工作者所形成的生存之育。同"育"的形成相似，教育惯性的形成既有个体原因，也有制度和政策等外部环境的原因。教育工作者在同外界的互动过程中，会不断形成经验，而这些经验会逐渐沉淀下来，成为个人在教育领域的生存之育。而个人的这种经验积累过程在外在制度存在的大背景下发生。许多时候，教育工作者迫于制度等方面的压力不得不如此行事。长此以往，这种不得不做的事情也会逐渐稳定下来，成为教育工作者的一种常态的认识和活动。此时的教育惯性便是制度原因造成的。

当然，同惯性的特点相同，教育惯性也具有两个重要的特点。

其一，教育惯性也同"质量"密切相关。这里所说的"质量"并不是教育工作者的体重，而是指他们的教育经验。一名教师在以往的教育过程中所积累的经验，不仅是其今后工作的宝贵财富，也可能成为其教育惯性的源泉。一名教师的成功经验越多，他就更容易按照自己以往的经验来从事教育工作，因为以往的成绩已经足以证明保持这种做法的合理性。当然，此时的坚持未必一定带来积极的结果。当外界环境发生变化时，坚持原有的经验可能带来更大的损失。因此，从这个意义上讲，教育惯性具有双重属性，它既可能成为取得成绩的财富，也可能成为走向成功的障碍。

其二，教育惯性需借助外力才能改变。同物理学中的惯性相似，教育惯性的改变也需要借助外力。由于人的行为受到思想的影响，而内心的思想非常复杂，教育惯性的改变更加复杂。教师个人的不断努力固然重要，制度和政策的调整则更为关键。但并不是政策的调整或制度的变革会立竿见影地促使教育惯性的改变。我们总是强调教育改革的关键和难点在于转变观念，指的就是通过外部的制度和政策来改变教育工作者思想、认识和行为惯性的困难程度。

教育惯性在教育活动中无处不在，它经常影响着微观层面的教育教学活动和教育管理活动。而这当中的消极影响往往会导致教育活动背离我们最初的期望。倘若是教师个体的教育惯性，其影响可能涉及一个班；倘若是整个教师群体的教育惯性，这种惯性则可能影响整个国家的教育。因此，教育惯性是一个看似不经意的现象，但却是一个具有极大破坏力的危险因素。只有真正正视其危害，将其危害过程剖析清楚，我们才有可能寻求促进惯性改变的路径。

## 二、教育惯性："淘金式"培养模式的诸种表现

在独轨位次的体系中，普通高中实际肩负着将义务教育输送上来的生源送进大学的唯一使命。在这个定位基础上，普通高中从教师到管理者、从教学活动到管理工作都形成了各自习惯的行为方式和思维方式。这种行为方式和思维方式的核心便是如何解决高考的问题。教师为了提高学生的成绩，不得不绞尽脑汁，殚精竭虑。精英高中也不例外：唯升学率是尊的理念直接导致了高中演变为升学预备的理想场所，课堂教学围绕标准答案进行构建，统一管理规范学生行为……这些手段都是为了最终能够在激烈的高考竞争中淘出"金子"。当这一切都完美地完成后，"淘金式"培养模式也随之形成。"淘金式"培养模式被认为是最为高效的应对高考的

方式，它是在独轨位次中普通高中自然而然形成的生存之"育"。也正是在"淘金式"培养模式的历练中，精英高中形成了一批优秀的应对高考的教师。这些教师以往的成功经验，使得他们很容易坚持固有的做法，从而使教育惯性的不良影响更加难以消除。

## （一）唯成绩论

教育思想与教育实践向来是难以重合的。许多教师在讲述教育思想时，可以头头是道，从孔子、苏格拉底，讲到杜威、陶行知，似乎这些教育家的教育思想早已内化为自己的教育思想，自己的教育实践也是根据这些大教育家的教育理念而实施的。然而，当你走进教室时，却会发现教师的教学实践遵循的是另外一种逻辑：不断地强调着考试真题的重复率，不断关注着成绩优良学生的表现。在 S 学校调研时，一位艺术课老师（K 老师）的言行不一真实地反映了相当一部分老师的现实情况。这位老师在该学期负责学校的艺术课《歌舞青春》（英文版）的教学。与此同时，还有一名外教也负责艺术课《歌舞青春》（英文版）的教学。尽管教学内容相同，但 K 老师和外教分别负责两个不同的教学班。在学校了解各科教师教学活动状况的座谈会上，关于自己的教学，K 老师说了如下一段话：

> 我比较看重最近发展区对孩子的引导。我一直在想，艺术课是否是过客？应该留下什么？能够留下什么？仅有的时间之内，怎么样能保持艺术课的温度？我觉得艺术课就是锻炼意识，当学生和别人谈起艺术来，能聊、对路、入流。我前两节课不分组，第三节课开始分工。在了解表演的基础上，让学生分工。许多时候争论不是争角色，而是不了解其他分工的职能。没有接触无所谓理解，没有理解无所谓喜欢。我争取让学生在了解表演的基础上进行分工。如果学生要选择这个角色我要求他们说清楚为什么自己选择这个角色。在功能教室中进行功能分区，各组平行进行。我认为教育的职能大于教学，各班资源的共享也很重要。我和一些老师聊天，觉得初中的孩子更适合艺术课，他们有时间，可塑性也强。我主要想让他们体会艺术对于人生的意义。我们还积极改剧本。因为《歌舞青春》是一个美国文化下的作品，里面有许多文化不适合我们的学生。所以我们把里面许多东西改了一下，让它更适合我们的文化。

不能否认 K 老师在教学活动中所付出的努力，但这段话同笔者在学生中的调研相矛盾。学生普遍反映喜欢外教上的课，而不喜欢 K 老师的课。其中一个重要的原因在于 K 老师并没有真正意义上允许学生饰演自己喜欢的角色，而是根据自己心中的一杆秤来评定谁适合演什么，然后再想方设法去说服这个学生接受自己的观点。这极大地引起了学生的不满。负责课改的 Q 老师，也委婉地建议 K 老师：

"与学生的协商可以放得再开一些。一个执着的人不是让别人按照你说的做，而是让别人按照他自己的方式做，在适时的时候和他沟通。学生选角色不要过分按照你的意思来，也许你觉得从气质上他不适合这个角色，也许他唱得就是难听，没有关系，我们以鼓励为主。"

然而，当我们回头再看 K 老师在座谈会上的高论时，不禁心中一震。作为一名一线教师不仅提到了最近发展区、教育与教学的职能等理论问题，而且还带有哲学意味地思考了艺术课的价值与功能。然而，这一切都只是理念层面的，同他日常的教学并不一致。对于 K 老师来说，体现在其教学实践中最为重要的仍然是用最合适的学生去演绎最合适的角色，这样就能实现对艺术的最为充分的表现。因此，艺术课教师对学生的引导责任，就是让不同的学生根据老师的建议和对角色的理解，去演绎每一个角色。从这个角度来看，老师更像是导演，而学生则成了演员。G 老师曾说："能感觉得到老师们说的和做的并不一致。听他们说的，觉得他们的理念可先进了。但实际上做起来就未必了。你看老师们总是说我们给学生分了角色，而我想了解的是你怎么分的角色。就像我们去美国的学校调研，他给我们介绍我们看中能力的培养，我就跟他们说，我们不是来了解理念的，现在中国的理念不见得比美国落后，关键是你们是如何实践的，如何把这种理念和具体的教学实施统一起来的。所以不能光听老师们说，得让他们把自己上课的过程写下来，你一看就知道他们真实的思维逻辑了。"G 老师的分析可谓一针见血地指出了处于"错位"状态的老师的问题所在。

"错位"的老师从理念上可以说出许多符合新课程改革、新教育思潮的言论与思想。无论是尊重学生、以人为本、重视师生关系、每个学生都是一个世界等，都是教师们在说到自己上课的时候经常会提到的话语。单从话语的表述上看，教师们已经完全理解了我们应当如何培养学生，在如何推进课程改革的问题上已经达到了"理念高位"。然而，当具体实施教学时，教师便又回到"实践的低位"。即便是艺术课的教师，许多老师仍然没有摆脱成绩导向，仍然担心在最后的汇演上，自己所教的学生出现问题。无论在这个过程中做了什么，怎么做的，只要汇演结果令人满意，就是成功的。否则无论教师还是学生都难逃失败的责任。所以，尽管不是书面的考试，但许多老师的艺术课在不经意之间，仍然充满了应试的色彩。为了充分保证最后能够表演出一场至少还说得过去的节目，老师们便会在学生中进行筛选。让那些有基础的、形象符合人物的、活跃的孩子占据舞台的中心。这实际上又造成了学生中的中心-边缘结构。那些处于边缘的孩子，不但失去了充分体验艺术的机会，甚至还在这个过程中充满了不满、压抑甚至是自卑的消极情绪。这显然同开设艺术课程的初衷相违背。最为关键的是处于"理念高位"与"实践低位"相互交叉的错位状态的教师，并未意识到自己的问题。仍然觉得自己的教学行为是符合理念高位的。尤其是在期末的演出中，节目的高质量又很容易将这种错位状态掩盖。俗话说"一俊遮百丑",只要有成绩,其他就都被掩盖了。许多学校只关注考上北大、清华的学生人数,对于那些被边缘化的学生采取"只要不出事就行"的态度,显然也是试图用北大、清华升学人数的"一俊"去遮盖众多学生落水的"百丑"。这种错位状态的长期存在,使得教学考试化成为自然而然的结果。追求精英取向的精英高中也未能例外。在 S 学校隐藏的诸多代价正是这种教育惯性的产物。

当然,我们必须承认,与其说这种教育惯性源自教师个人的观念与认识,还不如归因于制度和政策的限制。制度和政策的限制,是强调包括考试制度、绩效考核制度、招生制度等在内的制约高中发展的核心制度和政策的变革慢于学校的教育教学改革,从而使得学校的改革缺乏足够的外部环境,从而回归起点,反映在教学活动上,往往就是又回到应试教育的老路上来。教学分数化、教材题目化、用语教材化实际都是在其"位"上经过了长期的历练而形成的"育",即生存法则。由于高中直接关系高考,每个老师都不可能完全超脱功利地进行教育教学活动。更何况,当高考成绩同教师的晋升、评奖,甚至继续工作的机会都直接挂钩后,教师的"位"便成为了一种有效应对高考的"位"。其他事情与教师无关,他们必须首先提高分数,才能保住工作,才能养家糊口。这使得那些追求精英教育的高中也难逃应试教育的窠臼:层层筛选,不断淘汰,只为最终能淘出"金子"。尽管 S 学校在不断地推进着学校的课程改革,希望通过课程的分层、分类改革,真正扭转教师的教育教学思维和行动,但教师身上所带有的强大的教育惯性,无疑使得这种改革不断处在"走样"的状态。外力不足,惯性自然维持。

## (二) 答案的标准化

"淘金式"培养模式的第二个表现便是设定"标准答案"。"淘金"需要借助考试的手段,考试又需要通过成绩比较学生的差异,而成绩的给定又依赖答案的设定,此时,筛选"金子"的标准便同标准答案之间建立了紧密的关联。虽然考试题目的答案未必一定是标准化的,但在"淘金式"培养模式中答案便难逃标准化的命运。原因非常简单,高考的答案是唯一的。无论题目如何变化多端,答案都是确定的,否则阅卷人难以评判。而且在中国的人情社会中,倘若没有标准化的答案,仅凭考官的个人喜好,难免会掺杂人情的因素在内。这便使得标准答案的地位更加不可动摇。

但凡读过高中的学生都对标准答案并不陌生。不论大考小考,每逢考试完毕,寻找标准答案便成为学生自觉自发的一种活动。由此可见,在长期的"淘金式"的培养模式中,标准答案对于学生的重要性已经无须赘言。然而,标准答案的存在使得学生无不围绕着这个答案思考问题,而思考的终点也往往就是答案得出的一刻。在和 S 学校一些学生座谈时,学生提到物理、化学、数学等理科时,提到最多的便是做题。他们花费在这些学科上的时间最多，有的学生每天晚上甚至要拿出 2/3 的自习时间来应付这三门学科的作业。当然，学生也最关注这些学科的成绩。然而，仿佛做题就是学习这些学科的唯一方式。做题自然需要知道对错，评判的标准自然是标准答案。于是学生将每天较多的时间都用来发现出题者设定的标准答案。难道说这些志在未来在某个领域有所建树的精英苗子们就是用做题的方式为自己的将来奠基吗？

有时学生之间也会存在争议，可是争议的焦点仍然是标准答案。似乎离开了标准答案，这些学科的学习便失去了方向。长此以往，学生除了会找题做、对答案之外，生活中的真实问题很难进入学生的视野，他们也就更难以运用所学的数理化的知识来解决这些真实的问题。于是，标准答案的发现过程替代了学生认识真实世界的过程。一切都在题目中进行，发现的"真理"就是标准答案。谁发现的标准答案越多，谁的得分就越高，谁就能够成为考试的胜出者。

如果说数学、物理、化学等理科考试设定了标准答案还可以找到合理的借口，毕竟在一定的条件下理科的答案是可以确定的。非要设定"$1+1\neq2$"的答案，要么是为了故意难为学生，要么就是有悖常理。但在现实中，连文科的答案都难逃标准化的结果的确令人有些难以理解。在笔者同自己就读高中的历史老师交流时，历史老师非常困惑地说道："总是说我们历史老师只教学生背诵，不教学生思考的能力。可是我们也在教啊！你看这些题目，我们不都是引导学生先思考，最后才得出答案吗？有的课上还会讨论，并不是直接把答案给学生让他们背啊！"这位老师的观点很具有代表性，许多文科的老师觉得被扣上一顶"只教背诵"的帽子实在非常冤枉。那么多题目的锻炼，尤其是主观题的锻炼，怎会没有提高学生的思考和分析能力呢？实际上，如果说这种教学中存在着思考和分析能力的提升，也是一种按照别人的思维规训自己的过程。标准答案摆在眼前，教师上课的引导只能想着标准答案的方向，否则学生难以得分。然而，对于一个历史事件或历史人物的评价又怎么可能意见统一呢？但在标准答案面前，不一致是不合时宜的。教师只得将学生向着标准答案的方向不断引导，最终当学生认可了标准答案时，教师的教学便大功告成了。然而，也正是在教师的循循善诱中，学生要么放弃了思考，要么学会了人云亦云。反正给分的就是好的，有自己的想法反而成为了获得高分的障碍。

不仅历史学习被标准答案扭曲，连语文的写作也难逃标准答案的"魔爪"。在同一位教师座谈时，这位教师介绍了她关于作文教学的一点思考：

　　　对于那些理科生而言，跟他们讲语文的人文性他们根本理解不了。我就听过一位很出色的语文老师给学生们讲朱自清的《背影》。那篇文章老师用了许多方式去激发学生理解、体会文中"父亲"的感情。父亲的每一个动作，老师都提示学生要关注。但是反复地阅读、深入地讲解等多种手段用过了，我还是感觉学生有点无动于衷。那节课老师上得很累，学生也很累。老师感觉已经挖得很深、很透了，可学生还是抓不到老师究竟想要他们体会什么。所以对于这些孩子不教给他们套路，他们写作文根本就不会写。更重要的是，高考的作文是有标准的。语文老师往往就是根据高考的标准教学生写作文。第一段写什么，第二段写什么，开头怎么写，结尾怎么写。不教他们就不会写！

高考语文考试中作文所占分值很大，使得任何一名语文教师都不可能无视高考作文的要求。但据此就将写作课完全按照套路来教，不禁令人担忧：如今的语文写作难道成为了新形式的八股？每个学生所经历的、体味的人生本来五彩斑斓，本可写出风格迥异的文章，然而，在强大的高考面前，分数是第一位的。学生可以没有真情实感，可以没有生活阅历，可以没有独立思考，他们只需要按照老师所教的套路在考场上将出题人给出的题目内容套进已然成型的八股之中，便可以拿到相应的分数。在语文考试中，作文的优劣动辄就相差十几分甚至几十分。因此，谁能够拿到较高的分数，谁便在总分的排名中占据先机。于是，作文考试便成了纯粹技术意义上的考试，而教师则成为按照考试给出的标准答案将学生打磨合格的技术工人。

写作最为基本的要求是将自己真实的情感用文字表达出来，虽然优美但充斥着虚情假意的作文远比文辞朴实但洋溢真情的作文更加令人忧心。教人做人是教育的首要任务，一个文辞华丽的人倘若心术不正，其造成的危害会远大于一个言辞质朴的老实人。人文学科本来能够给学生提供不同于理科的更为广泛的社会、历史、文学等方面的知识，为学生打开另一扇窗户。窗外的世界充满着争议，需要学生运用自己的头脑形成自己的思考，最终用自己的语言表达出来。然而，在"淘金"的过程中，我们却用标准答案剔除了所有与之不同的可能性。学生被限定在一个确定的领域中，按照出题人的思路，给出确定的答案。所有的争议都在标准答案面前显得毫无价值。不能得分，争议、思考与个性化的表达就真的失去它们的价值了吗？

数理学科的标准答案屏蔽了学生探索真实世界的意识，人文学科的标准答案又封闭了学生理解世界的差异性的视角。学生所接触的世界成了一个出题人设定好的确定性的世界，出题人像神一样在制定着这个世界唯一的真理——标准答案。凡是不符合标准答案的都是错的，惩罚错误的人的最佳方式就是不让他得分。由此一来，人活着就是为了按照这个"神"的意愿找寻他设定好的唯一正确的答案。教师的教学便成为帮助学生发现标准答案的有效途径。

（三）统一的管理

教育惯性不仅存在于教学活动中，在学校的日常管理中也充斥着教育惯性。这些管理中充斥的惯性的危害丝毫不小于教学活动中的惯性。从某种程度上讲，管理中的惯性同教学中的惯性是相伴而生且危害更大。因为在高中扮演管理角色的人往往是从教学岗位走出来的学校中的优秀教师。一旦他们掌握了管理之位，教学中的惯性的危害便找到了更大的平台。不妨通过笔者在 S 学校调研的几个案例对这一问题略作说明。

在同学生座谈时，笔者发现学校为了适应不同水平、不同文理倾向的学生的需求，将数学、物理等学科分为三级，将历史、政治等学科分为两级。而且明确说明不同层级之间不是快慢班关系，更不是重点班与非重点班关系。以物理为例，物理Ⅰ适应的是文科倾向的学生，他们只需了解物理的基本原理与基本概念，并不要求他们掌握高深的物理知识。物理Ⅱ适应的是经济、工程类等方向的学生。这些学生所学的物理内容较之物理Ⅰ的学生难度自然有所增加，内容也更为复杂。不仅涉及物理学科的基本概念与基本原理，还要涉及这一部分内容如何同实际问题联系起来，即能够解决一定的现实问题。物理Ⅲ是适合数理倾向的学生。这些学生所学的内容已经不仅局限于高中课程大纲规定的内容，而且会增加一部分大学物理课程的内容。这对于学有余力的学生而言都是一种挑战。不仅在难度上、容量上存在差异，在教材编排上也存在不同。物理Ⅲ从力学讲起，并直接将力学作为一个完整的模块讲完。这当中涉及了一部分牛顿定律，而这一部分并未学过，需要学生自己学习掌握。而物理Ⅱ和物理Ⅰ则更加强调内容的先后次序，要保证后一阶段所学的内容要以前一阶段所学的内容为基础。此外，在教学方法上，仍然存在巨大的差异。物理Ⅲ的教师教学更加强调学生的自主研修、探索的能力，而物理Ⅱ与物理Ⅰ的学生则更加强调教师的讲解。总之，层次的划分是为了适应学生未来不同的走向，而并不是为了划分重点班与非重点班。然而，在实际的操作中，学生并没有选择的权利。老师根据成绩便自动给学生分了班：物理分数高的学生学习物理Ⅲ，物理分数低的学生学习物理Ⅰ，而分数介于两者之间的学生学习物理Ⅱ。

对于这一点，许多学生提出了质疑：有学生说，其实就是那次考试没考好，结果只能学物理Ⅱ，实际有能力学好物理Ⅲ的。现在想学物理Ⅲ都很难，因为Ⅱ、Ⅲ学的东西都不一样，跨过去很难跟得上。而一入学就有明确文科倾向的一些学生也不满意。对于他们而言，物理Ⅰ也许是最为经济、实惠的选择。既可以顺利通过会考，也不至于完全不懂物理常识。然而，由于考试中发挥不错，却误打误撞被分进了物理Ⅱ。这一来不仅学习的任务有所加重，而且学习的难度也有所加大。

不仅在主科课程的选择上，而且在艺术、体育等课程上，学生也没有实际的选择权。例如，在上文提到的艺术课模块《歌舞青春》（英文版）的选课过程中，学生也没有充分的选择权。老师们规定1～3班的学生可以上外教教的《歌舞青春》（英文版），而4～6班只能去上中国老师教的《歌舞青春》（英文版）。在体育课中，也存在缺乏选择权的现象。但同艺术课和物理课不同，由于想学羽毛球的学生多，因此，为了平息争端，老师将名额摊派到各个班。不仅在 S 校、也包括在其他引进外教的普通高中学校中，如果一门课同时有中方教师和外方教师授课，学生更希望自己能够分在外教所教的班级。对外教的青睐，一方面固然因为外教相对稀缺，容易引起学生关注，更为重要的是，外教由于其教育背景和文化背景不同，在国内中方教师普遍受到教育惯性规约的情况下，能够给学生带来与众不同的课堂氛围。但教师"一刀切"的规定显然扼杀了学生的选择权。

表面看起来，上述问题都是源于学校缺乏一个网络选课的平台。如果网络选课平台存在，就无须由老师来决定学生与教学班的对应关系。然而，笔者认为技术条件的缺乏不足以解释上述现象。这种"没有选择权的选修课"实际反映了教师对于学生选择的包办代替。在谈到直升班的选课情况时，Q 老师说道：

> 并不是直升班的孩子小，而是老师包办太多。在一开始选课的时候就是这样，老师们普遍反映直升班选课没问题，当时我就觉得存在隐患。许多老师就觉得自己很了解这些学生，都带了他们两三年了，有什么不了解。谁适合上什么都清楚得很。所以在选课的时候根本就没给学生多少选择。都是老师给选的。

直升班的这种包办情况在其他班级也非常明显。一些教师不仅包办了学生的课程选择，还包办了学生的课余时间安置。学校希望选课之后学生的时间安排不同，这样可以使学生学会更合理地安排时间。因此，在中午和下午的两个时段便成为学生自主安排的时段。可有的班主任明确规定自己班的学生即便第四节没有课也不能提前去吃饭，必须回到自己的行政班上自习。而下午的时间则被一些老师（实际是年级主任的授意）以"自愿参加考试"的名义占用。S 学校课程改革所希望的自主安排时间的愿望几乎完全落空。

此种学生无自主权的现象在许多地方的名校中普遍存在。这背后潜藏着"淘金式"的培养模式中追求统一的基本逻辑。在许多教师看来，让学生自主选择难免乱套。高考考试的内容、课程的进度等都是统一的，学生只要按照教师的布置一步步走过去就可以顺利通过高考，这条统一的道路是教师用数十年甚至几代教师共同努力才摸索出的道路，以往的经验已经足以证明这种做法是值得"信赖"的。有的教师甚至对于学生不满这种统一安排的想法大为不解。在他们看来，老师都是为了学生能够取得好成绩才会如此精心安排好一切时间，学生对此不理解只能说明他们年龄尚幼，不能体会老师的良苦用心。即便是学校已经预留了本应由学生自主支配的时间，教师也要想尽一切办法占用。在任何一个时间点，在任何一个工作环节当中，学生的学习都被预先安排妥当。然而，当我们跳出学校教育教学工作之外，俯视整个教育教学工作流程时，我们却发现学生就像流水线上的零件，在每一个环节都经历了同样的打磨。不仅打磨的标准一致，就连打磨的时间也非常统一。这是数十年来在片面追求应试教育的过程中，一线教师摸索出的一条行之有效的"培养"（也许用生产加工更为合适）方式。在 S 学校业已展开的课程改革中，这种教育惯性仍然发挥着巨大的影响。倘若学校并未改革，这种影响的作用之大令人惊心！

笔者无意夸大 S 学校存在的种种问题，列举这些现实中存在的情况，只是为了说明精英高中的教育管理也充斥着教育惯性的消极影响，从而使得学校的改革大打折扣。学生还缺乏自主的能力，仍然在按照老师所认为的最能够利于他们提高成绩的方式不断打造自己。最终的成绩也许会令许多人眼前一亮，但在这个过程中，我们失去了太多培养学生自主能力的机会，失去了太多发现"天才"的机会。在骄人的高考成绩面前，前文所述的种种代价无一例外地被掩盖起来。

## 三、"面子"："淘金式"培养模式的"帮凶"

### （一）作为生存之育的面子

中国人好面子，这是人所共知的事情。其实这种文化源自熟人社会的生存之需。在村落中，一家人可以经济上不富裕，但不能做违背道德法则的事情，否则会遭到舆论的一致谴责。"没脸见人"指的就是这种状况。如此一来，这家人在村落中也就没有了生存的空间。面子同生存的关系大抵如此。在熟人社会中，每个人的为人、背景、能力、兴趣甚至不良嗜好都是人尽皆知的事情，而且所有的社会活动大都由这些彼此再熟悉不过的人共同参与完成，所以不揭别人的短处、做事说话给人留余地、得饶人处且饶人等为人处世之道便成为重要的生存法则。

既然，"有面子"是在熟人社会中得以生存的重要条件，那么"要面子"也就成为理所当然的选择。没有人愿意在没有脸面的状况下苟延残喘，整天面对众人轻蔑、敌视的目光。因此，面子就成为自己与他人相互联系的纽带，想要有面子，首先得学会给面子。俗话说"给人面子，人家才能给你面子"。给别人的面子的多少与时机，通常会决定别人对于你的评价与认可。在熟人社会中，无论是婚丧嫁娶等家庭事务，还是节庆祭天等公众事务，几乎所有的社会交往活动都需要面对这些周围的人。艾伯特（Abbott，1970）认为，强调社会和谐性及人际关系的合理安排一直被认为是中国文化最显著的特征之一。所以面子的给予与获得也成为维护社会和谐与互利共赢的重要方式。

在现实中许多人为了争得面子而不惜付出巨大的代价，可见面子并不一定都表现为一种和和气气的状态。许多家长碍于面子不愿谈及自己子女的受教育问题、许多教师因自己班的学生考不过邻班的学生觉得颜面无光、许多校长不愿面对自己学校招生时的分数线总比别的学校低……这种现实当中看重面子的事例都表明"面子"作为社会上形形色色的个体的生存之育所具有的极强的解释力。

潘光旦（1997）曾说："教育的目的不止一个，而最概括没有的一个是促成此种位育的功能，从每一个人的位育做起，而终于达到全人类的位育。"可见潘光旦对于位育概念的看重。的确，从位育的视角不仅可以有效分析政府、学校、家庭（个人）在代价生成过程中的价值追求和行为方式。实际上，整个中国社会就是一个位育的社会，在人们尚未得其位时，人们自然会追求理想之位。因为不同的位有不同的生活状态。当得其位后，人们便要依位而行，按照位的要求育己。精英高中的诸多问题，是高中在历史发展的进程中根据自己所处之位而形成的生存状态，而高中的生存状态又成为了育人的前提。因此，普通高中的定位"培育"了高中，而后高中又"培育"了学生。高中阶段精英教育所导致的众多代价恰恰就是我们对于普通高中的定位与普通高中在其位上长期形成的"育"所存在的问题导致的。借用位育的视角，不仅可以使我们更为深入地剖析高中精英教育所造成的负面影响，还可以帮助我们超越纷繁复杂的现实而探究背后的原因。

### （二）作祟的"面子"

略费一些笔墨来描述作为一种生存之育的面子，不仅是为了说明中国人好面子这个众所周知的事实，更为重要的是为了指出对"面子"的喜好时常成为"淘金式"培养模式的"帮凶"。

由于重点高中和示范性高中的存在，许多家长以自己的子女能够进入这样的学校而自豪。反之，倘若自己的孩子未能进入这样的学校则显得人前无脸，颜面无光。所以许多家长挖空心思地希望将自己的孩子送进名校。S学校作为北京的名校，自然也在家长的选择之列。而且S学校中的直升班、理科实验班甚至科学实验班被许多家长认为是重点中的重点，能够进入这样的班级，不仅孩子的高考没问题，而且在同事和朋友们面前，自己也能挺直腰杆和别人说孩子的教育问题。然而，正是这种面子观的作祟，使得一些并不适合进入这种快节奏班级的孩子成为了牺牲品。

在S学校调研期间，笔者了解到S学校的一位老师，在孩子小学毕业时通过各种关系将自己的孩子送进了直升班。实际上，他的孩子的学习情况一般，算不上同龄人中的佼佼者。因此从一开始，这个孩子就始终处于拼命追赶的境况。两年多下来，无论是学习的动机还是信心都大受打击。但迫于面子的压力，这位父亲并未让自己的孩子离开直升班。在"侥幸"通过分流考试之后，孩子在直升班的学习始终处在中下游。最终的高考也没能考出自己理想的成绩。这位父亲非常不愿在别人尤其是同事面前提起自己孩子的受教育经历，这让他觉得非常没有面子。笔者曾多次试图和他进行深入的交流，但他都委婉拒绝了。只是在同G老师的简短对话中，他提到："直升班把孩子给耽误了！"

这位父亲的心态想必不难理解，自己想尽办法将孩子送进当时最好的班级的初衷是毋庸置疑的。无论从高考的角度想，还是从同事间的面子的角度看，他都不能让自己的孩子去一个普通的学校，进一个普通的班级。他做了他认为应该做的所有事。但事实却不如他所愿。孩子痛苦的追赶过程和不尽如人意的结果最终表明他的这一切努力都没有能够得偿所愿。直升班的快节奏是否合理，上文已经讨论。在这里更需指出的是，明知道直升班的这种快节奏教学短期内难以改变，而自己的孩子又不适应这种学习方式的时候，为什么不想办法为自己的孩子寻求一种适合她的学习方式呢？也许作为北京名校的老师，他难以接受自己的孩子还没念完高中就以"失败者"的姿态离开竞争激烈的直升班。父亲看重面子，才是导致孩子最终没能考上理想大学的重要原因。

并非只有这一位家长如此看重面子。直升区每年都会淘汰30名左右的孩子，而分流考试一结束，负责直升区的老师最头痛的事情便是同这些被淘汰的孩子的家长进行沟通。一位负责直升区的老师说："主要是工作不好做，谁愿意自己的孩子下来啊。可是家长都好面子啊，每年和家长做工作难度很大。"G老师也提出了相同的看法："每年到分流的时候，家长意见可大了。主要还是要面子，毕竟进直升班是个体面的事，谁愿意出来啊？"正是这些"一切为了孩子"的家长对于面子的看重，使得自己的孩子没有能够在最合适的时间选择一条最适合自己的受教育之路，从而成为"面子"的牺牲品。

当然，将所有的责任推到家长的身上，自然不合情理。实际上，在教育过程中，学生自身对"面子"的看重也加剧了问题的严重性。许多老师都反映直升区的孩子非常看重成绩的排名：

> 实际上，这些孩子在进来之前都是每个学校最优秀的孩子。原来在班里都是佼佼者，谁愿意到这里来了以后成了最后一名？据他们自己说自己的传奇都是原来班里的前5名，我给他们稍微放点水至少都是班里的前10名，否则他们考不上。这都孩子内心是十分高傲的，好不容易进来了，落后了是很丢面子的事情。比如，学校不允许考试完排名，怕伤害学生的自尊心。但一考完试，学生自己瞬间就排出名次来了。谁第一谁第二，学生自己很清楚。大家都很在意这个嘛！你再去淡化这个也没用，外界环境看重这个，社会的竞争环境决定了孩子肯定看重这个。而且有个分流考试，学生不可能不重视名次。

这使得学生之间的竞争进入白热化状态。学生们更多关注的是自己的排名，而很少有人思考自己是否适合这样的学习方式。在激烈的竞争面前，排名靠后者的自尊心很容易受到打击。诚如这位老师所言，这些原本在自己的学校都是前几名的学生又怎么能够甘居人后呢？这种不甘心落后的劲头本身就是一把双刃剑。在督促自己不断努力的同时，却也可能将自己逼上一条不归路。

老师的面子观也进一步加剧了问题。由于都是学校在各个学科公认的"好"老师担任任课教师,这些老师之间的竞争也成为一种常态化的活动。谁也不愿意在竞争中失败从而丢面子,所以加紧督促学生便成为教师最为常见的一种教学手段。由此一来,来自家长、学生自身和教师的三重压力,全部压在学生身上。再加之学习的高速度和高难度,一些不适应这种学习方式的孩子便逐渐掉下队来。但面子的作祟使得他们没有得到适宜的对待,而是不得不心力憔悴地跟随着那些学得快的领跑者。对于一些只有十三四岁的孩子而言,长期在高强度和高压力的学习中处于落后状态,一次次的考试失败不断累加着他们心里的压抑。对面子的看重又使得他们没有多少喘息的机会。那些被淘汰的学生甚至还不如常规班的学生的现实就不令人惊奇了。

综上所述,精英高中所面临的造成公平性质疑的"外患"尚未清除,内忧又不断浮现。"淘金式"的培养模式虽然成就了一部分学生,但也淘汰了许多学生。这些被淘汰者也许本不应如此,他们的失败在很大程度上也是教育的结果!那些被保留下的"金子",却也并不是令人放心的。他们对于自身处境缺乏反思意识,对于社会缺乏责任感等问题,都不禁令人质疑"淘金式"的培养模式的意义与价值。既然高中精英教育有其存在的合理性,既然精英高中又将作为高中精英教育重要的形态而存在,那么我们又该如何面对这些导致代价的深层次问题?如果说在走向普及化的当下,高中教育的生存之位已经发生了改变,那么我们也应该沿着这个思路寻求高中精英教育的系统性变革。这直接指向了精英教育代价的合理控制。

# 第五章 高中精英教育的代价控制

高中精英教育代价的控制与消减必须从以精英高中建设的创价弥补代价和对弱者进行补偿两个方面入手。《规划纲要》中提出的普通高中多样化发展正是转变独轨位次的积极尝试。如何为"精英高中"正名并且引导他们向着合理的方向推进改革是控制代价的重要方面，以 S 学校为代表的精英高中业已开始的改革实践正是探索培养模式改革的有益尝试。与此同时，如何向身处边缘的学校和学生进行补偿性改革也是控制代价的重要组成部分。

## 第一节 "正位"改革：精英高中改革的政府支持

### 一、鼓励精英高中提出旗帜鲜明的培养目标：正学校之名

对于精英高中而言，应当首先明确自己的培养目标。培养目标是精英高中的一面旗帜，是学校发展方向和理念的重要表征。世界著名的精英高中都明确提出自己的教育理念，在理念的表述上，都将自己希望培养什么样的精英人才作为明确的目标旗帜鲜明地提出来。例如，芬兰罗素高中（Ressu Upper Secondary School）就明确提出培养"懂得宽容、具有合作和自由选择的意识和能力的、并且具有社会责任感的人"[1]；英国伊顿公学明确提出要培养"自信、宽容、积极向上、独立思考、尊重他人差异、对社会有价值的年轻人"[2]；美国史蒂文森特高中提出"用知识、道德和人类共同价值追求谆谆教导学生的同时，帮助作为关怀世界的公民的学生们最大限度地发挥自己的潜质"[3]；新加坡莱佛士书院用"四个一"表述自己的培养目标：

> 作为一个人：在思想和行动上，为了自己也为了他人，向着更好的方
> 向而努力；

---

[1] Huovinen A. Greeting from principal[EB/OL]. http://www.hel.fi/hki/ressul/fi/In_English/Greeting_from_Principal [2012-02-12].

[2] Little T. Foreword[EB/OL]. http://www.etoncollege.com/Introduction.aspx[2012-02-12].

[3] Mission statement[EB/OL]. http://www.stuy.edu/apps/pages/index.jsp?uREC_ID=126631&type=d&pREC_ID= 251661&hideMenu=1[2012-02-12].

　　作为一个思考者：当面对一种复杂的、难以捉摸的、模棱两可的局面时，在没有显而易见的应对方案时，能够表现出一种深思熟虑的（reflective）性格并采取明智的行动；

　　作为一个领导者：能够表现出超越自我的勇气和使命感，力求为所有人创造一个更好的时代（better age）；

　　作为一个先锋：为了共同的善（the common good），能够创造性地发现和抓住各种机会。①

　　不必逐一列举世界著名精英高中的培养目标，便可以看出旗帜鲜明的培养目标的重要性。然而，我国的许多学校过去出于各种担忧而不敢抑或不愿明确提出自己的培养目标。这一方面反映了政府对于精英高中培养目标是否明确的问题缺乏足够的重视，另一方面也反映了学校对"棒打出头鸟""不敢为天下先"的顾虑。既然精英高中的存在具有合理性，那么我们为什么不能明确鼓励学校提出各自的培养目标呢？既然精英的培养是一个系统工程，而高中扮演了重要一环，为什么学校提出培养各类精英的目标却得不到政府的明确认同呢？因此，明确提出自己的精英教育培养目标是教育主管部门应当鼓励一部分有条件的学校勇于迈出的一步。

　　当然，对于精英高中而言，目标不仅要旗帜鲜明，而且要重点突出。对于任何一所学校而言，不可能设置一套适合所有学生、面向未来所有领域的庞大课程体系。加之每个学校都有自己的传统与优势，因此，精英高中的培养目标还要突出学校的优势与特点。这意味着同是精英高中可能所侧重的领域还有不同。尽管布朗克斯科学高中也培养了许多文学家和艺术家，但最令人称道的显然是他们对物理人才的培养。

　　从这个意义上讲，精英高中的发展也不应是雷同的，而应具有各自的特色。精英高中在本质上应当首先是特色学校。当然，这种侧重未必一定侧重某一学科，某种精神、某种素质都可以成为精英高中培养目标的侧重点。政府在鼓励精英高中明确提出自己的培养目标时，也应积极引导学校从自身的历史传统和社区特点出发，在立足学校的历史积淀与现实发展需求的同时，关注国家和社会发展对于精英人才的迫切需求。精英高中的培养目标不仅是一所学校的办学理念的集中体现，其清晰程度和不同学校目标的差异程度还反映了各级教育主管部门对于精英高中价值的认可程度。鼓励学校提出旗帜鲜明且重点突出的培养目标，直接反映了国家对于不同领域精英人才的殷切期盼。

---

① Mission and goals[EB/OL]. http://www.ri.edu.sg/[2011-05-16].

## 二、赋予高中办学自主权：正学校之位

精英高中的改革不能是有名无实的改革，要想将改革真正落到实处，还必须赋予精英高中一定的办学自主权。自主权是探索精英高中培养模式改革关键性的外部条件。

### （一）课程自主权

课程是学校的核心，任何培养目标倘若没有课程作为支撑，则只能停留在口号层面，难以落实。在同 S 学校的 Q 老师交流时，他反复强调："不要告诉我你们要培养什么样的人，关键要看你有没有相应的课程。你说你要培养勇敢的人，可是你连点对抗性的课程都没有，怎么培养？" Q 老师的观点可谓道破课程同培养目标之间的紧密关联。

对于精英高中而言，课程的开发与实施具有更大的挑战性。从精英高中的生源特点来看，但凡有过一线教学经历的老师都知道那些具有较强学习能力和学习兴趣的学生，往往会不断地迸发"稀奇古怪"的想法。许多这样的想法正是学生创造性的体现。而为这些学生开发课程就需要更加注意既不扼杀学生的创造性，还要为学生探索与验证自己的奇思妙想预留足够的空间。这意味着课程设置本身必须具有很大的弹性。从精英高中的定位来看，不能仅仅满足于高中阶段的学习内容，拓展知识领域、加深知识难度是精英高中面临的重要任务。尤其是作为主打学科的课程，倘若不能涉及该领域的前沿问题，学生不能面对开放的知识领域深入探索，那么精英的培养目标也将难以实现。

从上述两个角度的分析不难看出，精英高中的课程设置具有较大的弹性和开放性。这势必与统一的课程设置相矛盾。长期以来，国家课程大一统的局面始终没有打破。尽管 2003 年颁布的《普通高中课程方案（实验）》中赋予了高中学校一定的课程自主权，但国家课程仍然占据了八成左右的比重。所剩的地方课程和校本课程的空间在高考的挤压下大都早已名存实亡。这对于精英高中的发展而言显然极为不利，毕竟任何统一的课程都难以适应差异巨大的需求。因此，进一步缩小国家课程的比重，增加校本课程的比重，改变学校只是落实国家课程主体地位的局面就成为当务之急。

S 学校所进行课程改革的尝试，虽然仍存在许多问题，但其中突出学校课程的理念还是值得称道的。根据学校目前的设想，课程改革的目标是打破国家课程、地方课程和校本课程的边界，构建一个完整的"S 学校课程体系"（图 5-1）。这正是源于学校生源结构复杂的现实情况而采取的有针对性改革。为了支持学校的课程改革，北京市教委给予了学校足够的课程自主权，包括课程设置、教材开发、会

考命题等课程相关权力在内的课程权的下放，这些政策的确为学校的精英培养目标的实现提供了较为宽阔的空间。正是在拥有了自主的课程权的基础上，S学校才探索出分层次、分领域、适应不同学生需求的课程体系。从某种程度来说，这也显示了精英高中发展的政策导向，不是一定要政府告诉学校该做什么，该怎么做，而是让渡部分管理权限，给予学校更大的发展空间。政府也意识到了这一点，因此，在对S学校放权的过程也是政府逐渐摸索哪些地方该放，哪些地方能放，下放到一个什么样的程度、又该如何监管的过程。正如精英高中培养模式正在改革中探索，政府对精英高中的政策制度也在不断地探索和完善中。因此，课程权的下放是精英高中"正位"改革的重要一环。

图 5-1　　S 学校课程结构示意图

此外，课程权的下放还不得不提及国际班的问题。国际班是分层分类课程体系建设的有机组成部分，对于适应不同学生的学习需求而言，具有不可忽视的重要意义。然而，由于在国家间学分互认机制上的缺失，国际班的开设也面临种种质疑。

在实践中，国际班的课程开设通常都采用"中国课程+国际课程"的"中+洋"模式，如北京某中学只开设语文、政治、历史、地理 4 门中文课程，其他课程都是国际课程。如此实践带来的争论也就围绕着课程和学历证书之间的关系展开。有质疑之声指出只修 4 门中国课程如何能够获得中国的高中毕业文凭？许多国际班都表明可以获得国内和国外的高中文凭，学生既可以参加国内高考，也可以参加其他国家的高考。但没有修全中国高中课程又如何能够获得中国的高中文凭呢？

这个问题看似复杂，实际是中外不同国家能否互认高中学分的问题。实际上，在目前的实践中，人文课程仍是中国课程，所不同的主要在于国际课程，而这些课程主要是数理化等理科课程。这些课程以哪种语言作为学习的中介并不影响学生对国家的认同。因此，只要建立相应的学分互认系统，这一问题就迎刃而解。因此，在开设国际班的精英高中，不应过分执着于对教育主权的考虑，而应该规范国际班的管理以使学校的教育教学活动指向学生的全面发展，并不能因为有的学生要出国就放松对学生的要求。正如 S 学校 Q 老师所说："出国的学生也一样要修完我们的课程，否则他就不能毕业。只有这样，我们送出去的学生才能得到世界名校的认可！"

当然，在下放课程权的同时，国家也必须尽快建立国家间的学分互认机制，使得中国的高中课程同国外的高中课程的学分能够互认，这是高中国际化推进的制度保障。

## （二）学制调整权

高中学制三年是国家统一的规定，这是沿用美国六三三学制的产物。无论是过去的学年制，还是目前实行的学年学分制，高中课程的设置与教材的编写也都按照三年的时间统一安排。然而，现实中即便学生学习能力和学习成绩并不突出的学校也遵循着"2＋1"原则，即用二年的时间学完三年的课程，再用一年时间复习，应付激烈的高考竞争。这种提前完成教学内容进度要求的做法在我国的高中十分普遍。而且高中阶段的会考或学业水平考试也在高二前结束。这意味着从毕业的角度来看，似乎所有的学生都可以在高二结束时高中毕业。倘若学生不想参加高考，他便可以不读高三。这不禁令人反思，既然"2＋1"模式已经成为一种普遍采用的策略，为什么高中还要顽固地坚守三年的时限？

实际上，尽管学生都完成了高中新课程的学习，也顺利通过了高中会考，学校并没有权力认定学生高中毕业。新课程所实行学分制并不像是毕业认定的凭证，而更像是日常课程管理的制度。学生是否毕业关键在于能否通过会考或学业水平考试。这表明由学校实施的学分管理并不具有决定权，学校在学制面前仍然是落实政策的角色。如果这对于高中阶段的大多数学校而言具有保障质量意味，对于精英高中而言则更显束缚。四川省允许国家级示范高中的学生不必参加会考的政策表明对于这些优质高中的学生而言，会考本身并没有多大的意义。他们现有的学习水平已经高出了高中毕业的基本要求。这种情况不是四川地区的个例，笔者在北京调研时也发现这样的情况。在 S 学校调研的时候，北京另一所普通高中的副校长来到 S 学校参观学习，在聊到会考时，这位副校长也提到对于 S 学校的学生而言，即便不参加会考也远远高于会考水平，而对于自己所在的学校的学生，能有一半人顺利通过会考就不错了。因此，从毕业的角度讲，既然学生可以用 2 年甚至更短的时间完成高中学业水平的基本要求，我们应当允许学生提前毕业。

对于精英高中而言，世界上许多发达国家的精英高中显然也面临着同样的情况。但他们更多采取的是开设大学先修课程等课程方式满足资优与专才学生学习的需求。而且先修课程等已经自然融入学校的课程体系之中，成为学校课程的有机组成部分。如上文多次提到的美国布朗克斯科学高中，既有荣誉课程，也有先修课程，可以满足不同层次学生的学习需求。因此，作为四年制高中，布朗克斯科学高中的学生实际在三年级时便已经开始提前接受大学教育。学校的美国大学预修课程（advanced placement，AP）的学分得到了许多大学的承认，这使得学生可以用更短的时间学到更多的知识。这实际已经突破了高中原有的学制。

无论是国内四川省和 S 学校的尝试，还是国外精英高中的尝试，都表明固守学制的界限势必损害教育的效率。当然，我们必须明确向教育要效率包括两层含义：向教育过程要效率同向教育要效率。这是两个不同的命题。教育过程的效率问题事关每一个学生能否得到适合自己的教育，能否在有限的时间之内尽可能使自己获得更大的发展。而向教育要效率就往往更加强调教育的工具价值。当国家需要大批技术工人时，人们便要求教育要培养相应数量的技术工人；当国家需要大批科技人才时，人们又会关注科技类的专业是否招到了高质量的生源；当国家需要大批外语人才时，人们又会看重那些外语学校有多少人毕业……国家像市场一样不断提出新的要求，教育则紧跟其后不断为了满足市场的需求而疲于奔命。套用丹尼尔·贝尔的一句话：**教育的主要目标就是在市场上成功出卖自己的产品**（李钢，1999）。尽管后一种教育效率的认识必然引发争议，但即便是从这种争议的视角出发，我们也不能允许在学校教育过程中不断浪费学生的时间。学生的时间是有限的，对于精英高中的学生而言，高中毕业显然不是他们的终点。从国家的视角来看，即便是我们将精英高中视为一种实现国家人才战略的工具，我们在关注"多出人才"的同时，也要关注"快出人才，出好人才"！提前毕业参加高考与大学先修课程的开设都是一种节约时间成本的积极应对。对于高中而言，无论是哪一种应对，都要求国家能够给予学校足够的学制调整权。要想办好精英高中，默许不是表态，只有正面赋予学校学制调整权，学校才能大胆积极探索，同高校之间多样化的学制关联，为寻求适合中国国情的精英人才的培养体系贡献智慧。

## 三、拒绝精英教育的泛化：明确精英高中的门槛

### （一）理解"门槛"的误区

一提到精英高中的门槛，许多人首先想到的便是为精英高中设置相应的考试与选拔方式，以确保进入精英高中的学生都是适合这种教育方式、具有学习潜力、个性特征和学习需求的学生。前文提到的美国纽约州的特殊高中入学考试（specialized high schools admissions test，SHSAT）便是一种可供借鉴的筛选方式。

但前文提及的我国现阶段精英教育的泛化，表明国家在精英高中与精英课程的设置问题上缺乏清晰且严格的门槛。1995 年颁发的《示范性普通高级中学评估验收标准（试行）》可视为我国为精英高中设置门槛的一次尝试，但这一标准缺乏对于学生表现的描述与界定，而这实际是精英高中的核心。究竟精英高中的学生应当具有怎样的表现、达到怎样的成就是衡量精英高中的重要指标，但显然这一指标并未出现清晰的界定。即便是在国家课程占据主体地位的高中课程体系中，我们尚

且缺乏具体的课程内容标准,更不用说学习这些内容的学生中,资优与专才学生同普通学生之间的区别了。要确立精英高中的门槛,则首先需要明确学生在表现上的标准。

精英高中学生表现的描述与界定应当格外注意两个误区,第一个误区是认为只要比普通学校的学生更好即可。从某种意义上讲,这些学生的比较对象应该是自己。在资优与专才教育领域有三个相关的概念有助于我们理解学生表现的标准问题。成功者(the achiever)是指在学校成绩好、符合老师成功标准的学生;未能充分发挥学习潜力者(the underachiever)是指在学校里的学习表现同其智商分数和老师的期待不符;超级成功者(the overachiever)是超出预期的学生(弗吉尼亚·Z. 埃利希,2002)。实际上,许多潜在的精英人才并未成为精英不是因为他们努力不够,也不是因为他们缺乏必要的经济等方面的支持,而是由于我们给予他们的教育服务和期待不适切。这表明评价精英高中生源表现的参照系应当为学生自身的学习潜力、学习兴趣和个性特点,而不是其他学校学生的成就。

第二个误区便是只注重学习成绩,而忽略其他因素。倘若精英高中的筛选仅看学习成绩,那同以往实行的重点学校政策并无二致。上文提到的精英学校的许多潜在陪榜者表明学习成绩好并不意味着学生适应精英高中的学习。学生学习能力的强弱及个性特点才是问题的关键。因此,对生源的筛选不能"唯成绩论"。更何况一些学生在某个领域具有卓越的表现或潜质并不一定意味着在中考中能够考出很高的总成绩。因此,唯成绩论很可能使得一些"偏才""怪才"被拒之门外。所以对于生源的筛选是必要但又是复杂的。学习能力、智力水平、性格特点等方面的综合筛选才是符合精英高中发展也符合学生特点的门槛设置。

总体来看,精英高中(课程)的门槛,主要应包括两个方面:一是关于学生基本能力、性向等方面的测试结果,二是就某一领域已取得的成就。前者更加倾向于对学生的整体素质进行综合判断,这主要是为了确定学生是否适合学校的这种高强度、高难度和快节奏的学习方式,以及是否已经具备了较强的学习能力。后者是判断学生是否可以在某一领域进一步深造的依据。

## (二)资优与专才学生的鉴别

倘若资优与专才学生仅仅是一种理论上的界定,那它恐怕也难以对实践产生多大影响。实际上,欧美的许多国家早已借助心理学、考试学等多个学科的研究成果,探索出了多种鉴别资优与专才学生的办法。

考试是最为常见的筛选和鉴别资优与专才学生的办法。美国纽约州特殊高中的入学便是通过统一的考试进行的。该考试即为前文提到的"特殊高中入学考试",这个考试主要考核数学和英语两门课程,主要考察逻辑思维、语言表达等方面的能力。纽约州的 9 所特殊高中中的 8 所都依据这一考试筛选学生,可见对于这种考试方式的重视。然而，诸如特殊高中入学的考试，通常都会引发对于这类考试的质疑。质疑的主要原因在于欧美国家的这类考试通常都是以英语或当地的语言为主进行的考试，这对于第一语言不是英语（或当地语言）的学生而言显然是不公平的。因此，如迪卡特公立学校（Decatur public schools）等学校在考试的选择上更加强调使用纳格莱利非语言能力测验（Naglieri nonverbal ability test）等多种方式鉴别学生。纳格莱利非语言能力测验可以适用于从幼儿园到 12 年级的所有学生，其测量的重点在于不用语言表达的推理能力和一般性的问题解决能力（nonverbal reasoning and general problem solving abilities）。之所以强调"不用语言表达"（nonverbal），是为了适应母语不是英语的学生，以便尽量减少文化背景对测试的影响。测试包括 38 个题目，共 4 种题型：图形完成（pattern completion）、相似形（analogy）、连续推理（serial reasoning）及空间形象化（spatial visualization）。从幼儿园到高中段，4 种题型的题目数量分布略有不同[①]。详见表 5-1。

**表 5-1 纳格莱利非语言能力测验 4 种题型（K-12）** （单位：个）

| 水平 | 年级 | 图形完成 | 相似形 | 连续推理 | 空间形象化 | 总计 |
|---|---|---|---|---|---|---|
| A | 幼儿园 | 30 | 8 | 0 | 0 | 38 |
| B | 1 年级 | 19 | 13 | 6 | 0 | 38 |
| C | 2 年级 | 10 | 12 | 11 | 5 | 38 |
| D | 3～4 年级 | 6 | 10 | 8 | 14 | 38 |
| E | 5～6 年级 | 5 | 6 | 8 | 19 | 38 |
| F | 7～9 年级 | 2 | 10 | 8 | 18 | 38 |
| G | 10～12 年级 | 0 | 7 | 7 | 24 | 38 |

除了考试之外，一些学校还会采取面试等方式对资优与专才学生进行筛选。筛选过程中尽可能收集学生的全面信息，以便对学生的评价不至于片面。总之，发达国家对于资优与专才儿童的鉴定和筛选已经贯穿整个基础教育且手段多样，已经摆脱了单一成绩测验的做法，综合判断已然成为各国精英高中鉴别学生时常采用的主要方式。当然，这当中有两点需要明确。首先，判断所采用的考试是一种基于能力的考试，而不是基于知识的考试。在我国许多地方优质高中筛选学生的方式便是将初中的学习内容或略难于初中水平的学习内容作为考试的依据来筛选学生，这实际上考察的是学生对于初中知识已然达到的学习程度，而不是学生实际的学习能力。所以这种考试往往不能鉴别出真正适应精英高中学习方式的学生。其次，判断并不一定仅仅依靠考试的分数，一个学生可以在考试中赢得好成绩，并不等同

---

① 关于纳格莱利非语言能力测验参见 Assessment and Information. Introduction to the Naglieri nonverbal ability test — Second Edition[EB/OL]. http://www.pearsonassessments.com/HAIWEB/Cultures/en-us/Productdetail.htm?Pid=015-8706-005[2012-05-07]；Mercer Publishing. The Gifted Program® Series of Books[EB/OL]. http://www.mercerpublishing.com/nnat.html[2012-05-07].

于他适合精英高中的学习。其次，仅仅依靠考试成绩通常也难免存在疏漏。特别是能力考试往往不能涉及学生的性格特点及更为全面的素质，因此，在能力测试的同时，以面试或其他方式鉴别学生的综合情况是很有必要的。美国学者桑德拉·K.豪威尔（Sandra K Howell）曾撰文对资优与专才儿童的特点进行了概括，这些特点虽然并不单指高中阶段的学生，但不失为了解综合判断考察维度的重要参考。桑德拉从阅读、思维、课程学习、敏感性（sensitivity）、其他 5 个维度对资优与专才学生的特点进行了概括（表 5-2）。

**表 5-2　桑德拉提出的资优与专才儿童（学龄段）的特点**

| 维度 | 具体表现 |
| --- | --- |
| 阅读 | 领先于其他儿童；<br>乐于阅读所有的东西；<br>与教师所教的阅读方式不同 |
| 思维 | 对因果关系很感兴趣；<br>具有质疑的精神和怀疑的态度；<br>善于进行批判性思维 |
| 课程学习 | 通常感到课程内容较为简单，因此学习速度更快；<br>有他们自己的解决问题的方式；<br>需要情感方面的支持；<br>对于他人的批判十分敏感 |
| 敏感性 | 对自己和他人都时常采取批判的态度；<br>由于善于分析，所以较容易发现言行不一的现象；<br>总有新的想法，也愿意参加头脑风暴的活动，因此，他们时常会提出新的解决问题的方法 |
| 其他 | 愿意从事那些能够体现独立精神和自力更生能力的工作；<br>很强的荣誉感；<br>由于他们通常很自信、充满激情也很受欢迎，所以他们时常扮演着领导者的角色 |

资料来源：（Howell，1979）

桑德拉提出的 5 个维度并不是唯一判定资优与专才学生的维度，但可以为我们鉴别这些学生提供必要的参考。当然，资优与专才儿童的鉴别与筛选是一个涉及多个学科的复杂话题，寥寥数言显然难以穷尽。然而，美国在资优与专才学生鉴别过程中所提出的分析维度或标准，是我国建立精英高中生源鉴别和筛选标准的重要参照。至少，美国的尝试，为我国提供了一个探索的方向。

当然，在我国也有许多关于鉴别资优与专才学生的测量方法，除了经过"改造"的比奈-西蒙量表等工具外，"鉴别超长儿童认知能力测验"等测验手段也早已开发出来（查子秀，2006）。问题的关键是这些工具同一线的教育工作者距离较远，往往只是停留在特殊教育研究者的研究领域，在高中生源的鉴别和筛选中使用较少。这就使得我们不得不反思我们长期以来确立的高中精英教育战略是否具有坚实的理论基础。作为高中的一个重要类型，精英高中肩负着为国家培养精英苗子的重任，有坚实的理论基础，是明确生源特质的关键所在。

### （三）课程门槛的设定

在入学时设置门槛是对每一个报考的学生负责，但这并不意味着所有通过了筛选的学生就可以修读精英高中的所有课程。对于这些能力出众的学生而言，时间也是有限的。他们也必须有所选择，有所侧重。更何况，对于这些能力出众的学生而言，他们也有自己的兴趣和倾向。因此，他们往往需要在某个或某些学科或领域上拓展自己的知识面，加大学习的深度。这时就涉及修读课程的门槛问题。

关于精英高中课程门槛的设置已经拥有许多成功的经验。以布朗克斯科学高中的英语课为例，尽管大部分学生的母语就是英语，尽管是大学刚入学时学习的课程，布朗克斯科学高中仍然在设置了面向所有学生的大一英语（freshman English）的同时，设置了荣誉英语（honors English）课程。由于荣誉英语课程对于学生的英语基础要求更高，所以想要修读该课程的学生需要通过专门的申请与考核，这也明确了该课程的门槛。这种课程门槛的设定，在整个高中四年的课程中普遍存在，可见设置课程门槛已成为世界著名精英高中的一种常规举措。

实际上，在我国的精英高中也普遍存在设置部分课程门槛的尝试。例如，S 学校便尝试为篮球课设置不同的课程门槛。由于学生的篮球水平参差不齐，让完全没有基础的学生和已经熟练掌握篮球各项基本技术的学生在同一个课堂中学习，教师很难同时针对这两个差异极大的学生群体。因此，面对这种情况，学校有意识地对篮球课进行了分层设计。篮球 I 是零起点课程，所有想学篮球的学生都可以报名，课程本身无门槛限制。但篮球 II 则要求掌握基本的篮球技术的学生才能学习。由此可见，课程门槛的设定对我国的精英高中而言也并不陌生。

除了有助于适应不同基础的学生的学习需求外，课程门槛的设定还可以有效引导学生在自己感兴趣的领域进行深造之前打好相应的基础。在开学之初给予学生的课程手册中明确将不同课程的门槛表述清楚，有助于致力于在这一领域进一步探索的学生明确地了解要想深入探索，必须首先在哪些相应的学科打好基础，从而引导学生有意识地为自己的专业成长铺平道路。这对于精英人才的成长而言至关重要。而课程门槛的设置恰恰可以起到很好的引导作用。

总之，明确精英高中的门槛并赋予学校依据合理的筛选方式对学生进行筛选，是肯定精英高中在高中学校体系中的地位的重要举措，也是拒绝将所有的学生都盲目推向泛化的精英教育的重要手段。只有明确这一点，才能改变以往关于高中生源的认识误区，从分类的角度重新认识不同学生的不同特点，而不是简单地根据学生的学习成绩进行分层。因此，精英高中的学生的总成绩也未必高于普通学校的学生。只有综合素质或单项领域达到了一定的高度、具备了一定的特质，才能接受精英高中或精英课程的教育。倘若缺失了这一环节，在实践中盲目抢生源的生源大战就很难避免。

# 第二节 "接位"改革：促使教师摆脱旧有教育惯性的束缚

一些精英高中的培养模式改革彰显了校长们的办学理念。可以说，没有这些教育家担任校长，培养模式改革就难以在精英高中内部萌发。然而，校长的理念转换成学校的改革需要多个环节的努力。作为理念高位的校长本人不可能具体参与改革过程中的每一项工作，这就需要有一支既能理解校长理念，又能有效开展工作的教师和管理队伍，使得校长的理念能够"落地"。这支队伍就是连接理念高位的校长和改革指向的学生之间的关键所在。倘若这些中间人不能很好地发挥作用，那精英高中的培养模式改革要么走上老路，要么走偏进而付出更大的代价。

## 一、教师素质要求模糊难堪精英高中改革重任

教师素质是精英高中能否实现其教育目标的关键条件。被誉为清华大学终身校长的梅贻琦曾言："所谓大学者，非谓有大楼之谓也，有大师之谓也。"对大师价值的重视，对于精英高中而言也同样适用。钱学森在 80 岁高龄时曾列举影响自己一生的 17 位教师，其中有 6 位是中学教师。这 6 位中学教师中，不乏伦理学家林砺儒、国画大师高希舜、文学家董鲁安等大师级的教师。实际上，细数当时北师大附中的名师，我们既可以发现国学大师钱玄同等大师的身影，也可以领略傅种孙等学科教育大家的风采。如此众多名师的汇聚，难怪钱学森在暮年仍然不忘自己中学的学习经历。可以说，这些教师在各自的领域都是当时国内的领军人物，又能够深入浅出地将高深的知识教给学生，同时还能够激发学生的学习兴趣，培养严谨的治学态度。这些大师级的教师带给学校、带给学生的影响是难以用数据估量的。在现实中，一些中学也希望汲取北师大附中等名校的成功经验，花重金聘请一些领域的大师级人物来任教，希望给学生最专业、最敬业的引导。例如，深圳中学为了给学生提供最为出色的美术教育，聘请全国著名的版画家房尚昆等艺术家作为学校的美术教师。在房老师的精心调教下，学生的版画作品陈列在教学楼的走廊，即便是一堂课的作品也已然展露出他们艺术的才华。S 学校聘请全世界油泥模型制作领域的泰斗山田泰里担任学校汽车设计课程的客座教授，悉心指导学生从事汽车设计模型的制作。诸如此类的探索是我国精英高中重视大师级教师的重要表现。

然而，必须明确的是大师的数量总是有限的，精英高中对于教师的数量的需求远远超过大师的数量，这就意味着我们必须培养更多的适合精英高中教学需求的一线教育家。尽管在许多学校中，都提出了培养自己的教育家的理念，但究竟如何

认识精英高中的教师素质仍然缺乏专业的观点。以至于许多学校的名师就是"高考专家"，这显然是对精英高中教师素质认识的巨大偏差。尽管在《示范性普通高级中学评估验收标准（试行）》中国家尝试提出示范性高中的教师门槛，但对于教师素质的描述却失之笼统，我们很难判定这种描述所指向的教师能否胜任精英高中的教育工作。《示范性普通高级中学评估验收标准（试行）》中对于示范性高中教师素质的描述如下：

> 有与学校教育教学工作需要相适应的专职、兼职相结合的师资队伍，并有切实可行的教师培养、培训计划。教师热爱教育事业，热爱学生，教育思想端正，为人师表，业务能力较强，一般应具有大学本科以上学历。具有中级以上职称的教师占教师总数的 70%以上，其中高级教师占教师总数的30%以上；部分教师应当是省内有影响的教学骨干。
>
> 汉族师生在校园内、少数民族师生在用汉语进行教学时，应讲普通话、书写规范的简化汉字。
>
> 教师与学生的比例不低于 1：10。
>
> 学校职工队伍精干高效，有效地为教育教学服务。非教学人员与教学人员的比例适当。

这一段描述出了除职称比重与生师比两项较为清晰的指标界定外，其他的描述都非常笼统，缺乏足够的细化说明在精英高中从事教学工作的教师应当具有哪些知识与技能。如此笼统的表述表明我们对于精英高中的教师素质要求本身还缺乏足够清晰的认识。

从一些发达国家的经验看，美国得克萨斯州对于资优与专才儿童教育标准中，对于教师素质的要求非常全面且具体。得克萨斯州的整个标准包括七大项，每一项都从教师的"应知"与"应为"两个维度分别予以说明，综合起来便是对教师素质全面且清晰的描述（表5-3）。

表 5-3　得克萨斯州资优与专才儿童教育标准[①]

| 标准一：教师对于资优教育的历史、法律和概念的理解和运用 | |
| --- | --- |
| 教育者知识：教育者应知<br>1.1 资优教育的基本原理、原则和目标；<br>1.2 了解当前经典的研究与概念框架（如关于人力资源开发、智力、学习、创造力），为了解资优教育的基本原则与实践奠定基础；<br>1.3 从国际、国家和州的层面了解资优教育的影响因素及发展趋势；<br>1.4 当前在教育领域对于资优与专才儿童的界定；<br>1.5 得克萨斯州关于资优教育的法律、政策和规定 | 运用：教育者应为<br>1.1 运用资优教育的历史、法律和概念方面的知识倡导资优与专才教育的方案；<br>1.2 在实施过程中确保每一个资优与专才儿童都能依法得到相应的服务；<br>1.3 运用以实证研究为基础得出的各种最优实践（best practices）的知识 |

---

① Texas Education Agency. Gifted and talented standards[EB/OL]. http://www.tea.state.tx.us/WorkArea/DownloadAsset. aspx? id=6068[2012-01-18].

续表

标准二：教师拥有资优与专才学生在认知、社会性和情感方面特征的综合知识

| 教育者知识：教育者应知 | 运用：教育者应为 |
|---|---|
| 2.1 教育心理学中关于资优与专才学生的理论、模式及其隐含之意；<br>2.2 资优与专才学生在认知、社会性、情感及身体发展的相关事项[如不同步性（asynchrony）、资优程度、一般智力、具体性向、身份、自我概念、自我效能、自尊、焦点控制（locus of control）、动机、自我反省、个性发展、终生的决策、领导、完美主义、孤独、抑郁]；<br>2.3 不同步发展的各种表现所可能带来的内部与外部的冲突；<br>2.4 如何证明资优与专才学生各种各样的认知特点是积极或消极的（如创造性、卓越的智力、领导力、具体领域的强项、在视觉和表演上的卓越）；<br>2.5 可能影响资优与专才儿童的因素（如残疾、多种异常情况[1]、文化或语言差异、社会经济地位弱势、社会性别）；<br>2.6 可能影响资优与专才儿童社会性、情感及认知发展的环境因素（如家庭及同龄人对于资优学生的应对；学校和社区对于资优学生的支持程度；资优学生在地理空间上的孤立；遵从所带来的压力）；<br>2.7 导致资优与专才儿童低于预期水平（underachievement）的影响因素；<br>2.8 资优与专才学生在课堂设置、学科、感兴趣的具体领域、人际交往等方面的需求 | 2.1 通过日常观察资优与专才儿童，认识他们在社会性、情感和认知方面的特点和需求，并针对他们的需求提供指导[如支持小组、讨论小组、读书疗法（bibliotherapy）、转交学校指导与咨询部门]；<br>2.2 创设一种能够满足资优与专才儿童社会性、情感和认知需求的学习环境；<br>2.3 有效处理影响资优与专才学生低于预期水平的各种因素，以便使他们可以达到自己的潜力水平；<br>2.4 同家长/监护人及专家合作，为资优与专才学生提供服务和指导 |

标准三：教师理解和运用关于资优与专才学生的评估（assessment）方面的知识，包括识别、诊断和评价（evaluation）

| 教育者知识：教育者应知 | 运用：教育者应为 |
|---|---|
| 3.1 评估的原则；<br>3.2 筛选、数据收集、信息合成过程及安置的决定；<br>3.3 识别资优与专才学生的程序，包括来自不同文化背景的具有很高天赋的、创造性的、英语不是母语的，以及具有多样化异常需求的学生；<br>3.4 各种正式、非正式、替代评估的特点和适当的使用[例如标准化评估、观察评估、依据真实内容的评价（authentic assessment）[2]、档案袋评价（portfolio assessment）、环境评估、绩效评估]；<br>3.5 持续性评价（ongoing assessment）的方法与使用，包括对于资优与专才学生再评价的目的；<br>3.6 同得克萨斯州资优与专才教育计划相关的评价程序 | 3.1 根据项目的目的、设计和选项选择适当的筛选程序和工具；<br>3.2 运用得克萨斯州的相关规定解释评估结果，以确定资优项目的申请资格；<br>3.3 为了提供个性化的指导和干预修订、发展和管理评估；<br>3.4 运用持续性评估以调整指导和课程，以便促进学生在高级的水平上的表现；<br>3.5 同学生、教师、家长/监护人交流评估结果；<br>3.6 设计和使用评估手段测量项目的目标和效果 |

标准四：教师理解和运用系统的计划和课程设计的能力

| 教育者知识：教育者应知 | 运用：教育者应为 |
|---|---|
| 4.1 作为课程基础的学科内容、相关过程和概念理解的重要性；<br>4.2 在所涉及的范围之内对概念重要性的强调；<br>4.3 调整课程以适应学生个性特点和兴趣的策略（如个性化的研究、探索活动、基于兴趣的指导）；<br>4.4 项目、课程的设计及教育服务的供给，包括以累积的实践活动为基础的研究； | 4.1 运用区别化课程（differentiated curriculum）的原则，这些原则反映了资优与专才学生的性向和需求；<br>4.2 调整课程的深度、复杂程度和进度，以适应资优与专才学生的需求；<br>4.3 发展组织和管理计划以促进学生对于独立的研究项目的追求，因为这些项目可能会带来专业水平的成果； |

---

　① 原文为"multiple exceptionalities"。"exceptionality"本是教育部门用以描述不同群体的学生在认知、情感、行为、医疗、社会性和身体方面的超长或需求的概念。参见 disabilities, exceptionalities and services. http://www.ed.gov.nl.ca/edu/k12/studentsupportservices/exceptionalities.html[2012-01-18].
　② "authentic assessment"是指在真实的情境下为学生提供阅读或写作的任务，根据学生的表现对学生进行评价。它的主要目的是考察不同类型的文字表达能力。参见 http://eduplace.com/rdg/res/litass/auth.html[2012-01-18].

| | |
|---|---|
| 4.5 课程的纵向对齐原则；<br>4.6 课程同州的内容标准之间的关系，以及对专家级表现测量基准的使用；<br>4.7 得克萨斯州资优与专才教育计划要求实施的项目及不同组别的选项（如同其他资优学生、其他普通学生一同及独立地工作） | 4.4 运用这一领域的专家级水准的成果或表现来指导学生，提升学生的抱负和卓越的表现；<br>4.5 为了使得项目能够持续发展、保持一致性及内容的细化，监控并评价项目活动 |

**标准五：教师创设一种学习环境，以体现带有指导性的教育实践活动对于研究的支持**

| | |
|---|---|
| 教育者知识：教育者应知<br>5.1 如何调整学习环境以适应资优与专才学生的个性与需求；<br>5.2 以研究为基础的指导性原则和实践（如提速的机会、灵活的节奏、微型演练/实践、长期项目、有区别的指导、问题探寻、问题解决、创造性思维、创造性表达）；<br>5.3 当前的研究中同资优教育相关的事项（如能力和成就分组、提速）；<br>5.4 资优与专才教育中的教师角色[如作为促进者（facilitator）而非灌输者（disseminator）]；<br>5.5 学生参与计划、实施、评价自己的教育项目的重要性；<br>5.6 得克萨斯州资优与专才教育计划中要求的课程的修订与指导的选择（如学习经验的序列、持续的学习经历） | 运用：教育者应为<br>5.1 设计复杂的认知层面的指导、讨论的问题、项目及任务的分配；<br>5.2 将创造力纳入学习内容；<br>5.3 在评估学生兴趣、已有知识和需求的基础上，运用灵活的分组实践活动；<br>5.4 提供多样化的达到学习目标的路径，包括建立导师关系的机会及校外学习的机会；<br>5.5 为学生提供在课堂外甚至到学校外展示自己尖端成果和表现的机会；<br>5.6 为有风险的探索创设一个安全的环境；<br>5.7 根据学生的个性和兴趣拓展和组织工作及领导力训练的机会；<br>5.8 根据学生需求、兴趣和选择，运用研究支持项目模式和设计提供指导性决策 |

**标准六：教师同学生、家长/监护人、同事、管理者、商业、工业及高校里的专家、支持资优与专才教育的公众人士的交流与合作的能力**

| | |
|---|---|
| 教育者知识：教育者应知<br>6.1 如何促进同学生、家长/监护人之间的关系，为资优学生创设整体的学习环境；<br>6.2 同包括管理者、辅导员、普通教师在内的学校中的专业人士磋商与合作的策略；<br>6.3 为包括普通教师在内的从事资优教育的同事提供专业发展机会的重要性；<br>6.4 同学生、家长/监护人、同事、管理者、商业、工业及高校里的专家、支持资优与专才教育的公众人士的交流与合作的原则；<br>6.5 可能影响对资优学生教育服务适宜性的社会、文化、政治及经济领域的因素 | 运用：教育者应为<br>6.1 为了适应学生的需求，提升他们的成就，同家长/监护人之间的有效合作与交流；<br>6.2 同学校中的专业人士有效合作以确保学生所得到的教育服务正是他们所需要的；<br>6.3 有效地识别和应对资优教育的同事的专业发展的需求；<br>6.4 建立和保持同学生、家长/监护人、同事、管理者、商业、工业及高校里的专家、支持资优与专才教育的公众人士的积极关系；<br>6.5 分辨并处理影响资优教育服务适宜性的社会、文化、政治及经济领域的因素 |

**标准七：教师意识到自己扮演的专业角色和肩负的责任，理解法律和伦理层面同资优与专才教育相关的事项**

| | |
|---|---|
| 教育者知识：教育者应知<br>7.1 专业发展机会同提升专业表现之间的关系；<br>7.2 资优学生及其家庭的权利（如隐私、保密、服务、指导的权利）；<br>7.3 同学生、家长/监护人及同事相关的伦理原则和实践；<br>7.4 同资优与专才教育相关的法律和伦理问题（如处理政策和进程之间的关系，以便确保学生所接受的教育服务是适切的）；<br>7.5 得克萨斯州资优与专才教育计划中要求的专业发展 | 运用：教育者应为<br>7.1 参与专业发展活动（如参加工作室和课程，经常阅读专业出版物）；<br>7.2 利用校内和校外包括人力资源在内的各种资源，以评价和改善个人指导的有效性；<br>7.3 运用反思性实践促进个体专业化发展；<br>7.4 为学生及其家长/监护人提供关于他们权利的信息（如得到服务和指导的权利、隐私和保密的权利）；<br>7.5 运用问题解决策略帮助解决资优与专才教育中涉及的法律和伦理问题 |

　　得克萨斯州对于资优与专才教师素质的描述非常具体，并且很具专业指导性，在教学能力、交流能力、合作能力、思维特点、知识储备等多个方面都有清晰的界定。根据这一标准，我们可以较为清楚地判断一名教师是否能够胜任资优与专才教育的教学工作。与此同时，教师也可以以这个标准为指导，促进自己的专业发展。

虽然精英高中的生源并不尽是资优与专才学生，但得克萨斯州的教师专业标准也为我国精英高中教师素质的认定及教师专业发展方向提供了有益参考。

然而，从精英高中培养模式改革的角度来看教师素质问题，并不是要简单陈述一名好教师所应具备的基本素质。明确精英高中教师素质的基本构成和具体要求固然重要，但了解改革所需教师在哪些方面做出改变则更为关键。不同学校的改革对于教师素质的要求不尽相同，因此当务之急在于如何培养业已进入改革周期的教师，使得他们能够顺利适应培养模式改革的现实需求。综合来看，《示范性普通高级中学评估验收标准（试行）》并不是专门针对高中阶段的精英教育或资优与专才儿童教育而设定的，更像是比较学校间办学条件差距的标尺。这一标尺衡量出的是学校的层次而非类型，而这种层次是由于长期以来的重点学校政策所导致的，因此，这一标准仍是换汤不换药地将重点学校的优点又重申一遍。换言之，无论是借鉴发达国家的经验还是深入结合改革的需求提出相应的教师素质要求，都没有真正引起人们足够的重视。许多名校在全国"挖人"，还是关注升学率这个最清晰、抑或唯一清晰的标准。精英高中教师素质的模糊俨然成为制约改革的瓶颈。教师的思维方式和行为方式不改变，培养模式改革也就难以最终落实。而在"错位"改革的现实情况下，处于校长和教师之间的中间人的作用就显得不可替代。

## 二、激活"中间人"促进校内培训制度的建立

### （一）学校培养模式改革中的"中间人"

学校培养模式改革可以是政府推动的，也可以是学校自发开展的。在政府推动的改革中，按照位序关系可以大致分为三类人群：行政管理人员、专家和一线教育工作者。其中行政管理人员代表着教育领域的权力掌控者，处于位序的最高层，他们直接决定着国家或地方教育政策的走向和教育资源的配置。专家作为教育理念与教育思想的发展与创新者，又通常作为教育改革思想的设计者，因而处于位序的中间层次。一线教育工作者则更多扮演着落实教育改革政策的角色，因而处于位序的低层。在这种教育改革的权力结构下，专家通常扮演了中间人的角色。新课程改革推进过程中，各地教育主管部门每年都会聘请一些参与课程改革的专家到所在地区进行课程改革的培训讲座，表明各地教育主管部门对于专家作为中间人角色的认可。

由学校自主开展的改革中也存在三层位次：校长、中层领导和教师。其中校长更多地负责提出改革的理念，教师则更为偏重落实改革的理念，而中层领导则更加关注如何将校长的理念同教师的教学联系起来。S学校成立课程研究院正是考虑落实校长理念过程中应当重视中间人的作用而采取的有益的尝试。

概言之，一方面在国家推进的教育改革中，学校身处低位；另一方面在学校自发改革时，学校内部的位次关系又同国家改革时的位次关系具有同构性。不过在

政府推动的改革中，中间人来自学校外部，而学校自发进行的改革中，中间人来自学校内部。于是，中间人团队至少应当包括来自中学之外的专家和学校的中层领导两部分。校外的专家主要为学校提供国家教育改革有关的理念和思想，以及教育学科相关的前沿知识与成果。学校的中层领导则主要负责同教师进行深入的沟通与交流。

## （二）中间人的价值

教育改革往往都是"错位"的。无论是政府推进的自上而下的改革，还是由学校发起的改革都存在着不同层次的位序关系，本质上也都是一种自上而下推动的。政府推进的改革，往往是先请专家组对于改革的目标、方案、进度等问题展开调研和讨论，最终形成改革的方案甚至国家的政策文件。这是必要的，但仍然存在一个根本的问题，即作为教育工作的基层学校鲜有人参与改革文件的制定过程。他们在并不理解或不充分理解文件精神的情况下，便匆匆走上改革之路。改革的走样自然不足为怪。这种情况实际便是处于高位的改革政策制定者同处于低位的教育实践工作者之间缺乏中间人的沟通与联系所致。

改革走样的情况在学校自发发起的改革中也时常出现。尽管改革源自学校，但多是源自校长的理念。但这种理念未必为普通教师所理解，高低位之间的沟通也往往由于缺乏中间人而显得问题颇多。在 S 学校调研时，负责推进课程改革的 G 老师的一段话简要地说明了中间人的重要作用：

> 谈到课程改革的阻力得分启动阶段和实施阶段。启动阶段的阻力主要来自于外界的环境，如国家给没给政策。校长向国家要来了"综合改革实验校"的头衔，就是要来了改革的空间。最初在学校内部并没有表现出多大的阻力。但启动以后，最大的阻力就来自于学校内部了。刚才咱们说的，课程改革很难是一个自下而上的过程。并不是老师主动改革，而是校长的理念。但是具体的教师并不关心校长的理念，他在乎的是这堂课怎么讲。实际上就需要有人或一个平台，把校长的思想和老师的教学工作拉近。你得告诉老师你刚才课堂上这样做就符合要求，不这样做就不符合改革的思想。

> 课程改革关键是师资是否具备。实际上，从理念到最终做中间有许多桥梁。不搭桥教师怎么能想通呢。要是用行政硬推的方式就只能做成一个样。校长与教师之间有很大的距离，身处距离中间的中间人是关键。中间人需要与校长和教师都很近，既不偏离校长的思想，又不能脱离老师。教师只是上课、做事，未必知道为什么。中间人员应具有两个方面的素质：一是理解课程，能够用课程的思维告诉老师该如何改进；二是理解教师。教师的层次差异比学生还复杂，对教师进行培训得跟班，不能运动培训。

教师培训是一项工程，应在实施中培训。在实施过程中理解教师的情感冲突，教师不是不愿意做，而是思维方式没有改变不由自主地就回到原点了。

G 老师所说的情况绝不是危言耸听，在同教师交流的过程中，笔者也发现许多老师在谈到课程改革时所说的话都非常符合课程改革的基本原则，但在具体的教学过程中并没有按照他所说的理念去做。这种言行不一的现象未必都是教师有意地说一套做一套，而是教师（特别是有着多年教学经验的教师）难以意识到自己思维和行为的定势。在探讨课程改革时，他们很自然地便将在多次培训活动中听到的课程改革的理念说出来，而在实际工作中，他们的确很难从每一堂课中跳出来。难以摆脱的教育惯性也正是如此。推进课程改革的校长显然不可能每天同每一位教师交流，制定课程改革方案的专家更不可能深入学校同教师长期交流。因此，高低位之间的巨大落差导致处于低位的教师即便听懂了高位的理念也未必能够改变自己的思维方式和行为习惯。教育惯性的顽固性决定了中间人的巨大价值：连通高低位之间的关系，既促进高位思想的传递，又在日常的教育活动中帮助教师突破教育惯性的限制！

### （三）中间人的工作模式：教师校本培训制度的建立

中间人的工作模式是指中间人如何工作才能真正帮助教师在转变观念的同时改变自己习惯的行为方式。这是课程改革中被我们忽视的一个重要问题。

长期以来，报告式的教师培训是推进课程改革的一项重要举措。但单一的外部专家扮演中间人的角色存在一个难解的问题：专家不可能长期在学校中参与学校的改革，而只能以讲座等形式将国家课程改革等领域的理念、原则等传递给一线教师。因此，这种报告式培训的成效令人担忧。尽管从效率原则出发，这种培训可以使得专家的理念在有限的时间和空间内迅速传递给人数众多的教师。但这种效率原则实际存在重大隐患，因为在听完报告之后，认真听取专家报告的教师人数、教师领会报告精神的程度、教师转变教学行为的程度、新行为习惯化的情况等都无从判断。如此一连串的问题都难以确定，我们也就难以确定报告式培训究竟效果如何。

S 学校的课程改革尽管源自学校内部，但培训式的教师校本培训效果也不理想。一些老师在课程改革推行不久便又开始占用学生的课余时间组织考试，没有给学生自主安排时间的权力。这表明 S 学校课程改革所追求的"让学生学会自己做主"的基本精神并没有得到老师们的理解。

为了解决这个问题，开学之初，S 学校课程研究院先后发布了《S 学校走班制教研和培训指导意见（草案）》等一系列指导教师转变行为方式和思维方式的文件。这些文件规定了学校的培训主要负责总体上提升教师的理论素养，各个学科组主要是研究学科结构，关注学科前沿，探讨学科重点和教学难点，而且每学期都应进行课程层面的教研和培训,主要让任课教师尽早从课程目标、课程内容、课程评价、课程资源等方面了解所任教的课程。这些文件的及时出台,进一步表明了学校推进改革的决心和对于教师校本培训的整体构想。

与此同时,S 学校课程研究院的一些老师便开始了深入各个学科组同各个学科组老师交流。交流的过程非常开放,老师们可以畅所欲言,将自己在一段时间以来的工作过程、心得体会等一一说出,然后课程研究院的老师们会根据学校课程改革的精神对老师们工作中的可喜之处大加肯定,而对于认识上的误区和行动中的不当之处则提出来希望大家引以为戒。除此之外,负责课程改革的老师们还经常以到各个教室听课、同学生座谈、发放调查问卷等方式了解学校课程改革过程中教师在认识和行为上的变化。通过日复一日的参与式观察,S 学校负责课程改革的老师对于一线老师们在工作中的成绩与问题有了十分清楚的把握。而且最为重要的是,这些出身中学一线教学岗位的"基层课改专家"深知一线教师工作中的症结所在。他们更加懂得如何运用教师能够听懂的语言同教师沟通交流。在这一方面,他们具有高校专家所不具备的优势。在这种日复一日的深入且细致的工作中,S 学校教师校本培训制度逐渐清晰。

当然,并非只有 S 学校意识到校本培训的重要性。北京四中等精英高中也在根据自身的实际情况,积累着校本培训的经验。在北京四中这样的全国知名的精英高中,教师看重成绩、追求升学率、为学生安排进度的做法一度也十分普遍。然而,北京四中的学校领导层敏锐地注意到问题同教师教育惯性之间的密切关联。因此,旨在改变教师思维方式和行为方式的校本培训在学校中逐步开展起来。学校中层领导首先走进课堂倾听教师的教学过程,经过了数百节课的积累,明确提出要将生命教育、生活教育、职业教育和公民教育的价值追求渗透到教师的教学之中。这使得学校旨在培养"具有忠诚和服务的精神、追求卓越的职业与生活态度、在未来优雅的工作和生活的杰出的中国公民"的理念得以同教学紧密结合起来。随后,学校领导充分利用自动播放的幻灯片文件等方式将听课时搜集的教师的成功经验同学校的所有老师一同分享。这不仅使得教师更加明确学校的改革如何要求自己做出改变,而且还会在领导和同事的肯定中不断积累改革中积极的情感体验。于是,此时的校本培训已经从了解阶段过渡到了激励阶段。学校还通过鼓励教师跨学科开设选修课等政策引导,促进教师真正理解学校改革对于自身的要求,并在课程的开设和教学的实施中加以调整。随着改革的推进,许多教师已经成功地摆脱了旧有的思维模式和行为习惯的束缚。现在学校每个学期为一位教师举办教学思想研讨会,从而使得校本培训走向了经验总结阶段。从北京四中的经验可以看出,从一开始走进课堂的摸底阶段,到提炼出学校改革的方向实际是确立了教师校本培训的基本方向。幻灯片文件、选修课制度等方面的陆续实施,使得校本培训成为常态的同时进入激励阶段。随着一部分教师的成功转型,逐渐摆脱了"唯应试是尊"的教育惯性的影响，校本培训进入了总结阶段。三个阶段划分比较清晰，各阶段任务和采取的措施也较为明确，从而使得整个学校的教育改革具备了师资基础。学校的改革虽然指向学生，但也期待教师的成长。仅靠校长一人的改革永远难以成功，只有充分调动了中间人的积极性，使得他们成为连接校长和教师的桥梁，校长的改革理念才能真正得到落实。北京四中的校本培训很好地诠释了这一基本认识。

当然，教师校本培训制度的建立并不意味着高校专家在推进中学培养模式改革中的作用变得微不足道了。高校专家一方面了解教育学科相关领域发展的最新成果，另一方面了解中学具体学科发展的最新前沿，这对于精英高中而言是非常宝贵的。诚如佐藤学教授所言："作为教育学研究的教学研究，不是特定专家的专有领域，而是……进行综合研究的场所。所谓教师进行的教学实践研究与教育研究者进行的教学理论研究，共有同一个对象……应当开展合作研究。"（佐藤学，2003）因此，在"基层课改专家"为教师进行参与式培训的同时，高校专家的参与也是必不可少的。但为了改变以往外来专家走马灯式培训的弊端，高校专家的参与也必须是以长期"卷入（involved in）"的方式参与精英高中的课程改革。这至少需要国家推进两项工作的改革，其一是高等教育领域的课题立项和审批工作应向中学改革的需要倾斜；其二是教师培训政策要做出相应的调整。

从课题立项和审批的角度来看，国家应当有意识地通过课题引导一部分高校的课程等相关领域的专家深入中小学，长期参与学校的课程改革，而不只是"走穴式"的讲座。课题结题意味着学校的课程改革进入新的阶段。这种课题研究将促进中学改革作为主流导向，改变过去那种高校专家总以局外人姿态谈及高中课程改革的尴尬境地。

从教师培训政策角度看，教师培训应该更加贴近精英高中培养模式改革需要和自身教学工作的实际情况，在工作中学习和反思是最为有效的培训方式。因此，在教师培训政策上，我们应当尽可能为参与式培训提供经费和时间的保障，使得专门从事教师培训的专家能够下得去、待得住，真正促进一线教师的专业发展，扫清精英高中发展的核心障碍。无论何种政策的倾斜，精英高中的教师培训不能脱离改革的一线，不能脱离学校场域。只有基于经验的培训，才能真正符合教师的要求；只有基于学校改革的实际需求，才能突出教师培训的针对性。

## 三、为教师赋权：课程改革中的权力调整

无论精英高中的构想多么令人神往，如果没有真正能够胜任的教师队伍，所有的构想都是空想。在明确了精英高中培养模式改革所需教师具备的基本素质，并且初步形成了以校本培训为主体的教师培养制度之后，赋权给教师就成为当务之急。

毕竟培养模式改革的所有理念都必须着落在教师的教育教学活动之中，缺乏自主权的教师也难以大展拳脚，培养出具有反思意识、懂得规划未来的精英苗子。也许有人会质疑："让那些学问低下的教育者取得自治权是非常危险的事情"，但是，连精英高中的教师都不能相信，我们还能相信谁呢？更何况"培养出高质量的人才，却把他们放到微不足道、岌岌可危、软弱无力的位置上，也是毫无意义的"（雷蒙德·E.卡拉汉，2011）。而"正教师之位"的关键在于改变以往高中教师偏重主科、成绩至上、年级本位等思维习惯，让每一位教师都明确自己的权利和义务，在必要的时候要懂得以权力抗衡权力。

在这一问题上，S学校的改革迈出了值得借鉴的一步。为了改变唯成绩导向的办学思路，培养国家未来的精英，S学校并未仅仅关注高考科目的教学，而是强调无论学生未来走上哪条道路，在高中阶段都必须学习艺术和技术模块。负责课程改革的Q老师曾说："我们并不要求每个学生都成为艺术家或者比尔·盖茨，但也许在课程学习的过程中就会发现在这个领域存在潜力也有兴趣的学生。"但在高考压力面前，即便是作为精英高中的S学校的一些教师心中也仍然存在重视高考科目、轻视其他科目的认识，这直接影响了精英培养目标的实现。更何况S学校的国际班和国际部的学生的学习进度同准备参加国内高考的学生不同，他们对于技术课和艺术课的重视就更打折扣了。因此，S学校技术课教师在提到上课中存在的问题时，反映最为集中的便是出勤率的问题：

> 技术课教师甲：有些学生不来上课也不打招呼，我问到班主任或教研员那里，才知道学生出去考试了。
> 技术课教师乙：对呀对呀，有的学生已经三节课没来了，我问他们班主任，班主任说出去考试了，还没回来，什么时候回来也不知道。特别是国际部的孩子，他们经常出去参加各种考试，有的老师还利用技术课的时间给他们补课，就为了能通过考试。我都不知道该怎么给他学分。你说要是按照规定来，他已经缺课三次了，这个学段一共就八九次课，再来也没什么意思了，来了也跟不上。要是告诉他没有学分了，他就彻底不来了，也不好啊。

实际上，上面两位技术课教师反映的情况在S学校绝非个例。技术课程是学校经过反复思考而选择开设的学校课程的有机组成部分，是精英培养不可缺少的版块。面对其他教师和学生占用技术课时间的做法，S学校负责课程改革整体设计及工作推进的Q老师对技术课教师提出了如下建议：

> 必须明确学校的所有课程对任何学生都不例外，没有哪个学生有特权可以不上课。他没有技术课的成绩就不能毕业，不管他是国际部还是哪里的。就算校长说话也不行，这是学校课程的规定。作为任课老师得用过

程性评价去规范出勤的问题。你必须学会用手中的权力去抗衡权力。否则的话别人总觉得技术课是软肋，可以随便占用，这样不就又回到过去的老路上了吗？那样的话谁打声招呼，你就不知道该怎么弄了。我们的孩子已经去了国外许多大学，美国这些名校基本上都有我们的孩子，不能让美国人觉得我们培养的孩子只有学术能力评估测试（scholastic assessment test, SAT）成绩。这边的课程做得越像样、越仔细，他去美国的适应性越强。应该让美国人看到我们的学生学习的全过程。技术、艺术、体育不是可有可无，而是等价于学术课程！

Q 老师掷地有声的话表明，学校非常明确地意识到必须赋权给每一位教师，让每一位教师真正意识到自己的角色和权力，才有可能使得所有关于精英培养课程的设想落到实处。像 Q 老师所说，"也许有一天在我们的学校里就会出一个网络专家，这样的专家就是从我们的技术课上走出来的！"

当然，进一步分析 S 学校为教师赋权的过程发现，赋权的对象包括两类教师：除了上文提到的副科教师外，就是学科主任而非年级主任。S 学校过去长期以年级为核心管理单位，年级内的所有事务都由年级主任负总责。各个学科组负责研究本年级学科课程的教学工作。这种科层结构对于提升高考成绩而言非常有利，毕竟同一年级的教师都归年级主任负责可以尽可能为本年级的高考扫除许多障碍。无论是调课还是安排考试，都不会存在太多困难。而且在这种结构下，年级主任对于教师的聘用具有生杀大权。各个年级主任都希望将那些"高考专家"收入帐下，这样便可以在不同年级间的高考竞争中占得先机。可是这种科层结构并不利于课程改革的推进。由于课程改革更加强调同一学科和相近学科间的沟通与交流，这意味着打破年级界限，推进同一学科在不同年级间的纵向交流和相近学科（而非仅仅只是同一年级学科）间的横向交流。改变年级制实行学科组制便成为 S 学校课程改革的重要组成部分。在管理体制改革的过程中，年级主任同学科组长之间的地位发生了微妙的转化：年级主任的权力地位下降，而学科组长的权力地位在上升。这种对于学科组长的赋权恰恰反映了 S 学校培养模式改革以课程为核心的基本认识。只有紧紧围绕课程改革做文章，精英教育才能够真正落到实处，而不是只知道准备高考的应试教育。

从以 S 学校为代表我国精英高中培养模式改革的探索中可以看出，他们既看到了以课程改革为核心推进培养模式改革的重要意义，也强调教师队伍建设的重要性。不仅如此，他们还创造性地挖掘了"中间人"的重要价值，使得教师的成长同学校的改革之间紧密关联，也使得教师的发展走出了传统培训的弊端，从而找到了一条适宜自己的道路。伴随培养模式改革而推进的"接位"改革，指向的正是教师队伍这个必不可少的关键条件。

# 第三节　以点带面：走向理想之"育"的精英高中

精英高中培养模式的改革是一项复杂的系统工程，某一个方面局部的改革难以达到预期的目的。要进行系统的改革必须寻求有力的抓手，从局部的改革进行突破，进而带动其他方面的改革，最终促进整个培养模式的改革。一石激起千层浪，否则，贸然铺开所有的工作，很容易造成各项改革间缺乏相互的关联，要么重复改革，要么各项工作间相互冲突使得改革陷入左右为难的困境。在现实中，国内外一些精英高中的校长已经行动起来，结合各自学校的现实情况，展开了"以点带面"改革的尝试，也逐渐摸索出一条精英高中培养模式改革的可行之路。

## 一、课程改革：精英高中培养模式改革的抓手

课程是学校教育的核心，任何教育理念都必须依靠相应的载体才能落实，而课程无疑是最为重要的载体之一。绕过课程建设的培养模式改革往往只能是空中楼阁，难以触及问题的根本。因此，多样化培养模式的建构首先也应当在课程上做足文章。

### （一）分层课程体系

课程的分层是为了在确保基础性的同时，适应学生学习能力的差异。经过多年的摸索和改革，布朗克斯科学高中已经形成了适应不同学习水平学生的分层课程体系。布朗克斯科学高中的英语在每一年中都设有作为必修的基础课程，同时也有为具有更好的基础或具有更为明确语言使用需求的学生提供的荣誉课程或其他专项课程（表5-4）。

表5-4　布朗克斯科学高中英语课设置概况[①]

| 学年 | | 分层 | 时间 | 课程要求 | 有无门槛 |
|---|---|---|---|---|---|
| 必修课程 | 一年级 | 一年级英语（基础班） | 5 次/周，共 1 年 | 课程通过对于基础文献的学习和事先安排的核心文献的测试等手段，旨在加强学生在阅读、写作等方面的最为基础的技能 | 无 |
| | | 一年级荣誉英语（freshman honors English） | 5 次/周，共 1 年 | 希望学生通过课程能够熟练掌握文献分析的能力，并获知文献元素同文献之间深入的关联 | 有 |
| | | 一年级写作专题研讨会（freshman writing seminar） | 5 次/周，共 1 学期 | 发展学生的写作能力，以便应对将来希望成为一名成功作者或作家的需求 | 无 |

① The Bronx High School of Science Course Guide 2012[EB/OL]. http://www.bxscience.edu/pdf/Course%20Catalog. pdf [2012-02-12].

续表

| 学年 | | 分层 | 时间 | 课程要求 | 有无门槛 |
|---|---|---|---|---|---|
| 必修课程 | 二年级 | 二年级英语（基础班） | 5 次/周，共 1 年 | 旨在通过西方经典文献的学习帮助学生掌握文献分析能力 | 无 |
| | | 论辩术（forensics） | 5 次/周，共 1 年 | 除了学习基础课程的内容外，还要增加辩论和公开演讲。学生需学会如何进行一次具有原创性的演讲，如何运用符合逻辑的且文辞华丽的语言和观点来进行讨论 | 有 |
| | | 二年级荣誉英语（honors sophomore English） | 5 次/周，共 1 年 | 学生需熟练掌握文献分析的能力，深入理解历史与文献之间的关联 | 有 |
| | 三年级 | 美国文学作品纵览（survey of American literature） | 5 次/周，共 1 年 | 将从前殖民地时期至今的小说、戏剧、诗歌、短篇故事及非小说类文学作品等名著作为课程学习的主要内容，学生需提升自己的批判性阅读、思维、写作的能力，以便应对在 6 月份举办的英语高中会考 | 无 |
| | | 三年级荣誉英语（junior honors English） | 5 次/周，共 1 年 | 课程较之美国文学作品纵览难度更深，学生通过课程提升从历史的、性别的、文化的视角进行批判分析的能力 | 有 |
| | | 三年级荣誉新闻课程（junior honors journalism） | 5 次/周，共 1 年 | 课程是为了将来希望从事新闻专业的学生而设。课程涉及各种写作练习，以及新闻和编辑等新闻业的相关内容 | 有 |
| | 四年级 | 大学英语先修之语言与创作（advanced placement English language and composition） | 5 次/周，共 1 年 | 课程的主要目的在于帮助学生阅读复杂的文本材料，并理解和学会运用散文的文体有效地表达丰富而复杂的情感。参加这门课程的学生需参加五月举行的 AP 测验 | 有 |
| | | 世界文学作品纵览（a survey of English and world literature） | 5 次/周，共 1 年 | 阅读和研究世界各国的著名喜剧、小说等文学作品，并写出各种形式的、具有大学水平的批判性文章 | 无 |
| 选修课程 | | 荣誉创造性写作课程（honors creative writing） | 5 次/周，共 1 年 | 在课程中，学生需要尝试短篇故事、诗歌、戏剧、散文等多种正式与非正式的文体的写作，提高自己创造性写作的能力和技巧，以便应对大学里严谨的写作工作 | 有 |
| | | 大学先修之文献课程（advanced placement literature） | 5 次/周，共 1 年 | 课程主要的目的是帮助学生掌握说明文的写作，并帮助学生如何运用语言阐明主题和意义。这个班的学生需参加五月举办的 AP 考试 | 有 |
| | | 内部视野：诗歌和创作过程（inner visions: poetry and the creative process） | 5 次/周，共 1 年 | 课程从大学的水平为学生介绍诗歌写作的常用手法和技巧。创作的学习是课程的关键，并不作为必修课 | 无 |
| | | 科幻小说探索（exploring science fiction） | 5 次/周，共 1 年 | 课程通过系列优秀的科幻小说作品，引领学生追踪社会对于工业化、核武器、生化战争等问题的担忧，并不作为必修课程 | 无 |
| | | 布朗克斯科学高中辩论队（bronx science forensics debate team） | 5 次/周，共 1 年 | 这是一门领导力课程。课程的主要目的在于帮助学生提高领导力，以便使他们有能力组织一场世界级的演讲或辩论 | 有 |
| | | 公开演讲课程（public speaking class） | 5 次/周，共 1 年 | 学生需要掌握各种口头的、即兴的、非正式的、劝诫性的、争论性的公开演讲 | 有 |

续表

| | 分层 | 时间 | 课程要求 | 有无门槛 |
|---|---|---|---|---|
| 选修课程 | 新闻工作讲习班（journalism workshop） | 5 次/周，共 1 年 | 课程专为负责为校报《科学纵览》编辑、排版、校对等工作的学生开设。也对其他学生开放 | 有 |
| | 年鉴新闻工作讲习班（yearbook journalism workshop） | 10 次/周，共 1 年 | 专为希望办成一本营利性杂志的学生而开设。学生的创造性写作能力、摄影技术、市场开发能力等能力的提升，是课程的主要目标 | 有 |

在上述课程体系中，无门槛的基础课程是为了保证所有学生的英语基础都能达到高中毕业会考的基本要求。有门槛的课程则更多强调对学生英语能力的提升。大学先修课程则是为学有余力的学生提供的另一道大餐。总之，在这个分层设置的课程体系之中，无论是希望通过毕业会考的学生、通过 SAT 或美国大学入学考试（American college test，ACT）的学生、还是在英语领域有卓越表现的学生都能够找到适合自己的课程。

实际上，我国精英高中的生源大致可以分为三层：学有余力者、力有不及者及介于之间的力所能及者。这三种生源的存在，也决定了我们必须为不同层次的学生提供多层次的课程体系（表 5-5）。

表 5-5　三层课程体系的基本架构

| 课程 | 主要适应群体 |
|---|---|
| 大学先修 | 学有余力者 |
| 常规课程 | 力所能及者 |
| 国际班 | 力有不及者① |

面对三个层次的学生，至少我们应当构建自己的大学先修课程以适应学有余力的学生。许多精英高中的教师都感觉在自己班内有一些孩子远远超出国家课程的水平，让他们在同一间教室同其他学生学习同样的课程，本身就是对这些学生才华的浪费。因此，尽管在国家层面仍未出台相应的大学先修课程的制度或政策，一些学校已经开始尝试开设大学先修课程以适应学有余力的学生。根据《中国教育报》的报道，上海理工大学与上海理工大学附属中学已经开启了学分互认的探索，同济大学也展开了同 20 所精英高中建立学分互认的"苗圃计划"的尝试（董少校，2012）。诸多学校在大学先修领域的探索虽然模式不同，但都表明各个精英高中试图为学有余力的学生提供一条更为节省时间的培养之路。尽管大学先修课程在欧

---

① 将国际班和力有不及者相对应势必引发许多人的质疑。在此笔者只是初步构想了一个三层课程体系的基本架构，实际上在后文的分析中，笔者也认可国际班面向所有能力水平的学生。但在现实中，一些学校的教师也承认国际班的确为一些名校"中下层次"的学生提供了一条出路。正是从这个角度出发，笔者首先粗略的勾画了一个三层次的课程架构。这个架构中的每一类课程都对所有学生开放。

美等发达国家早已成为一种常规性制度，但在我国至今尚未建立起来。这种制度的建立仅靠现有的几所学校的探索难以支撑整个国家的精英高中培养模式的改革，因此，困难破解的关键在于高中和大学不同专业之间学分互认制度的顶层设计。

对于力所能及的学生而言，如何开设适合他们学习能力和水平的常规课程就显得格外重要。常规课程并不等同于应试训练的课程。在布朗克斯科学高中，即便是面对所有学生的常规基础课程，也非常强调通过阅读经典学习课程的内容。不过对于我国的精英高中而言，现实的难点则在于如何摆脱应试教育的窠臼。在 S 学校的调研时，Q 老师就曾反映许多常年带高三的经验丰富的教师竟然说出"高三不讲题讲什么"的话语，可见应试窠臼的难以超越。所幸的是，一些精英高中已经意识到了这一点，并尝试探索突破应试教育的藩篱。例如，S 学校利用唐宋诗词、先秦散文、外国短篇小说、对外汉语等校本课程丰富学生的语文学习视野；北师大附中构建"大语文"的课程观，强调语文的学习主要在课外进行，教师充分利用各种课外学习机会帮助学生理解什么是真正的语文。在语文教师的悉心调教下，学生甚至可以和教师互赠带有自己姓名的藏头诗。达到了这种水平的学生显然要比只知道低头做题的学生更懂得诗词的精髓，他们也更容易在高考中获得更高的分数。不是为了应试，但不耽误考试，这种双赢的结果兼顾到了不同利益主体的需求，是在现有制度基础上推动常规课程改革的重要经验。

对于一部分学有余力和力所不及的学生，旨在"绕开"中国高考出国读书的国际班是一条重要且行之有效的出路。由于国内外教育体制存在差异，教育内容的要求也有很大不同，对于一些能力不足以在国内高考中拔得头筹的学生而言，利用精英高中的优质师资和国际影响力，通过国际班进入国外高校学习也不失为一条理想的出路。当然，随着家长和学生对于出国留学的关注度不断提高选择国际班的学生未必都是力有不及者。一些学有余力者也希望通过国际班到国外的名校就读。因此，国际班实际是精英高中为学生提供的另一条出路。当然高中这种选择还需以家庭经济实力为支撑。尽管对国际班还存在诸多质疑之声，但不可否认的是，国际班的出现的确适应了精英高中生源的复杂性，并促进了学校培养模式的多样化。

纵向分层不仅是为了满足不同学生学习能力的需求，还为了适应学生未来发展的不同规划。S 学校所推进的课程改革就非常强调学生明确自己未来的走向，并以此为依据选择不同层次的课程。此时，不同学科的分层课程实际指向了不同的发展方向，这使得分层同学生规划紧密相连，分层也不再是为学生学习能力所贴的固化的标签。学生不选择物理Ⅲ，并不表示他不能适应物理Ⅲ的学习，而是因为他希望将来从事人文学科领域的工作，从而没有必要在物理学科花费过多的时间。S 学校的改革直接指向长期以来一些人对于全面发展的错误理解。全面发展并不要求学生在所有学科、所有素质方面都达到教师的最高要求。课程标准只是规定了达标的底线，在这个底线之上，学生应当达到什么要求的关键在于他们对未来发展的规划。如此一来，学生的选择权同自己的规划紧密联系在一起，分层课程的价值才能真正得以实现。从这个意义上讲，分层课程不仅适应了学生不同的学习能力，还可以引导学生根据自己的生涯规划理性选择自己的课程，使学生不被功利主义追求禁锢手脚。

## （二）分类课程体系

如果说分层是从纵向对学生进行区分，那么分类则更为关注不同学生在兴趣、爱好、愿望等因素间进行的横向区分。这些因素强调类的不同，而不是水平的差异。

例如，为了满足不同学生的学习兴趣，拓展学生的知识面，北师大附中早在民国时期就已经开设了包括哲学、文学、史学、经济学、社会学、政治学、伦理学、心理学、教育学、数学、物理学、植物学、动物学、地理学、天文学、艺术学等近20大门类的选修课程（表5-6）。这当中的许多课程都是在大学的课表上才会出现的课程，其涉猎之广令人称道。当然，这些课程也极大地丰富了学生的视野，激发了学习兴趣，培养了钱学森、李德伦、于是之、张岱年等不同领域的大师级人物。

表5-6　20世纪20年代北师大附中高中课程设置

| 必修科目 | 选修科目 | | | |
|---|---|---|---|---|
| 国文 | 哲学概论 | 文学学 | 微积分大意 | 地质学 |
| 英文 | 中国哲学史 | 国语发音学 | 高等代数 | 地文学 |
| 算学 | 经济学 | 文学史 | 近代几何 | 天文学 |
| 中国历史 | 法学通论 | 文学概论 | 高等三角法 | 测量学 |
| 生物学 | 社会学 | 新闻学 | 力学 | 用器画 |
| 物理 | 政治学 | 教育学 | 磁电学 | 手工 |
| 化学 | 世界历史 | 英文会话 | 无机化学 | 会话 |
| 伦理学 | 世界地理 | 模范文选 | 有机化学 | 学术文选 |
| 体育学 | 科学通论 | 短篇故事 | 应用化学 | 刺绣 |
| | 伦理学 | 长篇小说 | 定性分析 | 动物学 |
| | 心理学 | 图画 | 普通生物学 | 文学文 |
| | 修辞学 | 音乐 | 植物学 | 代数演习 |
| | 第二外语（日语　德语　法语等） | | | 矿物学 |

资料来源：（梁原草，2011）

放眼世界，国外精英高中的课程不仅突出了层次性，也强调领域的丰富性。即便是在同一领域中，所开课程也非常细致地划分成不同的模块，其中不乏交叉学科的模块。例如，布朗克斯科学高中以物理学所取得的成就闻名世界，其所开设的物理课程选修模块划分之细令人惊叹（表5-7）。

表 5-7　布朗克斯科学高中物理课程选修模块设置表①

| 领域 | 课程模块 |
| --- | --- |
| 化学 | AP 化学、AP 课程修完后的定量分析课程、有机化学介绍、物理科学研究项目课程 |
| 物理学 | AP 物理 B 或 C、现代光学，激光和光电子、天文和天体物理学、电学、微积分、物理科学研究项目课程 |
| 工程学 | AP 物理 B 或 C 中关于工程的课程、AP 化学中的化学工程学、AP 环境科学中的环境工程学、AP 生物学中的生物医学工程、现代光学，激光和光电子、电学中的电子工程学、微积分与计算机工程学、物理科学研究项目课程 |
| 药理学 | AP 生物学、AP 化学、有机化学 |
| 法医学 | AP 化学、法医学、AP 课程修完后的定量分析课程 |

　　试想在如此细致划分的课程模块之中，存在着多少种排列组合的结果，每一种结果都可能指向某一领域的高端知识，从而为大师的培养奠基。然而，这还仅仅是物理学科一个领域的模块群，倘若将整个课程体系中的所有模块都进行排列组合，将使得每一个学生在这样的课程体系中都可以找到自己的兴趣点，并通过课程的学习将兴趣点提升为自己的专业倾向。有如此分类细致的课程，也难怪布朗克斯科学高中能够培养出多位诺贝尔物理学奖获得者了。

　　简言之，分层与分类课程体系的建设是为了满足生源复杂性现实而必须采取的改革。倘若纵向的分层与横向的分类相联系，便会形成一个纵横交错的课程体系网络。这个网络面对不同层次、不同需求的学生时，都可以提供适宜他们的课程体系。此时，学生的选择权才真正得到凸显。"关注每一个学生的发展"也不再是一句空谈。

（三）隐性课程建设

　　除了在课程表中能够呈现的课程体系之外，精英高中的培养模式改革还不能忽视学校的隐性课程建设。隐性课程虽然不像显性课程那样很容易从体系的角度进行构建和改革，但实际上学校文化的各个细节都是隐性课程的组成部分，每一个细节都有可能对学生的发展产生至关重要的影响。无视作为隐性课程的学校文化的重要意义，必然会使得课程领域的改革事倍功半。

　　世界著名的精英高中都在文化建设上非常看重社团活动的重要意义。在许多学校看来，社团不仅可以满足学生的不同兴趣，而且可以成就学生的理想，造就未来的精英。可以说，丰富的社团活动是许多精英高中的共同之处。在布朗克斯科学高中中，学生社团包括学术小组、学生出版社、俱乐部等多个样类，每个样类之下还有许多具体的社团机构。例如，国际象棋、欧元的挑战（Euro challenge）、美联储的挑战（Fed challenge）、合作机器人、喷气机、数学小组、模拟实验/模拟法庭、

　　① The Bronx High School of Science Course Guide 2012[EB/OL]. http://www.bxscience.edu/pdf/Course%20Catalog. pdf [2012-02-12].

模拟联合国、全国拉丁荣誉学会（National Latin Honor Society）、海洋学（oceanography）、科学奥林匹克（science Olympiad）、演讲与辩论、美国未来商业领导者（future business leaders of America，FBLA）、击剑、菲律宾人、漫画家、红十字会等百余家社团。社团活动涉及社会的方方面面，有的按照国籍结社，有的按照兴趣结社，有的按照信仰结社……丰富的社团活动也证明了布朗克斯科学高中提出给予每一个资优与专才儿童独一无二的教育与社会机会的理念并非虚言。S学校在培养模式改革中也非常强调社团活动的开展。除了少年科学院、少年经济学院、少年文学院、少年社科院四大社团组织外，据不完全统计，截至目前，S学校已有包括慈善近两百个公益类，自然科学与社会科学类、体育运动类、艺术类等二百余个社团。这些丰富的社团活动绝不仅是课余时间学生简单放松的场所，所有的社团活动S学校都计入学分，这类学分是学生参选卓越学生、优秀学生等荣誉评选的重要依据。于是，社团活动对于学生而言不仅是一种放松，而是真正意义上的课程。通过这些隐性课程的磨炼，有的学生走上了国际机器人大赛、模拟联合国大赛等世界知名比赛的赛场，有的学生走上了国家大剧院的舞台，有的学生凭借其出众的综合素质被中外名校录取……卓越的成绩更加说明社团活动作为隐性课程的价值所在。

除了社团活动外，S学校还在每天中午都安排了"与校长共进午餐"的活动。学校的各个校领导分别被安排在其中一天中午同电话预约的学生共进午餐。在同Q老师交流时，Q老师说："其实学生也未必就有什么事情一定要和校长谈，但他们也愿意和校领导坐在一起聊一聊他们的想法。学校领导也希望通过这种方式倾听学生的心声，通过学生最为直接、真实的反馈了解学校的课程改革、教育管理等方面存在的问题。"这些活动表面看起来并不起眼，但却表达出学校领导对于学校文化建设的重视。学校的诸多细节反映了学校以学生的发展为核心的基本追求，将除显性课程外的所有文化建设都当作可能影响学生的隐性课程看待。这表明S学校在课程建设中所具有的战略眼光。文化是悄无声息的，但不容忽视。于无声之时悄然润物者，也是精英高中课程建设的必不可少的环节。

## 二、走向"个性"的教学：课程改革催生的教学变革

教学作为学校教育的重要组成部分，并不是孤立存在的。教学必须适应课程业已进行的改革和调整，否则，课程改革的所有理念都难以最终落实，毕竟教师的教学活动是决定课程改革能否真正影响学生的关键。因此，当投下课程改革这个激起千层浪的石子后，最先被激起的便应当是教学领域的改革。

### （一）分层课程要求实行分层教学

课程的分层是为了适应不同学习能力的学生，这当然要求教学也随之发生改

变，但这个问题在班级授课制面前总会遇到诸多麻烦。但凡有着一线教学经验的老师都会感慨在同一个班中，教师通常很难同时照顾到学有余力的学生和力有不及的学生。对于老师而言，最为通常的策略就是按照中间层次学生的情况讲课。这样一来，处于两端的学生都难以获得适宜自己的教学。倘若一个学校之中的生源结构更加复杂，这种情况就会更为突出。

　　S 学校面对复杂的生源现实，也尝试在教学领域进行分层教学的改革。在 S 学校的课堂中，经常看到只有半数学生在教室中上课，其他学生则以自主研修等方式完成教学任务。实际上，在其他许多精英高中都在尝试分层教学，在这一方面许多学校已经有了较为丰富的经验。

　　分层教学有多种形式。在保留行政班的前提下，让一部分学有余力者自主学习只是一种较为初步的分层教学的改革。突破行政班的限制，通过选课过程实现不同层次的学生进入不同班级的走班选课制，则是一种通过不同班级实现分层教学的重要尝试。在 S 学校、北京大学附属中学（以下简称北大附中）等北京名校中，走班选课正逐步推开。学生通过选择不同层次的课程，进而实现了同一班级学生在能力上的大致同质化，从而在确保教师资源利用率的同时，尽可能兼顾了更多的学生。这种以班级为单位的分层教学，恰恰适应了课程改革希望"还选择权与学生"的价值追求。

　　分层教学不仅适应了学生不同的学习能力，而且有助于教师的专业成长。从教师工作的难易度来看，总是面对同一层次的学生会有助于教师积累更多的经验。对于顶尖学生的教学与对于力有不及者的教学显然具有很大的差异性。即便是在精英高中内部也是如此。因此，分层教学的实施有助于在不同层次的教学上形成专家型教师。面对不同层次学生的专家型教师的出现，才能真正为不同层次的学生提供最适宜他们的教学。

## （二）分类课程要求教学形式多样化

　　分类课程是为了满足学生不同兴趣和需求而设置的课程体系，其核心却是引导学生在各自感兴趣的领域不断探索。这要求教学必须充分适应不同内容的特点，而不仅是学生学习的兴趣。

　　在我国许多名校仍然充斥着满堂灌式的讲授法时，运用多种形式进行教学的实践已经悄然在一些精英高中展开。例如，在布朗克斯科学高中，物理课大都在实验室内进行。对于布朗克斯科学高中的学生而言，物理学中充满了未知和挑战。仅仅坐在教室中听老师讲授显然难以探索未知的物理学。因此，实验室便成为物理课的主要场所，实验教学成为物理学最为常用的教学方式。但在社会研究课和英语课等文科课程中，教师更多采用讲授法、讨论法等教学方式。不仅不同学科的内容差异可能导致教学的多样化，同一学科不同内容的知识也可能导致教学的多样化。如在北师大附中，语文教师运用藏头诗的方式进行诗词教学、运用时文时评、自主研读等多种方式进行作文教学。

当教师以最符合内容要求的教学方式呈现在学生面前时，学生才可能真正领悟教师所要传递给自己的信息。精英高中的生源质量自然毋庸置疑，但倘若只有充斥着讲授的课堂，学生也就在聆听中失去了许多自主探索的机会。也许精英高中学生的探索本身并不见得具有真正意义上的开创性，但对于学生而言，探索就是一个不断挑战自我、寻求突破的过程。这对于精英苗子的成长而言是至关重要的。

分类课程与分层课程相互关联，形成纵横交错的显性课程体系，因此分层教学也往往同多样化的教学方式相伴而生。实际上，在教学方式、方法上没有最好的方式、方法。关键在于一种教学的方式或方法既适应了学生的能力和需求，也适应了教学内容的要求，还适应了教师的个性特点。教学活动不是冷冰冰的知识传授过程，教师的性格特点对其形成不同的教学风格具有重要的影响。即便是同一门课的教师，有的诙谐幽默，有的娓娓道来，有的语言犀利，有的声情并茂……教师不同的个性及知识背景，形成了不同的教学风格，不仅可以为精英高中的学生提供丰富多彩的课堂形态，而且适应了不同学习特点学生的需求。精英高中需要大师级的一线教育家，但一线教育家的形成一定基于其各自的性格特点。这种三方面都适应的教学才是精英高中教学改革追求的理想的教学。当然，这样的教学必然是多样化、个性化的。

### （三）隐性课程建设要求教学走出课堂

由于隐性课程的普遍存在，而且这些隐性课程都承载着精英高中改革的价值追求，教学活动不仅在课堂之中发生，还必须走出教室，走进学生的课余时间。

如此一说令许多人担忧，让教师的教学走进学生的课余时间不是给教师补课提供了一条冠冕堂皇的理由吗？实际上，在精英高中的教学活动本身并不是局限在课堂之上的。由于在许多社团活动中，学生积极探索着在课程学习中形成的灵机一动的想法，抑或是百思不得其解的问题，教师参与学生社团的活动时，就已经将教学活动带到了课余时间。

除此之外，学校文化的建设势必渗透着教师的教学理念。S学校要求教师走进学科功能教室，将之打造成这个学科学习的最佳场所。因此，走进生物功能教室可以看到历届诺贝尔生物学奖获得者的详细介绍，走进化学功能教室则充满着不同化学元素所组成的各种图形，走进政治功能教室则陈列着诸多政治家的格言，而走进历史功能教室则是一套套历史典籍映入眼帘……这种学科功能教室的文化建设不仅为学生提供了更多的学习资料，更为重要的是它将教师的教学理念和对学科的理解以文化的形态呈现在学生面前，使学生沉浸其间而不觉得突兀，自然而然地提升了对于这个学科的理解和认识。于是，不在教学过程中的文化浸染，成为一种无声的教学。

与 S 学校围绕学科功能教室构建隐性课程不同，北大附中围绕自己的培养目标构建学校的隐性课程。北大附中将培养杰出公民作为自己的培养目标，而杰出公民的首要素质之一便是公正公开，不怕被人监督。因此，在这个目标指引下，北大附中将所有的教室靠近走廊一侧的墙壁都改造成透明玻璃，这样学生随时都在接受着外界的监督。这种文化建设巧妙运用了物质材料的特性，引导学生学会公开公正地做人，而不要偷偷摸摸，怕被人监督。教学活动由教师走向了无声的玻璃，教学活动也随之走出了课堂。

### （四）模块化课程推动教学评价方式的转变

S 学校尝试的分层分类课程体系建设，是对课程结构的宏观设计，目的在于真正赋予学生自主权与选择权，使学生能够根据自己的兴趣和规划选择适合自己的课程。然而，高中毕竟只有短短三年，在高考的巨大压力面前，学生真正的自主选择时间往往只局限在前两年，此时课程的模块化就成为缩短单位内容的学习时间的关键。尽管《普通高中课程方案（实验）》已经提出了普通高中课程的模块化，但作为统一的国家课程的模块显然难以满足精英高中学生个性化的需求。因此，S 学校提供更为多样化的模块课程成为微观层面课程改革的重要举措。

课程的模块化促使教师不得不重新考虑对于教学效果的考核与评价。在旧有课程体系下，教师的教学评价通常都以学期为单位，而且难以摆脱考试作为唯一导向的影响。在模块化课程改革过程中，教师的评价周期和评价方式都必须进行相应的调整。面对这一情况，S 学校果断改革了教学评价的手段和方式，突出了过程性评价的重要性，也强调了评价手段和方式的多样性。例如，《S 学校学习考评方案制定的指导意见和学校教学质量诊断的实施办法（草案）》明确提出教师的教学评价应当适应内容的多样性，兼顾学生的个性和同伴的参与，重视学生的学习过程，并且积极运用测验、实验操作、课堂观察、辩论、调查报告或实验报告、自我考评和同伴考评、情境性测试、作品评议或展览、档案袋等多种方式评价学生。不仅如此，学校还要求教师一定要积极进行过程性评价，并及时给予学生反馈。教师应当用过程性评价引导学生及时发生转变，鼓励学生的积极表现。不同模块，使用不同的评价方式，切忌一张评价表在不同的模块上通用。

可以说，S 学校围绕着课程模块化和走班制教学所进行的教学评价改革是极有针对性的。这种改革直接指向了只懂得出题考试的教学评价方式，使得教师意识到不同的评价方式和评价周期同学习内容、学生个性和需求之间的匹配关系，而且在一段时间的改革后，一些教师也的确意识到这种改革的积极意义。学习过程中的多样化评价，使得学生和老师都可以在问题出现或扩大之前便及时采取行动，避免问题复杂化之后难以消解。评价不再围绕着最终的高考，教师的目光也不再聚焦在少数尖子生身上。以评价促进所有学生全面发展的理念逐渐在教学中得到落实。

　　诸如此类的改革尝试在许多精英高中都已经开展。在任何一所精英高中内部，这些尝试本身都不是孤立的，而是在某一点（如课程改革）的带动下随之而起的改革。正是由于这些随之而起的教学改革的不断深化，才使得课程改革等带动其他改革的始发改革的成果能够得到保持。当然，仅有课程和教学的改革，精英高中的培养模式改革仍然难以完成，班级作为课程和教学实施的重要组织形式也必然随之发生改革，以适应课程和教学改革的现实需求。

## 三、流动的班级：课程改革引发的班级建设

　　课程改革赋予了学生更多的选择权和自主权，教学改革要求适应不同学生的能力和兴趣，在这种情况下，原有的班级组织形式显然难以适应改革的需求，打破行政班，实行走班制，成为课程改革所带动的精英高中培养模式改革系统工程的重要一环。

### （一）利用走班制控制班额

　　精英高中能否真正实现因材施教首先在于班额的控制。在现代教育体系之中，班级授课制仍然是最为主要的教学组织形式。但班级授课制的确不利于学生个性的形成和多样化需求的满足。尤其是当班额过大时，教师往往疲于应付，根本无暇顾及同每个学生的交流。在我国许多地方的优质高中中都充斥着大班额的现象，万人大校、百人大班已屡见不鲜。试想学生连上厕所都进出困难，又怎么会有高质量的教育呢？因此，控制班额是精英高中组织建设中的重要组成部分。

　　不得不承认，我国许多地方的精英高中在控制学校规模上的确存在很大的困难。这些精英高中往往具有较高的学校声望，对家长和学生形成了很强的吸引力，使得这些学校往往人满为患。当地教育主管部门在短时间内又不可能帮助其他的高中达到精英高中的水平，而且从效益最大化的思路来说，他们更希望能够让这些占据了优质教育资源的精英高中最大限度地发挥其作用，因此在生源指标上向精英高中倾斜。笔者在深圳的调研可知，深圳 A 中学是当地的名牌中学，校园面积实际已经不足以应对如此多的生源。市教育局允许 A 中学新建校区并不是为了让学校整体搬迁到新的校址，而是为了充分利用 A 学校的影响力在新校区附近招生，以带动当地教育的发展。

　　然而，规模难以控制并不意味着班额不能缩减。控制班额同控制在校生规模及招生规模并不完全等同。当课程改革走向尊重学生的选择权时，班级就不再是固定的行政班。只要限制每个教学班的人数，即便学校规模短期内难以控制到合理的水平，也可以有效控制班额。例如，美国纽约州的特殊高中都有着很高的学校声望。布朗克斯科学高中、斯蒂文森特高中等学校每年申请入学的人数甚至超过 2 万。

在需求巨大的压力面前，学校不可能像美国许多私立精英高中一样每年只招收几百名学生。尽管学校规模难以压缩，布朗克斯科学高中也深知班额对于精英人才培养的举足轻重的意义。即便招生压力再大，学校也力图通过压缩教学班班额的方式严格控制班级规模。根据纽约州 2011 年对英语、数学、科学和社会研究 4 门课程的教学班班额的统计可知，在布朗克斯科学高中，各学科的班额大都不超过 35 人，有一些课程仅有 10 人一班。这是许多大学都难以做到的班额数。其他几所特殊高中的班额情况也与之相仿：布鲁克林技术高中（Brooklyn Technical High School）4 门课程的班额在 20～35 人，斯特文森特高中班额在 12～35 人，布鲁克林拉丁学校（Brooklyn Latin School）的班额在 10～34 人，费奥里洛・H. 拉瓜迪亚艺术高中（Fiorello H. LaGuardia High School of Music & Art and Performing Arts）的班额主要在 15～35 人，数学、科学、工程城市学院（High School for Math，Science and Engineering at City College）的班额在 10～28 人[①]……正是对于班额的严格控制，布朗克斯科学高中等精英高中才保证了每个学生都能参与到课堂讨论及实验研究中来，从而保证了教育质量。

## （二）弱化行政班

课程走向了分层设计，并且强调学生自主选择，同一个行政班的学生也会存在各异的选择。一天的时间内，学生按照各自的课表走进不同的教室，这使得行政班学生之间的共处时间极大地减少。因此，行政班的弱化成为当务之急。S 学校也不例外。学生每天除了早晨到校后至第一节课前的时间及下午下课后的时间有机会到行政班碰头外，其他时间大都在各自的教室上课。这种弱化行政班的尝试同 S 学校的课程改革是一脉相承的。S 学校课程改革的重要目的就是促进学生自主能力的提升，弱化行政班就迫使学生养成自主安排时间的习惯。在课程改革最初施行的一段时间里，每个课间几乎都会听到有学生忘记带下一堂课所需的东西，或者忘记交哪一门课的作业。这种丢三落四的情况，在课程改革施行一个月后就大有好转。许多学生都学会在头一天就准备好第二天自己的课程所需的各项事宜，尤其是要交的作业及不同课程所需的书本和材料。这表明班级制度的改革对于落实课程改革的理念发挥了重要作用。

实际上，S 学校班级制度的改革并不算最为大刀阔斧的。个中原因主要在于担心一下子放开教师和学生都难以适应，从而使得整个教育教学秩序出现混乱。因此，稳健地推进班级制度改革也是可以理解的选择。在深圳中学、北大附中等名校，关于班级制度的改革步伐较之 S 学校更为"迅猛"。

例如，在北大附中，高三年级迫于巨大的高考压力，继续沿用了行政班。高一、

---

① 2010~2011 Updated school level detail[EB/OL]. http://schools.nyc.gov/NR/rdonlyres/B887E47A-30EB-4D80-A5DA-46946B67C239/0/20102011UpdatedSchoolLevelDetail.xls[2012-01-04].

高二年级为了配合学校的走班制培养模式改革，按照学生的兴趣和能力分成四个体系和六个单元（图 5-2）。

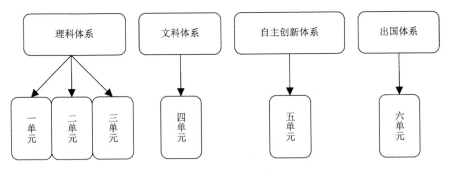

图 5-2　北大附中（高一、高二年级）学生管理体系示意图

四个体系中前两个体系依旧沿用了长期以来高中的文理分科的思路，自主创新体系面向在自然科学领域的学有余力者，第四个体系则主要面对有出国意愿的学生。由于理科倾向的学生人数较多，理科体系又细分为三个单元。一个单元涵盖了高一、高二两个年级的学生，使得具有共同兴趣的不同年级学生可以在同一个平台下互相帮助，从而在很大程度上促进了学生之间的交流与合作。学长的经验成为了学弟、学妹参考的宝贵财富。北大附中的单元制改革是为了解决走班制改革后班级管理的困难，使得学生管理尽可能面对具有同质性的高一、高二学生。这种改革同学校的课程和教学改革相互配套，是学校在弱化行政班之后的积极尝试。

（三）建立辅导制

如前所述，教师"无微不至"的安排已经使得精英高中的学生缺乏反思和规划未来的意识。课程的分层分类改革、教学的个性化和多样化改革都旨在促使学生改变以往被动接受安排的学习习惯，学会自主规划未来。而课程和教学的转变也要同对学生的指导相互配合，否则其他方面的改革也难以有效推进。精英高中的辅导制主要针对两个方面：一是对力有不及者进行专门的辅导；二是所有精英高中的学生都需要学习、生活、未来规划等全方位的指导。

对于力有不及者的指导自然是辅导制首先需要解决的问题。前文提到布朗克斯科学高中规定如果学生在跟学课程的时候遇到了困难，可以申请小组指导。教师会每周安排一天的小组指导，每位教师每周都有两天的时间可以用来进行小组指导。这已经作为一项常规制度确立下来[①]。在我国有许多精英高中都安排了具体的辅导时间和地点，以便于学生可以随时找到相应的教师咨询问题。在 S 学校高中

---

① The Bronx High School of Science Student Handbook 2011-2012[EB/OL]. http://www.bxscience.edu/pdf/Student Planner.pdf [2012-02-12].

楼的走廊上，张贴了所有高中教师的姓名、办公电话、时间等具体信息。学校要求所有教师都进入学科功能教室办公，以便在学生需要咨询时，教师可以直接利用学科功能教室的各种资源帮助学生理解相应的问题。这一点已经作为《S学校走班制下的教师工作指导意见（草案）》中的一项重要制度确定下来。

对于学生全方位的指导需要重新审视以往的班主任制度。班主任围绕行政班开展工作。然而，在精英高中分层分类课程体系之下，行政班本身在弱化，而教学班则相应得到加强，这使得班主任难以开展工作。但学生的成长离不开成年人的指导和帮助，尤其是对于尚处在高中年龄段的学生而言，如何合理地规划未来仅靠他们现有的经历是难以准确判断的。在这种情况下，围绕学生而不是班级为单位的辅导制则有着更加积极的意义。首先，辅导制改变了班主任制围绕行政班的组织管理方式，将更小单位的学生群体作为辅导的基本组织单位。对学生进行辅导的教师则针对有限的几个学生的实际情况，通过深入地了解和沟通，帮助学生明确自己的理想和追求，认清自己的能力和不足，以便在学业上、工作上、生活上都获得更好的发展。其次，教师不再是管理者，而是学生各个方面发展的人生导师。北京S学校等一批名校都在尝试对每个学生实行多导师制。例如，S学校为科学实验班的每名学生配备三名导师：成长导师、学业导师、学术导师。其中，成长导师负责学生的个性品质的发展，学业导师负责学生科学素养的提升，而学术导师负责学生个人发展规划的制定及学术专长的发展。其中成长导师和学业导师都由学校经验丰富的教师担任，而学术导师则聘请高等院校和科研院所的知名教授担任。

总之，在人人皆可成才的假设基础上，改革培养模式以适应每一位学生的发展，是国内外精英高中发展的共识。无论面对何种现实的困境，精英高中都应当切实为每一个学生的发展搭建平台。毕竟精英高中不是少数几名进入中外名校学生的天堂，而是所有精英高中学生共同成长的摇篮。精英高中不是精细的工厂，我们不能允许精英高中接收到优质的生源却造就了大量的"陪榜者"和"失败者"。精英高中培养模式的改革不是为了迎合舆论的认可，也不是为了增强学校声望，而是为了每一个学生的健康成长。如果我们相信他们每一个人将来都可能成为改变未来的人，那么今天我们就必须提供适宜他们的个性化发展的、多样化的教育。这应是精英高中的根本追求！

# 第四节 对"弱者"的补偿

高中教育的发展不能没有精英教育，但也不能仅有精英教育。这涉及高中教育发展的大事。即便仅从国家的角度对高中教育提出效率的要求，也必须明确究竟如何来衡量效率的问题。

事实上，经济是最为看重效率的领域之一。但最近几十年经济学家不断反思以往的效率观："强调消费和按人口平均收入的增长，并没有在不发达世界中带来贫困的减少。要说有变化，反而是贫困的增加。只有人数很少的阶层繁荣了，而大多数人口却在不发达的泥沼中陷得更深。"（威尔伯，1984）因此，有学者指出经济学家看错了 20 世纪最后 25 年中主要挑战的性质。这个挑战不是要达到高水平的按人口平均国民生产总值增长率，而是要减少贫困、失业和不平等（威尔伯，1984）。可以说，以经济增长为核心的传统发展模式在 20 世纪 70 年代末已趋衰亡，据此为经验教训出现的以人为中心的新发展观，虽然提出要注意保护生态平衡，建立政治、经济、社会、文化与人的全面发展关系，但是它忽略了将自然与生态环境因素作为重要的独立变量纳入社会发展的框架中，而这一变量恰恰是对第二次世界大战后世界各国，尤其是正在进行工业化的发展中国家社会经济发展和生存构成严重障碍的问题（李钢，1999）。

面对经济学家对于世界经济发展的深刻反思，我们也必须意识到高中阶段精英教育的繁荣并不能掩盖教育中"贫困"现象的蔓延。既然走向普及化的高中教育应当为每一个青年人的终身发展蓄力，那么对未能接受精英教育的弱者提供必要的补偿，使他们也能够获得充分的发展，便成为控制高中阶段精英教育代价的另一个重要环节。对弱者的补偿应当从学校和学生两个维度提出改革的思路。

# 一、"拓位"的改革：边缘高中生存空间的拓展

## （一）多元评价同多轨位次的建立

对于那些边缘高中而言，单一的评价不仅是难以企及的，有时甚至是致命的。过去很长时间正是由于我们不断地要求所有的高中都按照精英教育的评价方式考核学校和学生，才导致了难以挽回的代价。发展的前提是发现，不仅在于发现问题，更在于发现优势。既然拼命模仿重点高中的做法难以使边缘高中获得真正意义上的发展，倒不如从其自身的优势出发，探寻适合其特点的发展之路。多元评价正是引导其走上多轨发展之路的灯塔。

### 1. 美国《新闻周刊》评价的基本原则

提到对于高中的多元评价，美国《新闻周刊》《美国新闻和世界报道》等杂志在评价高中的事情上都拥有值得我们借鉴的经验。尽管《新闻周刊》和《美国新闻和世界报道》等杂志的评价只是社会对于高中的评价，并不代替美国各州教育主管部门对高中的评价。但由于其评价的理念和思路都非常具有启发性，在探寻边缘高中生存空间的背景下，借鉴他们的经验意义深远。试以《新闻周刊》的评价为例略作说明。

《新闻周刊》对高中的评价之所以具有借鉴价值，并不是因为通过这个评价可

以使我们了解美国的高中排名，而是因为该评价所遵循的基本原则对我们重新发现高中具有启发意义。概而言之，《新闻周刊》的评价原则主要有以下几点。

第一，"关注学校所关注的"。美国的各个高中也非常看重各种考试，学生在考试中的表现也时常引起家长和学校的关注。因此，《新闻周刊》并不回避这些高中普遍关注的考试。在 2011 年的评价中，《新闻周刊》共选择了 6 项数据作为评价学校的指标，详见表 5-8。

表 5-8　2011 年《新闻周刊》高中评价指标体系表[①]

| 指标名称 | 权重/% |
| --- | --- |
| 准时毕业率（four-year，on-time graduation rate） | 25 |
| 大学入学率（percent of 2010 graduates who enrolled immediately in college） | 25 |
| 每名毕业生的大学先修课程/国际学士文凭课程/高级国际教育证书考试次数<br>（AP/IB/AICE tests per graduate） | 25 |
| 学术能力评估测试或美国大学考试的平均成绩<br>（Average SAT and/or ACT score） | 10 |
| 大学先修课程/国际学士文凭课程/高级国际教育证书考试平均成绩<br>（AP/IB/AICE tests per graduate） | 10 |
| 大学先修课程/国际学士文凭课程/高级国际教育证书课程对毕业生的生均开课率<br>（AP/IB/AICE courses offered per graduate） | 5 |

表 5-8 中所呈现的指标都是学校所关注的核心数据，因此，整个评价也并不需要太多的解释。

第二，将学校分类排名。在《新闻周刊》最后排出的高中排名榜单之中，我们并没有发现如布朗克斯科学高中、史蒂文森特高中等美国顶尖的精英高中。这些精英高中都出现在美国最好的精英高中（America's Best High Schools：The Elites）榜单之中。对此，《新闻周刊》的负责人指出，之所以不将这些业已公认的精英高中同其他学校并列起来进行排名，是因为这些学校的生源明显优于其他学校，将两类不同的学校放在一起排名并没有什么意义。不仅将精英高中作为一类单独予以评价，在高中的排名中，《新闻周刊》还关注了生源（如亚裔学生和拉美裔学生较多的学校）、招生（如抓阄入学的学校）、特许学校等各类学校的不同情况。

第三，基于平等的评价。对高中进行评价难免要排个先后，但这种排名并不只是看重这些学校成绩最好的学生的表现，也不仅看重生源更好的学校的表现。在评价中，《新闻周刊》处处渗透着平等的理念。例如，在统计学生的考试成绩时，《新闻周刊》的负责人认为"学校经常在美国大学预修课程或国际文凭（international baccalaureate，IB）考试的通过率上吹嘘自己……但我们不单单看通过率，因为许多学校只允许顶端的学生（top students）去参加考试，尽管一些学校也同意一般的学生参加课程的学习。因此，我们所关注的不仅仅是通过率，而是这个学校学生在

---

① Newsweek. Best American high schools: How we compiled the list[EB/OL]. http://www.thedailybeast.com/newsweek/2011/06/20/best-american-high-schools-how-we-compiled-the-list.html[2012-02-12].

AP、IB 等考试中的平均成绩以及参与的人数和次数……它指的是'平等且优异的比率'（equity and excellence rate）"①。除了在指标的选取上，尽量关注所有学生的参与和表现外，在学校的选取上，《新闻周刊》也非常重视平等的问题。一些质疑者指出在所列出的学校中有一些学校的平均成绩并不令人信服，但《新闻周刊》的负责人认为这些学校的学生大都来自低收入家庭，学校本身的经费也非常拮据，但在这种情况下，学校的老师仍然不遗余力地探寻促进学生达到大学水平的方法。因此，应当承认他们也作出了出色的贡献②。

**2. 我国多元化高中评价建立的基本思路**

以《新闻周刊》的评价原则反观我国的示范性高中的评价，可以看出我国的评价更多还是突出以往的重点学校如何优于其他学校。这种评价只会进一步加深学校之间的中心与边缘关系，迫使排名靠后的学校继续向排名靠前的学校看齐，从而维持精英教育泛化的现状。借鉴美国的经验，并不否定这些经验本身也存在局限性的事实，而是试图改变我们对于高中教育的基本认识。评价不仅是一种对质量的考核，更是一种对未来发展的引领。只有拓宽我们对高中评价的维度，我们才能引领不同层次、不同类型的高中获得属于自己的发展空间。与此同时，只有在评价的理念上有所改变，我们的政策才能做出相应的调整，从而建立一种适合每一个学校发展的政策体系，而不再逼着所有的学校按照精英高中的模式发展。

首先，高中评价必须对高中进行分类。长期以来，我国已经形成了学校间的中心和边缘关系，但学校间的同质性和千校一面的问题却十分严重。倘若我们在评价时仍然将所有学校放置在一个榜单中，无异于引导学校进一步在同质化的方向上发展，这不是我们追求高中多样化发展所寻之路。因此，首先对高中进行分类是评价多元化的前提。我国的高中至少可以分出精英高中、综合高中、国际高中、民族高中、女子高中、完全中学、县级高中、乡镇高中等多个维度。尽管这些高中之间可能存在交叉，但从不同维度出发，我们可以从多个侧面发现这些学校的不同优势，而这些优势恰恰是学校进一步发展的生长点。

其次，以平等为卓越的前提。考核高中绝不能仅看顶端学生的表现，而是要关注每一个学生的发展。任何一所高中的任务都是促进每一名在校生的发展，而绝不仅是帮助少数学生进入名校。因此，"一俊遮百丑"的逻辑必须推翻。一所学校有一名学生考上北大，并不能说明这所学校出色地完成了教育工作，还要看其他学生的表现。因此，选取平均分是最为直接的衡量平等且卓越的指标。这就迫使学校不能只看重成绩优异的学生的学习，而要关注所有学生学习经历的质量。

再次，以增值评价促进高中良性发展。以多元评价促进高中的多样化发展是我

---

① Jay Mathews. America's Best High Schools: The FAQ[EB/OL]. http://www.thedailybeast.com/newsweek/2010/06/13/america-s-best-high-schools-faq.html[2012-02-12].
② 同①。

们所追求的理想样态。而增值评价是多元评价的一个重要组成部分。我们可以充分运用增值评价的手段提升边缘高中的办学积极性从而有效遏制精英教育泛化的现实。同时，增值评价的运用也将在很大程度上改变现有的生源大战的格局，使得高中教育回归正轨。

最后，以评价为窗口，引起社会的关注。评价对于教育主管部门而言，不仅是考核学校的手段，也是促进社会关注高中发展的重要平台。通过多元的评价，我们不仅可以使社会及时了解哪些高中取得了卓越的成绩和长足的进步，同时也可以使社会了解哪些学校在面临现实困境时仍不屈不挠地为学生的发展而努力。倘若我们将经费最为拮据的学校进行排名，这势必引起社会众多慈善机构和志在公益事业的企业家的关注。他们在经费等方面的支持将在很大程度上缓解高中教育经费投入不足的现实问题。

总之，边缘高中的发展是我国高中教育发展的有机组成部分。在长期沿用重点学校和示范性高中政策的过程中，一般高中的发展是明显滞后的。尽管笔者仍然强调精英高中发展的重要性，但绝不否定边缘高中发展的权利。国家也应当积极运用评价的手段促进边缘高中的快速发展。尤其是通过评价引导不同的高中追寻一条适合自己学校特点与优势的发展之路，并为每一所学校的发展提供足够的政策空间，从根本上改变学校间的中心-边缘关系，遏制残酷的生源大战，使高中教育成为每一个学生的天堂。

### （二）分类高考与特色高中建设的设想

我国现行的高考制度同高中单轨位次是同构的。高考统一命题（至少是全省统一命题）后，按照不同批次录取学生，成绩高低自然决定了学生进入不同层次的学校。换言之，这是一种统一考试下的分层录取制度。普通高中也可以根据学校声望划分成不同层次。因此，我们很容易将不同层次的高中对应不同层次的高校，而高考则成为将不同层次高中生分流进不同层次高校的分流器。这不仅不利于高中学生同大学不同专业要求的衔接，也不利于处于中下层次高中的发展。很显然，高考作为引导高中教育发展的指挥棒的作用是难以取代的。因此，只有改革高考，转变粗线条的分层设计为细线条的分专业设计，高考才能更加符合大学的招生需求，从而引导不同的高中形成自己的特色。

自1993年《中国教育改革与发展纲要》提出"中小学……要办出各自的特色"以来，围绕特色学校内涵、本质、创建等问题，许多学者已经提出了许多观点。与此同时，在实践领域中一些学校也不断探索特色发展之路。随着《规划纲要》中又提出"注重教育内涵发展，鼓励学校办出特色、办出水平"，关于特色学校的讨论又掀起一轮高潮。然而，在实践中我们往往发现特色学校很容易被理解为走音体美特长班的学校。这种特长班可以帮助更多的学生升入大学，因此得到了许多高中的青睐。尤其是一些边缘高中，由于生源质量、师资水平等因素的影响，走音体美特色之路似乎成为许多边缘高中突破现有困境的主要尝试之一。但这种突破显然只是在现有高考制度框架下的突破，并不是真正意义上的特色高中。特色学校是就学校整体发展而言，并不仅指学校某一方面具有与众不同的特点（李保强，2001）。特色学校应当成为所有学校发展所追求的目标，而绝不只是边缘学校的退而求其次的选择。

要真正实现对于特色学校认识的转换，必须从高考改革的角度加以认识。在高考制度面前，高中都是理性的。他们断然不会不顾高考的压力而进行教育教学活动。因此充分而合理地发挥高考指挥棒的作用是促进高中特色化发展的关键。由于高考肩负着为高校培养生源的重任，而高校又是分专业培养人才，不同专业对于生源的要求不同，作为高校入学考试的高考应当充分顾及不同专业对于生源需求的差异，从分类的角度重新设计高考，而不仅是区别学生的不同水平。

尽管有人提出目前我们已经在尝试分类高考，如《2011—2015 年山东省普通高校招生制度改革实施方案》中便明确提出自 2012 年起实行"两次高考"，即普通本科与高职分类考试。这种分类可以看作对于学术型人才和技能型人才招生考试进行区别对待的一种积极的尝试，但这显然远远不够。真正的高考分类，应当是按照专业或专业群的方式进行分类命题。2003 年开始的普通高中课程改革已经将普通高中的课程划分为不同的模块，尽管这种划分本身仍然存在争议，但这的确为分专业高考提供了先决条件。不同的专业或专业群可以明确规定自己在高考时所涉及的不同的模块，而不是凭借所有科目的总分录取学生。这不仅使得一些在某一学科领域的偏才、怪才有了展示自己的舞台，更有利于引导同一行政区划内的高中实现特色化。毕竟任何一所高中都不可能应对所有高校不同专业的需求，倘若将这一工作由更多的高中进行，则有可能形成不同学校拥有不同的强势学科的局面，而这些强势学科的出现恰恰就成为高中特色化发展的重要一环。当所有的高中都形成了自己的优势领域，那么高中学校间的中心-边缘关系也便随之打破。希望在不同领域深造的学生便会有针对性地选择不同的高中，而不仅盯着有限的几所示范性高中。如此一来，通过分专业高考的引导，原有处于边缘地位的高中便获得了非常重要的外部发展空间，而且不同高中之间的互补性逐渐凸显，竞争性则退居其次，行政区划内的高中逐渐形成良性的生态环境，生源大战也会随之减少。

## 二、"补位"的改革：弱者的出路

笔者不否定高中阶段精英教育存在的合理性，也认可精英高中的发展应当得到国家和社会的认可，并不表示笔者认为精英教育没有代价。实际上，我们也不可能找到一种没有代价的高中发展模式。关键问题在于要对这当中处于弱势地位的学生给予相应的补偿，补偿的关键在于为他们的发展提供相应的渠道。"亡羊补牢，犹未晚矣。"承认弱势地位学生的存在，才能弥补以往的空位，为他们的发展促进相应的改革。

### （一）名额的"倾斜"

毫无疑问，在高考面前，低学校声望学校的学生和农村生源处于明显的不利地位。尤其是名牌大学的学额几乎被各地的"超级中学"瓜分。例如，陕西目前有西北工业大学附属中学（以下简称西工大附中）和西安高新第一中学（以下简称高新一中）两所"超级中学"。2008~2010 年，西工大附中考入北大、清华的人数，占全省的比例分别为 32.4%、39.6%、36.1%；高新一中分别为 20.2%、22.5%、26.1%。2010 年两校各有 83 人和 60 人考入北大和清华，合计占全省名额的 62.2%。在2004~2010 年产生的 15 位文理科状元中，也有 11 位出自这两所学校（王斯敏等，2011）。尽管这个调查只是基于北大和清华两所学校的数据，但足以反映出那些难以就读于超级中学的高中生所处的不利地位。

然而，这些学生的发展不应当成为我们忽视的死角，更何况，同超级中学的学生相比，他们人数众多。放弃大多数人显然不是迈向普及阶段高中教育的应为之举。美国大学录取时采用的百分比计划，可以看作破解现有难题的一种积极的尝试。

### 1. 美国三州的百分比计划

百分比计划的兴起要追溯到 20 世纪 90 年代的一次关于高校招生的法律诉讼。20 世纪 60 年代美国民权运动的一个重要成果便是平权法案（affirmative action）的颁布。在这一法案影响下，美国的高校对于少数族裔学生的录取采取了一定的倾斜。但这种倾斜本身却招致了争议。尤其是 20 世纪 90 年代著名的霍普伍德诉讼案（Hopwood vs. Texas）中，霍普伍德等状告得克萨斯州政府在大学录取的相关规定上对非少数族裔的学生存在反歧视。最终法庭宣布霍普伍德等胜诉。这表明平权法案颁布后所采取的向少数族裔倾斜的政策实际是对非少数族裔的反歧视，因而不能继续使用这样的政策。然而，这并不意味着美国高等教育的招生不必过问少数族裔学生的境况。为了保证美国高校在招生时能够顾及少数族裔群体的子女，百分比计划取代了原有的法案在得克萨斯州、加利福尼亚州和佛罗里达州得以实行。（周海涛，2007）。

得克萨斯州的百分比计划，也被称为"前 10%计划"（top ten percent plan），是指得克萨斯州所有公立或私立高中班级排名前 10%的学生能够进入州内公立大学学习，而学生在大学入学所必备的 SAT 或 ACT 成绩则不作为判断学生是否可以入学的标准。加利福尼亚州并没有给出得克萨斯州那么高的名额比重，加利福尼亚州所提出的百分比计划仅为 4%。佛罗里达州给出了 20%的百分比，只不过要求这些在班级中排名前 20%的学生必须完成必修课的学习。

　　其实，不论所给出的比例高低，美国三州的做法都指向教育领域不同群体在入学机会上的公平问题。如果我们承认不同族群的智力没有明显差异，那么学生在入学问题上就不应当存在明显的差异。一旦出现差异，这表明现行的教育对于某些族群而言是不利于他们取得成绩的。这种不利地位可能源自师资水平的差异，也可能源自文化等诸多原因。如果意识到现有的教育制度不是建立在学生能力的基础上对学生进行筛选，而是基于文化或其他原因，我们完全有理由在招生时对处于弱势地位的群体给予一定的倾斜。美国三州的做法实际是将州立大学的少部分名额平均分配到本州的各个高中，也意味着无论高中之间是否存在巨大的差距，每个高中都有可能有学生进入州立大学。由于名额仅占少部分，所以并不会对州立大学的招生产生根本性的影响。但这种尝试对于处于弱势的学生而言却具有积极的意义。至少这种尝试试图破解由于资源分配不均的教育不公平问题。我国高中阶段的校际差距和城乡差距在很大程度上都与资源配置不均有着直接的关系。所以美国三州的名额分配的尝试可以成为我们为弱势地位的学生弥补我们在资源配置上的过失的一项有益的举措。

### 2. 我国的应对之策

　　既然是一种尝试，所给出的名额比例就不宜过大。加利福尼亚州所给出的 4% 是较为合理的实验阶段的比例。由于我国高等教育分布不均，教育资源主要集中于北京、上海、广州等大城市和省会城市，借鉴美国的经验不能以省内高校为实验对象。截至 2011 年，我国共有"211 大学"100 余所，由 100 余所重点大学招收全国普通高中前 4% 的生源是否能够完成呢？据教育部统计数据可知，2010 年我国普通高中毕业生数为 7 944 335 人，其中的 4% 约为 31 777 人。而到 2010 年我国"211 大学"约为 113 所，由此可以推算平均每所"211 大学"需接纳 281 名学生。事实上，在这 3 万余名学生中，有许多人通过高考可以顺利进入 211 大学，平均每校 280 余名学生并非都是"额外"招收的名额。因此，我们可以认为这些"额外"倾斜的名额并不会给这些重点大学带来巨大的负担。更何况，我们可以允许省属重点大学也参与到百分比计划中来。由此一来，平均每所高校所接收的名额会进一步减少，但这对于弱势地位的学生而言无异于一根救命稻草。至少他们不会因为身处农村难以接收优质教育或一次考试的失误没能进入重点高中而从此错失接受优质高等教育的道路。

　　当然，我们也必须意识到美国指出的百分比计划所可能带来的反向歧视问题，在我国也会出现。毕竟对于某些群体的倾斜，就意味着对另一些群体的挤压。到今天为止的人类历史的任何进步，同时也就是相对的退步；一部分人的发展是以另一部分人受压抑、受剥削为代价的（李钢，1999）。因此，任何政策都不可能完全公平。我们之所以考虑要存在名额的倾斜，正是因为对于现行制度的不满，认为现行制度对于一部分处于弱势群体的人而言存在着巨大的不公平。问题的关键不在于是否存在倾斜或挤压，而是那种倾斜或挤压更贴近公平一端。至少在城乡差距、校际差距如此之大的情况下，无视这两种差距逼迫所有学生在同一起跑线上竞争才是我国目前最大的不公平。因此，就目前我国的现实来看，在小规模层面上进行名额倾斜的尝试是非常必要的。

（二）虚拟高中的建设

为未能进入精英高中的学生提供适合他们的教育未必一定通过看得见摸得着的学校和教师才能实现。这不但需要大规模的教育经费投入，而且大规模的投入不仅会使得许多地方政府不堪重负，还潜藏着巨大的风险。一旦生源减少或出现大规模流动，实体学校显然难以轻易搬迁，聘用的教师也不能随意解聘。这种情况下，大规模投资便成为大规模浪费。在高中教育经费总体不足的情况下，大规模资源的浪费更加不能接受。事实上，美国虚拟高中的发展对于破解这一难题显然大有帮助（段会冬，莫丽娟，2011）。

**1. 虚拟高中的特点**

虚拟高中（virtual high school）出现于20世纪90年代中期的北美地区，美国远程教育专家汤姆·克拉克（Tom Clark）认为虚拟高中是指"由国家或地方当局认可的，通过包括网络函授在内的远程学习方式，向学生提供中学学分课程的学校"（Clark，Dickson，2000）。虚拟高中兴起的背景有许多，其中一个重要的背景便是学生教育需求的日益多样化。印第安纳州进修学院院长杰雷米·邓宁（Jeremy Dunning）认为虚拟高中要关注"在传统学校中人数众多的、并未获得成功的学生，以及数以百万计的那些不愿到传统学校中学习、而喜欢在家中学习的学生"（Carr，1999）。约翰·沃特森（John Watson）对此也有相似的看法。他认为"美国的虚拟高中需要为各类学生提供服务，特别是那些在传统的有砖瓦水泥建成的学校中无法满足自己需求的学生，这些学生不选择一些课程往往因为他们觉得这些课程无用或者是时间上有冲突"[1]。

虚拟高中最为突出的特点便是"虚拟"。"虚拟"是要借助信息技术，使旧有的、有着严格时间规定的、面对面的教学活动发生根本改变。学生不必在确定的时间到确定的地点接受教育，可以在任何自己希望的时间、在自己方便的地点，通过网络等信息技术搭建的平台，获取自己想要的信息。这种时空观的转变，给学生的学习提供了充分的自由。

虚拟高中的另一重要的特点是课程内容的数字化。课程内容的数字化，不仅可以使纸质的教材成为一种更具可视化和趣味化的阅读、视听材料，而且可以实现在

---

[1] John Watson. Keeping Pace with K-12 Online Learning:A Review of State-Level Policy and Practice[DB/OL]. http://www.learningpt.org/pdfs/tech/Keeping_Pace2.pdf[2011-02-21].

无损毁的前提下多次重复利用，还可以使课程内容公开、公平地提供给每一个学习者（张义兵，2000）。课程内容的数字化，还拓展了课程内容的"真实性"。在数字化条件下，"真实"不仅是真实存在的东西，通过技术手段实现的仿真、逼真的内容，也可视为"真实的"内容。整个课程内容在真实与虚拟的边界间游走，给学生以更大的视觉、听觉及想象的空间。学生所见未必真实存在，但却科学合理。

教学模式多样化是虚拟高中的第三个特点。在诸多技术手段得以应用的条件下，虚拟高中的教学模式无论是整体样态还是各系统之间的关系，较之传统的教学模式已经发生了重大改变："一对多"的师生关系演变为"一对一"或"多对多"的关系，"教与学"的关系演变为"帮与学"的关系。在多样化的教学模式中，学生真正成为主体，成为教学活动的核心，这也是美国虚拟高中能够吸引众多学生的重要原因。

当然，受众广泛是虚拟高中最为直接的一个优势。凡是有网络覆盖的地区都可以通过网络平台获取虚拟高中提供的教育服务，这极大地扩大了高中课程的覆盖面，超越了地理空间的局限。

最后，虚拟高中还具有明显的资源优势。资源优势既包括节约大规模的硬件投入的成本，也包括吸纳有志于发展虚拟高中的各界力量投入相应的资源。节约下来的硬件成本，可以切实用于软件的建设；吸纳的各界资金也可以用于学校的课程开发等领域的发展与完善。

## 2. 立足优势，为弱者"补位"

美国虚拟高中的发展为我们提供了成功的经验，至少在面对人数众多的高中生不能进入优质高中的情况下，我们完全可以借用虚拟高中的巨大的生源容纳能力使得更多的学生接受优质的教育。这无疑打破了中心-边缘的学校关系，使得生源的归属更加开放，而不仅是属于一个学校。

首先，虚拟性学校使得虚拟高中能够帮助那些没有足够实验设备的学校的学生直观感受实验过程。也许我们没有办法把所有的学校建设成同样的水平，但我们可以通过虚拟高中的建设使得所有的学生接受到同等水平的教育。这无疑大大拓宽了优质教育资源的服务范围，使得未能进入精英高中的学生也能享受到一流的教育。

其次，由于虚拟高中建设是事关高校生源质量的大事，许多美国高校对于虚拟高中的建设颇有兴趣。他们不仅愿意为虚拟高中的发展投入经费，更愿意在虚拟高中的课程开发上贡献力量，以便可以使接受虚拟高中教育的学生更加适应大学的学习。除了大学外，教育培训机构、公司、基金会等组织也都对美国虚拟高中发展颇为关注。对于高中教育政府投入总体不足的我国而言，既能为更多的学生提供适宜他们的高中教育，也能使得那些未能进入精英高中的学生获得相应的补偿。

最后，虚拟高中有利于突破班级授课制的局限，使得因材施教的基本原则真正得到贯彻和落实。在班级授课制条件下追求精英教育，势必会造成教师难以顾及每个孩子的学习需求，但这一问题在虚拟平台之上便迎刃而解。由于虚拟平台搭建了一个学习者之间、学习者与教师之间、教师之间良性互动的学习社区，任何一个学习者所遇到的困难和问题都可以得到众多的回应，每个学习者都不必担心自己的老师是否有时间关注自己的学习。这是对课堂教学难以顾及每个学生顽疾的最为有力的补救措施之一。

总之，未能进入精英高中的学生也是国家未来重要的人力资源基础，他们的教育问题同样不能被忽视。虚拟高中既可以为国家节省大量的硬件投入的经费，又能够发展惠及大多数人的高中教育，还可以调动大学等力量参与高中的建设和发展，我们何乐而不为呢？

### （三）推荐制的价值——隐性陪榜者的期盼

#### 1. 释疑推荐制

关于高中阶段的推荐制，争议最大的莫过于北大于 2010 年开始实行的高中校长实名推荐制。姑且搁置各方关于北大实名推荐制的不同声音，单就推荐制本身须作进一步说明。

推荐制本身在中国并不是一个新兴事物。早在汉代实行的察举制就是通过推荐来选拔人才的。随后的九品官人法也基本沿用了推荐的思路。尽管在实行之初，的确为国家选拔了一些品学兼优的栋梁之才，但随着时间的推移，其中所暴露出的问题越发严重。推荐权为社会统治阶层把持，士家大族成为推荐制最大的赢家，平民之家难以获得推荐的机会。终于在隋唐时期，统治者不能容忍社会上层对于人才选拔制度的控制，选择了科举制这一种具有更大公平性的人才选拔制度。自科举实行以来，尽管清末科举被废，实行了新的考试制度。但考试作为人才选拔的核心制度长期以来得到了确认。直至今天，高考作为一项人才选拔的重要制度仍然发挥着巨大的功能。

然而，既然考试作为核心手段而存在，为何被考试替代的推荐制又浮出水面呢？同考试相比，究竟推荐制有哪些优势才使得在考试一统天下的局面下又能引起社会的普遍关注？笔者认为，推荐制较之考试而言有其不可替代的优势。

其一，推荐以长期了解为前提，不似考试"一考定终身"。自古以来的推荐都建立在对于被推荐者有着长期的了解和交往的基础上，这就使得推荐者对被推荐者的了解是十分深入的。在这种情况下，如果推荐者的推荐行为是公正的，那么他的推荐就具有较高的可信度。而且推荐者的推荐会对被推荐者有一个较全面的描述和评价，这对于人才选拔过程而言是意义重大的。相比较而言，考试则很难做到对每一个参加考试的人进行较为全面和深入的分析，命题方也未必对参与考试者有着长期的了解。这也是人们一直以来诟病考试的重要原因之一。

其二，推荐制标准更为多样，不似考试标准较为单一。考试往往强调统一的标准，统一的标准往往以评分标准或标准答案的形式形成对考生的统一要求。但这很容易造成被称为"偏才""怪才"的学生被屏蔽在外。而这些在某一领域有着卓越表现或者巨大潜质的学生也是国家迫切需要的后备人才。

当然，推荐制也并不是完美无瑕，推荐人的素质和道德品质直接影响了推荐制的可信度。推荐标准的多元化也可能导致对于推荐的人选存在争议。因此，推荐制不可能取代统一考试，但却应当作为统一考试的有力补充。

**2. 规避争议与实现功能**

我们不得不说正是由于以错误的方式追求精英教育才导致了那些精英高中的陪榜者失去的一条重要的走上精英的道路。尽管我们并不能因此就否定他们将来成为精英的可能，但我们也必须为这样的教育进行检讨。如果一种教育不能帮助人成就自己的理想，但却也不能因为自己的错误而使学生们多走许多弯路。毕竟人的时间有限，而且许多弯路一旦走出去便很难再回头了。因此，我们必须回头思考对于那些陪榜者而言，我们该如何为他们重新设计成长之路。当然，这个问题的复杂程度绝非只言片语可以说清，至少推荐制为我们提供了一条重要的思路。

现有的推荐制的尝试是值得鼓励的，但关键问题在于校长要面对社会对于推荐行为诚信度的质疑，因此他们未必敢于把真正的"偏才""怪才"推荐出来。由此一来，如果说推荐制推荐的只是能够顺利通过高考而进入理想院校的成绩优异者，那推荐制本身所发挥的功能与高考无异。这意味着我们用两件费时费力的举措却实现了同样的功能。这好比用筷子可以解决的事情，却偏偏还要再用刀叉。这种浪费不仅是对资源的浪费，更加重了中学师生的负担。因此，在规避质疑的同时，我们必须清楚地意识到推荐制究竟扮演了什么角色。只有在规避质疑与实现功能问题上寻求一个结合点，推荐制才能真正发挥应有的功效。

在 S 学校调研时，Q 老师曾经谈到在高校自主招生过程中，自己对于推荐制的理解：

> 给高校 20%左右的比例，是用于发现精英的。高考出不来精英，高考反映学习能力问题，但与人才不是一一对应的，并不是所有人才学习能力都强。实际上一部分人才通过高考进不来，即使说这 20%中的自主招生中，只有 10%的是真正的人才，那么这样的选拔机制也是成功的。这10%将是民族的精英。这20%怎么选择，绝不是考试。如果考试真行，那么高考就进来了。对于有些高中将成绩最优秀的学生通过这 20%的渠道推荐给大学，这是在浪费。
>
> 对于 20%，就是一个考查。比如，我们学校有个孩子，现在写出了"一元三次函数"，我们就决定给他推荐进清华。推荐不是靠全部分数，

就看一个点。还有一个孩子，排课表时人机对话水平很强。我们许多老师都没弄明白整个学校的课表该怎么排，结果他给弄明白了。有的人反映这20%的推荐来的孩子学习跟不上，他都跟不上吗，不是。推荐的是高考考不进去，但绝对有特长的。

Q 老师的观点表明了关于如何实现规避争议与实现功能相统一的重要所在。对于推荐制的实施不可能没有争议，但关键在于我们必须明确地意识到实施推荐制并不是给中学校长制造麻烦，更不是让学校列举本学校成绩最好的学生的名单。推荐制最为关键的价值在于弥补统一考试的不足，即为那些在某一领域具有卓越表现或巨大潜质的孩子打通一条成为国家栋梁的道路。这种尝试无论对于国家，还是对于学生本身而言都是值得的。尽管推荐的学生不见得每一个人最终都能成为国家的栋梁，但我们首先需要意识到这种尝试的正面价值，绝不能因为担忧各种走后门现象就将这一条重要的通道堵死。成绩不能衡量一个人的全部，这是一个教育领域的尝试。我们应当充分利用教师平时对于学生的了解，将那些通过成绩难以凸显其价值的学生推荐出来，供大学的不同专业挑选。只有打通这个通道，许多具备优秀潜质的潜在的陪榜者才不会迷失在总成绩的排行榜中。

# 结　语

随着国家转型的深入及教育改革的推进，教育代价问题会逐渐凸现出来。这不仅符合代价论思想发展的历史步伐，更迎合了我国教育发展的现实需求。尽管不断有学者提出关于以往的教育政策或教育改革所带来的负面影响，但对于代价问题却始终没有形成相对清晰的分析思路和框架。因此，笔者尝试通过自己的探索构建一个初步的关于教育代价问题的分析思路和框架。这不仅是一种促进教育理论发展的努力，更是开启自己学术研究之路的尝试。

我国探索高中阶段精英教育的背景、过程和代价已经在前文中有了交代。当然，本书的研究并不是一项教育史学的研究，回顾既往的经验和教训，是为了能够在今后的高中教育发展中少走一些弯路。重点学校和示范性高中政策的弊端已不必赘言，但我国高中教育未来的发展方向却必须明确。在校际差距巨大的现实情况下，我们不能以放弃精英培养为代价来拉动弱势学校的发展。换言之，削高就低并不是真正适合我们的发展之路，那样我们将走上另一条千校一面的发展之路。

必须说明的是，承认精英高中存在的价值，不等同于承认现在的重点高中或示范性高中存在的价值，因为它们当中有相当一部分学校根本没有真正立志于培养精英。尤其是那些充斥着应试教育氛围的学校是在"毁人不倦"。它们的存在不但没有为国家培养多少精英苗子，反而将许多精英苗子在高中阶段就培养成碌碌无为、没有反思意识和创新精神的庸人。这些学校培养出来的大部分学生除了有一个耀眼的高考分数外，一无所有！因此，肯定高中精英教育的价值同改革这些"冒牌"的精英高中应当是我国未来一段时间高中教育改革的难点，但也是关键所在。

精英高中的培养模式改革是一项系统工程。单纯的课程改革或教学改革都不足以真正实现"人人皆可成才"的基本理念。因此，通过课程或其他领域的改革带动整个培养模式的变革才能打造真正意义上的精英高中，为国家所需的精英人才的培养奠定坚实的基础。现实中已经开始的改革表明精英高中的理想之"育"并不是不切实际的幻想，教育主管部门应当积极引导这些志在为国家所需精英的成长奠基的学校摆脱唯成绩论的束缚，走上真正的精英教育之路！

# 参 考 文 献

阿玛蒂亚·森，2002. 以自由看待发展[M]. 任赜，于真译. 北京：中国人民大学出版社.

阿玛蒂亚·森，让·德雷兹，2006. 印度经济发展与社会机会[M]. 黄飞君译. 北京：社会科学文献出版社.

埃伦·温纳，1998. 天才儿童——科学培育儿童指南[M]. 王振西主译. 北京：昆仑出版社.

艾瑞深中国校友会网，2016. 2016 中国高考状元调查报告[EB/OL]. http://www.cuaa.net/cur/2016/2016gkzydc/. [2017-05-07].

艾森斯塔德 S N，1988. 现代化：抗拒与变迁[M]. 张旅平等译. 北京：中国人民大学出版社.

爱德华·卡尔，1981. 历史是什么[M]. 吴柱存译. 北京：商务印书馆.

安德烈·冈德·弗兰克，1999. 依附性积累与不发达[M]. 高铦，高戈译. 南京：凤凰传媒出版集团.

安东尼·吉登斯，2000. 超越左与右——激进政治的未来[M]. 李惠斌，杨雪东译. 北京：社会科学文献出版社.

安东尼·吉登斯，2001. 失控的世界[M]. 周红云译. 南昌：江西人民出版社.

安升华，2010. 美国天才儿童教育安置模式研究[D]. 重庆：西南大学.

奥尔利欧·佩奇，1985. 世界的未来[M]. 王肖萍，蔡荣生译. 北京：中国对外翻译出版公司.

奥尔特加·加塞特，2004. 大众的反叛[M]. 刘训练，佟德志译. 长春：吉林人民出版社.

奥特弗利德·赫费，2005. 作为现代化之代价的道德应用伦理学前沿问题研究[M]. 邓安庆，朱更生译. 上海：上海译文出版社.

巴特摩尔，1998. 平等还是精英[M]. 尤卫军译. 沈阳：辽宁教育出版社.

巴兹尔·伯恩斯坦，1989. 社会阶级、语言与社会化[A]//张人杰. 国外教育社会学基本文选. 上海：华东师范大学出版社：399-420.

白红梅，2004. 反思精英教育给农村基础教育带来的问题[J]. 中小学教师培训，(7)：61-62.

鲍尔生 F，1986. 德国教育史[M]. 滕大春，滕大生译. 北京：人民教育出版社.

鲍尔斯，金蒂斯，1990. 美国：经济生活与教育改革[M]. 王佩雄等译. 上海：上海教育出版社.

彼得·伯恩斯坦，2009. 繁荣的代价[M]. 田唯，穆瑞年译. 北京：中国人民大学出版社.

布尔迪厄 P，2005. 国家精英——名牌大学与群体精神[M]. 杨亚平译. 北京：商务印书馆.

布莱克 C E，1988. 现代化的动力[M]. 段小光译. 成都：四川人民出版社.

蔡文俊，2008. 探寻"精英数学"与"大众数学"和谐共存的支点[J]. 现代教育科学，(4)：71-72.

曹晶，2007. 教育社会分层功能的弱化——转型期农村教育的根本性危机[D]. 上海：华东师范大学.

陈元晖，1982. 老解放区教育简史[M]. 北京：教育科学出版社.

谌启标，2005. 韩国基础教育改革中的英才教育计划[J]. 外国中小学教育，(5)：9-12.

辞海编辑委员会，1980. 辞海（缩印本）[Z]. 上海：上海辞书出版社.

丹尼尔·贝尔，2009. 英才治国与平等[A]//张人杰. 国外教育社会学基本文选（修订版）. 上海：华东师范大学出版社：224.

邓特，1987. 英国教育[M]. 杭州大学教育系外国教育研究室译. 杭州：浙江教育出版社.

邓志伟，1996. 重点校政策的病理分析[J]. 教育参考，(4)：16-17.

邓志伟，2000. 中等教育[M]. 长春：吉林教育出版社.

丁玎，2009-12-10. 为保升学率，要学生借考？[N]. 南方日报，SC04.

董少校，2012-03-17. 中国需要怎样的大学先修课[N]. 中国教育报，003.

董少校，2012-03-22. 同济与20所高中试点"苗圃计划"[N]. 中国教育报，001.

段会冬，莫丽娟，2011. 美国虚拟高中发展述评[J]. 外国教育研究，38(12)：17-23.

段会冬，莫丽娟，黄睿，2013. 美国布朗克斯科学高中创新型人才培养模式探析[J]. 教育学术月刊，(7)：74-78.

樊江涛，2010-09-17. 高中债务危机将生源战拖向深渊[N]. 中国青年报，7.

范明丽，2010. 美国天才儿童受教育权利保障的经验与启示[J]. 教学与管理，(5)：62-64.

方勋臣，1996. 重点中学可以休吗？ [J]. 教育参考，(2)：14-16.

房林玉，2010. 学校"工厂意象"的批判与超越[J]. 现代教育管理，(1)：35-38.

冯大鸣，2009. 英国英才教育政策：价值转向及技术保障[J]. 教育发展研究，29(4)：56-59.

冯建军，2007. 教育公正：追求卓越，还是追求平等[J]. 大学教育科学，(6)：5-11.

冯建军，2010. 高中教育资源公平配置：取向与原则[J]. 教育科学研究，(9)：13-17.

冯建军，2011. 高中教育公平的哲学基础[J]. 教育科学研究，(2)：5-10.

弗吉尼亚 Z 埃利希，2002. 资优与专才——天才儿童父母教师指南[M]. 唐世力，周卫红译. 桂林：广西师范大学出版社.

弗朗索瓦·佩鲁，1987. 新发展观[M]. 张宁，丰子义译. 北京：华夏出版社.

付卫东，唐丽静，2008. 教育公平视野下普通高中择校问题研究[J]. 河北师范大学学报（教育科学版），10(8)：30-33.

傅禄建，1996. 关于重点中学要不要办的论争[J]//袁振国. 论中国教育政策的转变——对我国重点中学平等与效益的个案研究. 广州：广东教育出版社：261-268.

盖拉尔 A 阿明，1993. 依附性发展[A]//塞缪尔·亨廷顿，罗荣渠. 现代化：理论与历史经验的再探讨. 上海：上海译文出版社，1993：101.

顾明远，1992. 教育大辞典[Z]. 上海：上海教育出版社.

桂勤，黄建伟，2002. 美国英才教育研究评析——以美国国家英才研究中心为例[J]. 外国教育研究，29(7)：6-29.

郭平章，2006. 南京市普通高中优质教育资源扩大问题研究[D]. 南京：南京师范大学.

郭石明，盛颂恩，施建青，等，2007. 精英教育：量与质的解读[J]. 高等工程教育研究，(2)：63-67.

何东昌，1998. 中华人民共和国重要教育文献（1976—1990）[Z]. 海口：海南出版社.

贺国庆，1999. 战后德国文科中学的发展与变革[J]. 外国教育研究，26(2)：17-20.

贺淑曼，2003. 中国超常人才教育的发展、困惑及理念[J]. 北京工业大学学报（社会科学版），（S1）：52-55.

黑格尔，1963. 历史哲学[M]. 王造时译. 北京：商务印书馆.

胡金木，2009. 公平与效率的二重协奏——以改革开放以来"重点学校"政策的变迁为线索[J]. 中国教育学刊，(2)：10-13.

黄光国，胡先缙，2004. 面子：中国人的权力游戏[C]. 北京：中国人民大学出版社.

黄怀信，孔德立，周海生，2008. 论语汇校集释[M]. 上海：上海古籍出版社.

黄亚妮，2002. 德国完全中学学制改革实验[J]. 全球教育展望，31(10)：71-72.

霍益萍，2002. 从精英到大众——对中国高中教育历史性转折的思考[J]. 教育发展研究，22(9)：40-42.

姜英敏，2008. 从"平等"到"追求卓越"——浅析韩国义务教育理念变迁[J]. 比较教育研究，(12)：62-66.

姜英敏，2010. "高中平准化"时代的落幕——韩国高中多样化改革浅析[J]. 比较教育研究，(6)：43-47.

金京泽，2003. 韩国科学英才教育的特色[J]. 全球教育展望，32(11)：72-76.

金生鈜，2000. 精英主义教育体制与重点学校[J]. 教育研究与实验，(4)：18-21.

金添，2008. 美国特许学校法解析[J]. 比较教育研究，(3)：86-91.

卡尔·萨根，1982. 伊甸园的飞龙[M]. 吕柱，王志勇译. 石家庄：河北人民出版社.

康德，1990. 历史理性批判文集[C]. 何兆武译. 北京：商务印书馆.

柯林斯，1998. 文凭社会：教育与阶层化的历史社会学[M]. 刘慧珍等译. 台北：桂冠图书股份有限公司.

科南特，1988. 科南特教育论著选[C]. 陈友松主译. 北京：人民教育出版社.

克利福德·吉尔兹，2004. 地方性知识[M]. 王海龙等译. 北京：中央编译出版社.

孔圣根，1995. 代价问题研究综述[J]. 哲学动态，(8)：14-18.

劳凯声，2008. 教育体制改革的公益性诉求[J]. 理论视野，(7)：23-26.

雷蒙德 E 卡拉汉，2011. 教育与效率崇拜[M]. 马焕灵译. 北京：教育科学出版社.

雷晓云，2001. 精英教育：一个仍需关注的课题——兼论精英与精英教育的质的规定性[J]. 现代大学教育，(6)：69-72.

李保强，2001. 试论特色学校建设[J]. 教育研究，(4)：17-20.

李承先, 2009. 高等教育发展代价论[M]. 上海：学林出版社.

李钢, 1999. 社会转型代价论[M]. 太原：山西教育出版社.

李更生, 2001. 实施英才教育的可能性、必要性及重要性[J]. 教学与管理, (21): 5-8.

李海菊, 2011-07-14. 家长哭诉衡水二中"株连闹剧"抢生源[N]. 燕赵都市报, 05.

李辉, 2005-03-08. "县一中模式"何以把教育办成了两张皮?[N]. 中国民族报, 07.

李建辉, 2007a. 传统精英教育：发展历程及其特征[J]. 宁波大学学报（教育科学版）, 29(5): 61-66.

李建辉, 2007b. 英才教育的发展历程[J]. 教育评论, (3): 113-116.

李建辉, 2010. 识读精英教育：从传统到现代发展中的多层意蕴[J]. 东南学术, (2): 140-147.

李建辉, 詹曙萌, 2008. 识读精英教育：内涵、历程和特征[J]. 教育与考试, (6): 53-58.

李其龙, 2000. 德国教育[M]. 长春：吉林教育出版社.

李其龙, 2002. 让每一个学生的特长得到充分发展——德国普通高中阶段课程研究[J]. 全球教育展望, 31(3): 18-21.

李其龙, 2006. 德国高中规模发展的理论与实践[J]. 全球教育展望, 35(2): 45-50.

李其龙, 孙祖复, 1991. 联邦德国教育改革[M]. 北京：人民教育出版社.

李其龙, 张德伟, 2008. 普通高中教育发展国际比较研究[M]. 北京：教育科学出版社.

李水山, 2007. 韩国的"平准化教育"和英才教育的发展[J]. 基础教育参考, (8): 29-30.

李晓明, 2004. 新加坡的精英教育[J]. 外国教育研究, 31(8): 17-20.

李瑜青, 1997. 卢梭哲理美文集[C]. 合肥：安徽文艺出版社.

李源, 2006-06-29. 扬州展开初升高生源大战[N]. 新华日报.

厉以宁, 1998. 论效率的双重基础[J]. 北京大学学报（哲学社会科学版）, 35(6): 12-13.

梁小伊, 2005. 浅谈大众化阶段精英教育的理性回归[J]. 教育理论与实践, 25(18): 12-14.

梁原草, 2011. 钱学森从这里走来[C]. 北京：科学普及出版社.

梁忠义, 李守福, 2000. 职业教育[M]. 长春：吉林教育出版社.

廖军和, 李志勇, 2011. 从精英到大众：我国普通高中教育定位之思考[J]. 教育科学研究, (2): 20-22.

廖哲勋, 2009. 关于深化普通高中教育改革的整体构想[J]. 课程·教材·教法, (6): 3-11.

林崇德, 2009. 创新人才与教育创新研究[M]. 北京：经济科学出版社.

刘宝存, 2001a. 大众教育与英才教育应并重——兼与吕型伟、王建华先生商榷[J]. 教育发展研究, 21(4): 57-59.

刘宝存, 2001b. 美国少数民族高等教育政策的历史演变和未来走向[J]. 中国民族教育, (3): 43-45.

刘宝存, 2002. 美国肯定性行动计划与少数民族高等教育的发展[J]. 外国教育研究, 29(7): 52-56.

刘复兴, 2005. 转型期我国中小学类型的多样化及其制度安排[J]. 教育研究, 26(4): 17-21.

刘复兴，2008. 改革开放以来我国基础教育体制改革的问题与路向[J]. 理论视野，(9)：20-22.

刘国莉，1993. 德国完全中学的改革[J]. 外国中小学教育，(2)：26-28.

刘海峰，2002. 高等教育大众化与精英性[J]. 东南学术，(2)：29-33.

刘海峰，2009. 高考改革的思路、原则与政策建议[J]. 教育研究，30(7)：3-7.

刘海燕，2003. 大众化教育进程中精英教育的重新审视[J]. 复旦教育论坛，1(4)：39-42.

刘沪，2008. 中学是培养杰出人才的关键环节[J]. 基础教育参考，(9)：7-10.

刘佳卉，2007. 对精英教育的精英性的重新解读[J]. 科教文汇，(11)：178-179.

刘精明，2005. 国家、社会阶层与教育[M]. 北京：中国人民大学出版社.

刘精明，2006. 高等教育扩展与入学机会差异：1978～2003[J]. 社会，26(3)：158-180.

刘彭芝，2010. 关于培养拔尖创新人才的几点思考[J]. 教育研究，31(7)：104-107.

刘云飞，2008. 促进县域高中教育均衡发展的对策研究——L 中学个案的质性研究[D]. 长春：东
  北师范大学.

刘志刚，2006. 大众化教育、精英教育与研究型大学[J]. 中国高教研究，(5)：4-6.

柳海民，1994. 教育过程论[M]. 重庆：重庆出版社.

柳京淑，2010. 英才教育：来自韩国的启示[J]. 中小学管理，(5)：1.

卢枫，任新军，2003. 芬兰高中教育体制改革调研[J].基础教育参考，(6)：4-8.

卢梭，1962. 论人类不平等的起源和基础[M]. 李常山译. 北京：商务印书馆.

卢梭，2001. 爱弥儿[M]. 北京：人民教育出版社.

罗伯特·米歇尔斯，2003. 寡头统治铁律——现代民主制度中的政党社会学[M]. 任军锋等译.
  天津：天津人民出版社.

罗伯特·巴伯拉，2010. 资本主义的代价[M]. 朱悦心译. 北京：中国人民大学出版社.

吕型伟，1999. 要重视英才教育问题[J]. 教育发展研究，(5)：16-19.

麻生诚，1987. 英才的形成与教育[M]. 王桂，王振洲译. 长春：吉林人民出版社.

马丁·特罗，2003. 从大众高等教育到普及高等教育[J]. 濮岚澜译. 北京大学教育评论，(4)：
  5-16.

马丁·特罗，2009. 从精英到大众再到普及高等教育的反思：二战后现代社会高等教育的形态
  与阶段[J]. 徐丹，连进军译. 大学教育科学，(3)：5-24.

马国川，赵学勤，2007. 高考年轮：恢复高考三十年的民间观察[M]. 北京：新华出版社.

马健生，2008.比较基础教育[M]. 南京：凤凰出版传媒集团；南京：江苏教育出版社.

马克思，2004. 资本论（第一卷）[M]. 中共中央马克思、恩格斯、列宁、斯大林著作编译局译.
  北京：人民出版社：420

马克思，恩格斯，1962. 马克思恩格斯全集第 12 卷[C]. 中共中央马克思恩格斯列宁斯大林著作
  编译局编译. 北京：人民出版社.

马克思，恩格斯，1995a. 马克思恩格斯选集第 1 卷[C]. 中共中央马克思恩格斯列宁斯大林著作
  编译局编译. 北京：人民出版社.

马克思，恩格斯，1995b. 马克思恩格斯选集第 3 卷[C]. 中共中央马克思恩格斯列宁斯大林著作编译局编译. 北京：人民出版社.

马克思，恩格斯，1995c. 马克思恩格斯选集第 4 卷[C]. 中共中央马克思恩格斯列宁斯大林著作编译局编译. 北京：人民出版社.

玛格丽特·米德，1988. 三个原始部落的性别与气质[M]. 宋践等译. 杭州：浙江人民出版社.

迈克尔 E 罗洛夫，1991. 人际传播——社会交换论[M]. 王龙江译. 上海：上海译文出版社.

迈克尔·阿普尔，2004. 官方知识——保守时代的民主教育[M]. 第 2 版. 曲囡囡，刘明堂译. 上海：华东师范大学出版社.

梅多斯，等，1984. 增长的极限[M]. 于书生译. 北京：商务印书馆.

梅汝莉，2011. 林砺儒中等教育目的论的启示[J]. 中小学管理，(4)：32-35.

孟轲，2000. 刘宏章、乔清举校注. 《论语·孟子》 [M]. 北京：华夏出版社：225-227.

闵济林，2010. 告别"精英教育情结" [J]. 基础教育参考，(10)：86.

莫斯卡，2002. 统治阶级：政治科学原理[M]. 贾鹤鹏译. 上海：译林出版社.

南怀瑾，2002. 论语别裁[M]. 上海：复旦大学出版社.

倪鹏飞，2010. 中国国家竞争力报告[M]. 北京：社会科学文献出版社.

帕雷托，2003. 精英的兴衰[M]. 刘北成译. 上海：上海人民出版社.

潘光旦，1997. 寻求中国人位育之道——潘光旦文选[C]. 北京：国际文化出版公司.

潘懋元，2003. 大众化阶段的精英教育[J]. 高等教育研究，(6)：1-5.

潘懋元，谢作栩，2001. 试论从精英到大众高等教育的"过渡阶段" [J]. 高等教育研究，(2)：1-6.

朴钟鹤，2010. 韩国英才教育的历史沿革与特点[J]. 比较教育研究，(4)：67-71.

瞿葆奎，黄荣昌，1990. 教育制度[M]. 北京：人民教育出版社.

塞缪尔 P 亨廷顿，1989. 变化社会中的政治秩序[M]. 王冠华，刘为等译. 北京：生活·读书·新知三联书店.

塞缪尔·亨廷顿，1993. 现代化：理论与历史经验的再探讨[C]. 上海：上海译文出版社.

石岩，肖毅灵，钱芙蓉，2005-03-10. 中国教育的公平之痒[N]. 南方周末（文化）.

石中英，2007. 教育机会均等的内涵及其政策意义[J]. 北京大学教育评论，5(4)：75-82.

史瑞杰，等，2008. 从精英教育到大众教育——高等教育发展中的效率与公平问题研究[M]. 北京：高等教育出版社.

水君易，2012-02-24. 小升初考试乱象调查 家长平均花费高达 4.4 万[N]. 华夏时报.

水仁德，1995. 关于超常儿童鉴别的测验[J]. 现代特殊教育，(4)：8.

宋淑娟，蓝秀华，2006. 高等教育公平与高中入学机会[J]. 当代教育论坛，(8)：37-39.

孙江丽，徐再仕，丁倩倩，2006. 从能力结构的视角思考高校精英教育[J]. 高教与经济，(3)：22-25.

孙力，1996. "贵族"学校、"精英"教育不利于教育公平[J]. 探索与争鸣，(10)：32-34.

孙冉，2006-11-06. 被大众解构的精英教育[N]. 中国新闻周刊.

孙云晓，李文道，赵霞，2010. 拯救男孩[M]. 北京：作家出版社.

唐建新，2011. 学术性高中的由来和危害[EB/OL]. http: //blog.sina.com.c n/s/blog473e68c70102
　　dx3m.html [2011-11-29].

唐琼一，2007. 布迪厄高等教育公平观探析——《国家精英—名牌大学与群体精神》解读[J]. 高
　　教探索，(3)：47-50.

唐璇，2010. 中美天才教育的比较与启示[D]. 上海：上海师范大学.

特奥托尼奥·多斯桑托斯，1999. 帝国主义与依附[M]. 杨衍永等译. 北京：社会科学文献出版社.

汪明，2005-07-06. 韩国"高中平准化"政策及其反思[N]. 人民政协报.

王晓晨，2007. 儿童肥胖一个不容忽视的问题[EB/OL]. http://news.sina.com.cn/s/2007-03-18/
　　145911438859s.shtml. [2011-08-13].

王弼，1998. 四部要籍注疏业刊：老子（上）[M]. 北京：中华书局.

王承绪，2000. 英国教育[M]. 长春：吉林教育出版社.

王建华，2000. 要重视大众教育问题——兼与吕型伟老师商榷[J]. 教育发展研究，(1)：41-43.

王婧，2011-11-04. 瞄准名校，中学争办"高一出国班" [N]. 新闻晨报，A06.

王厥轩，1996. 重点中学还是要办好[J]. 教育参考，(3)：11-14.

王巧平，2001. 美国"肯定性行动"大争论[D]. 苏州：解放军外国语学院.

王斯敏，周航，陈美诗，等，2011-06-16. 超级中学正在垄断一流大学入学资源[N]. 中国青年
　　报，07.

王伺，2011-06-08. 高中毕业生可"回炉"接受中专教育[N]. 生活晨报.

王天一，夏之莲，朱美玉，2005. 外国教育史[M]. 北京：北京师范大学出版社.

王晓辉，2006. 大众化背景的精英教育[J]. 清华大学教育研究，27(4)：37-41.

王雄，2009. 中国城市高中生的家庭背景调查[C]//中国教育发展报告（2009）. 北京：中国社会
　　科学文献出版：192.

王占宝，2011. 培养创新型人才呼唤建设学术性高中[J]. 人民教育，(12)：9-11.

威尔伯，1984. 发达与不发达问题的政治经济学[M]. 高铦等译. 北京：中国社会科学出版社.

威廉·德瑞斯维兹，2009. 精英教育的弊端[J]. 肖地生译. 江苏高教，(4)：20-23.

威廉·富布莱特，1991. 帝国的代价[M]. 简新芽，龚乃绪，李松林译. 北京：世界知识出版社.

魏莲一，1994-03-06. 减轻学生负担——毛泽东春节批示经过[N]. 中国教育报.

文喆，2004. 精英、精英学校与精英教育[J]. 教育科学研究，(9)：1.

沃尔夫冈·布列钦卡，2001. 教育科学的基本概念：分析、批判和建议[M]. 胡劲松译. 上海：华
　　东师范大学出版社.

邬大光，2003. 高等教育大众化理论的内涵与价值——与马丁·特罗教授的对话[J]. 高等教育
　　研究，(6)：6-9.

吴式颖，1999. 外国教育史教程[M]. 北京：人民教育出版社.

武文军，1997. 代价论及其探源——对"以精神文明的损失为代价换取经济发展"的评析[J]. 兰
　　州学刊，(1)：3-5.

肖川，2009. 用精英教育打造一流的国家[J]. 青年教师，(12)：16-17.

辛明，桂杰，2008-11-27. 承德一中，你不能这样改革[N]. 中国青年报，1.

熊丙奇，2006. 大学"精英教育"为何陷入尴尬？[J]. 教育与职业，(34)：79-80.

徐辉，任钢建，2010. 六国普及高中教育政策与改革的国际比较[M]. 北京：教育科学出版社.

徐辉，郑继伟，1993. 英国教育史[M]. 长春：吉林人民出版社.

徐肇俊，李正元，2006. 对精英教育应赋予新的内涵[J]. 大学教育科学，(2)：27-29.

徐中舒，1989. 甲骨文字典[Z]. 成都：四川辞书出版社.

薛涌，2006. 精英的阶梯：美国教育考察[M]. 北京：新星出版社.

薛涌，2010. 天才是训练出来的[M]. 南京：江苏文艺出版社.

亚历克·克莱因，2009. 揭秘美国最好的中学[M]. 马蕾，李旭晴译. 上海：华东师范大学出版社.

杨东平，2005. 高中阶段的社会分层和教育机会获得[J]. 清华大学教育研究，26(3)：52-59.

杨东平，2006. 中国教育公平的理想与现实[M]. 北京：北京大学出版社.

杨东平，2009. 监测教育公平状况，开展学生家庭背景调查[J]. 中国教师，(7)：64.

杨东平，2009. 中国教育发展报告（2009）[M]. 北京：社会科学文献出版社.

杨东平，2012. 中国教育发展报告（2012）[M]. 北京：社会科学文献出版社.

杨广学，王宇琛，2009. 英才教育的几个理论问题[J]. 中国特殊教育，(9)：65-69.

杨晶，2005. 中美两国天才儿童教育模式比较[D]. 长春：东北师范大学.

杨孔炽，等，2001. 从古典到现代——外国普通中等教育改革历程[M]. 厦门：鹭江出版社.

杨梅，2006. 公立学校的一次变革：美国特许学校运动研究[D]. 上海：华东师范大学.

姚蜀平，1988. 现代化与文化的变迁[M]. 西安：陕西科学技术出版社.

伊恩·迈尔斯，1992. 人的发展与社会指标[M]. 贾俊平译. 重庆：重庆大学出版社.

伊曼纽尔·沃勒斯坦，1998. 现代世界体系（第一卷）[M]. 尤来寅等译. 北京：高等教育出版社.

易红郡，2003a. 20 世纪英国中等教育政策研究[D]. 北京：北京师范大学.

易红郡，2003b. 20 世纪影响英国中等教育政策的三大法案[J]. 贵州师范大学学报（社会科学版），
　　(6)：107-112.

易泓，2008a. 我国英才教育发展的现状、问题与对策[J]. 中国成人教育，(21)：22-23.

易泓，2008b. 英才教育制度的国际比较[J]. 教育学术学刊，(6)：16-18.

应星，2011. "气"与抗争政治：当代中国乡村社会稳定问题研究[M]. 北京：社会科学文献出
　　版社.

袁桂林，1991. 当代西方道德教育理论[M]. 福州：福建教育出版社.

袁吉富，2004. 社会发展的代价[M]. 北京：北京大学出版社.

袁振国，1999. 论中国教育政策的转变——对我国重点中学平等与效益的个案研究[M]. 广州：
　　广东教育出版社.

原青林，2006. 揭示英才教育的秘诀——英国公学研究[M]. 哈尔滨：黑龙江人民出版社.

约翰 I 古德莱德，2006. 一个称作学校的地方[M]. 苏智欣，胡玲，陈建华译. 上海：华东师范大学出版社.

约翰·罗尔斯，1988. 正义论[M]. 何怀宏，何包钢，廖申白译. 北京：中国社会科学出版社.

曾一璇，2010. 肯定性行动的合法性争论：赞成与反对[D]. 上海：华东师范大学.

查子秀，2006. 超常儿童心理学[M]. 北京：人民教育出版社.

翟海魂，2004. 关键在于启动需求和改善供给——英国高中阶段教育的教训、经验与启示[J]. 红旗文稿，(19)：34-36.

詹姆斯 C 斯科特，2011. 国家的视角：那些试图改善人类状况的项目是如何失败的（修订版）[M]. 王晓毅译. 北京：社会科学文献出版社.

张德伟，2004. 略论后期中等教育的性质、地位、功能和作用——一个国际与比较教育的视野[J]. 外国教育研究，(3)：1-6.

张德伟，2009. 试论中等职业教育在高中教育普及化进程中的作用[J]. 西南大学学报（社会科学版），35(3)：85-89.

张德伟，梁忠义，2006. 国际后期中等教育比较研究[M]. 北京：人民教育出版社.

张东娇，2005. 最后的图腾——中国高中教育价值取向与学校特色发展研究[M]. 北京：教育科学出版社.

张华，1996. "重点学校"的消亡与"特色学校"的回归——与傅禄建同志商榷[J]. 教育参考，(2)：11-13.

张岚，2007. 精英教育的守望与理性回归[J]. 科技进步与对策，24(10)：201-203.

张明仓，1997a. 代价控制论[J]. 理论学习月刊，(5)：24-29.

张明仓，1997b. 论代价合理性的标准[J]. 人文杂志，(5)：25-29.

张巧灵，冯建军，2010. 公平视野下重点高中政策的合理性审视[J]. 教育导刊，(10)：19-22.

张琼，施建农，2005. 超常儿童研究现状与趋势[J]. 中国心理卫生杂志，19(10)：685-687.

张人杰，2009. 国外教育社会学基本文选（修订版）[C]. 上海：华东师范大学出版社.

张诗亚，2001. 祭坛与讲坛——西南民族宗教教育比较研究[M]. 昆明：云南教育出版社.

张晓玲，2005. 美国 P-16 教育改革政策的研究——K-12 与高等教育的衔接[D]. 北京：北京师范大学.

张义兵，2000. 试析虚拟学校的实质[J]. 现代教育论丛，(3)：21-26.

赵厚勰，2001. 美国的天才教育及其启示[J]. 上海教育，(3)：58-64.

赵厚勰，2003. "超常教育""英才教育""天才教育""资优教育"辨[J]. 中国特殊教育，(3)：91-93.

赵家祥等，2003. 历史哲学[M]. 北京：中共中央党校出版社.

赵娟，2008. 高等教育哲学视角中的新精英教育[J]. 当代教育论坛，(11)：65-66.

赵俊清，2007. 示范性高中教育经费投入的研究：以呼和浩特市为例[D]. 北京：北京师范大学.

赵莉，2012-02-29. 华师一高三（1）班全班去留学[N]. 楚天金报，1.

赵仁伟，鹿永建，程子龙，2009. 谁在挥舞"大棒"?——山东省沂水县发"红头文件"抓应试教育的调查[EB/OL]. http://news.xinhuanet.com/politics/2009-11/03/content123770021.htm[2012-02-12].

赵山奎，2006. 精英教育的困境与异化[J]. 基础教育课程，(10)：49-51.

郑航生，2007. 减缩代价与增促进步：社会学及其深层理念[C]. 北京：北京师范大学出版社.

郑若玲，2008. 追求公平：美国高校招生政策的争议与改革[J]. 教育发展研究，28(13)：96-99.

郑晓齐，2007. "精英教育"的社会大讨论关乎大学的定位[J]. 教育与职业，(1)：86.

郑也夫，1995. 代价论——一个社会学的新视角[M]. 北京：生活·读书·新知三联书店.

中共教育部党组，2002-11-09. 学习贯彻十六大精神，开创教育改革发展新局面[N]. 中国教育报.

中国教育年鉴编辑部，1984. 中国教育年鉴（1949—1981）[Z]. 北京：中国大百科全书出版社.

中国校友会网大学评价课题组，2009. 2009 中国高考状元调查报告[EB/OL]. http://www.cuaa.net/cur/2009 gkzy/ [2011-12-20].

中央教育科学研究所，1983. 中华人民共和国教育大事记（1949—1982）[Z]. 北京：教育科学出版社.

钟道然，2012. 我不原谅——一个 0 后对中国教育的批评和反思[M]. 北京：生活·读书·新知三联书店.

钟念军，钟祥彪，1994. 试析"道德代价论"[J]. 嘉应大学学报，12(4)：31-34.

钟启泉，1996a. "重点校"政策可以休矣[A]//钟启泉等，2000. 解读中国教育：《教育参考》精选[C]. 北京：教育科学出版社：334-339.

钟启泉，1996b. 再论"重点校"政策可以休矣[A]//钟启泉等，2000. 解读中国教育：《教育参考》精选[C]. 北京：教育科学出版社：340-346.

钟启泉，1996c. 三论"重点校"政策可以休矣[A]//钟启泉等，2000. 解读中国教育：《教育参考》精选[C]. 北京：教育科学出版社：347-353.

周成平，2009. 外国著名学校的管理特色[C]. 南京：南京大学出版社.

周海涛，2007. 美国公立大学录取政策变革：百分比计划[J]. 清华大学教育研究，28(6)：89-94.

周南照，2010. 中国教育竞争力国际比较研究[M]. 北京：教育科学出版社.

周雪光，2009. 基层政府间的"共谋现象"——一个政府行为的制度逻辑[J]. 开放时代，(12)：1-21.

周颖，2009. "县中模式"的特点及成因研究[D]. 北京：北京师范大学.

朱世达，1996. 克林顿政府在肯定性行动中的两难处境[J]. 美国研究，10(3)：63-84.

朱熹，1983. 四书章句集注[M]. 北京：中华书局.

祝怀新，2003. 英国基础教育[M]. 广州：广东教育出版社.

宗锦莲，2008. 学生精英制造——基于 M 小学的质化研究[D]. 南京：南京师范大学.

邹娟，2011-04-29. 高中生源大战学生面试赶场[N]. 东方早报，A09.

邹晓平，2005. 精英高等教育与大众高等教育：两个体系的解读[J]. 高等教育研究，(7)：11-16.

佐藤学，2003. 课程与教师[M]. 钟启泉译. 北京：教育科学出版社.

"中国普通高中教育发展战略研究"课题组，2011. 中国普通高中教育发展战略研究[M]. 北京：教育科学出版社.

《中国大百科辞典》编委会，2002. 中国大百科辞典（十三）[Z]. 北京：北京银冠电子出版有限公司.

《中国教育事典》编委会，1994. 中国教育事典（中等教育卷）[Z]. 石家庄：河北教育出版社.

Aldrich R，1985. An Introduction to the History of Education[M]. London：Hodder and Stoughton.

Bloom B S，1976. Human Characteristics and School Learning[M]. New York：McGraw-Hill Book Company.

Carr S，1999. More universities start diploma-granting virtual high schools[J]. The Chronicle of Higher Education，46(16)：A49.

Clark T A，Dickson M，2000. Virtual High Schools，State of The States：A Study of Virtual High School Planning and Operation In The United States[M]. Macomb：Center for the Application of Information Technologies.

Coyle D，2009. The Talent Code：Greatest Isn't Born，It's Grown，Here's how [M]. New York：Bantam Dell A Division of Random House，Inc.

Ericsson K A，Krampe R T，Tesch-Römer C，1993. The role of deliberate practice in the acquisition of expert performance[J]. Psychological Review，100(3)：363-406.

Ericsson K A，1996. The road to excellence：The acquisition of expert performance in the arts and sciences，sports，and games[M]. New Jersey：Lawrence Erlbaum Associates Publishers.

Gardner B，1973. The Public Schools：A Historical Survey[M]. London：Hamish Hamilton.

Gathorne-Hardy J，1977. The Public School Phenomenon[M]. Middlesex：Penguin Books Ltd.

Griffiths A，1971. Secondary School Reorganization in England and Wales [M]. London：Routledge & Kegan Paul.

Havighurst R J，1976. Human characteristics and school learning：Essay review[J]. The Elementary School Journal，77(2)：101-109.

Heckman J J，1995. Book Reviews of The Bell Curve：Intelligence and Class Structure in American life[J]. American Journal of sociology，101(3)：113-119.

Howell S K，1979. Characteristics of Talented and Gifted Children. http://www.eric.ed.gov/PDFS/ED185719. pdf[2012-02-12].

Marland S P，1971. Education of the gifted and talented：Report to the Congress of the United States[EB/OL]. http://www.eric.ed.gov/PDFS/ED056243.pdf[2012-02-12].

Niu S X，Tienda M，Cortes K，2006. College selectivity and the Texas top 10% law[J]. Economics of Education Review，25(3)：259-272.

Roach J，1986. A History of Secondary Education in England 1800-1870[M]. London：Longman.

Simon H A，Chase W G，1973. Skill in chess：Experiments with chess-playing tasks and computer simulation of skilled performance throw light on some human perceptual and memory processes[J]. American Scientist，61(4)：394-403.

Stanovich K E，2009. What Intelligence Tests Miss：The Psychology of Rational Thought[M]. New Haven：Yale University Press.

Starkes J L，Deakin J M，Allard F，et al，1996. Deliberate Practice in Sports：What Is It Anyway?[A]// Ericsson K A. The Road to Excellence：The Acquisition of Expert Performance in the Arts and Sciences，Sports，and Games. New Jersey：Lawrence Erlbaum Associates.

Sternberg R J，1996. Costs of Expertise[A]//Ericsson K A. The Road to Excellence：The Acquisition of Expert Performance in the Arts and Sciences，Sports，and Games[C]. New Jersey：Lawrence Erlbaum Associates Publishers：350-353.

Terman L M，1916. The Measurement of Intelligence：An Explanation of and a Complete Guide for the Use of the Binet-Simon Intelligence Scale[M]. Boston：Houghton Mifflin Company.

Trow M，1973. Problems in the Transition from Elite to Mass Higher Education[M]. Berkeley：Carnegie Commission on Higher Education.

Turner R H，1960. Sponsored and contest mobility and the school system[J]. American Sociological Review，25(6)：855 -867.

Wardle D，1976. English Popular Education(1780-1975)[M]. Cambridge：Cambridge University Press.

Weeks A，1986. Comprehensive Schools：Past，Present and Future[M]. London：Methuen and Co Ltd.